◎云南师范大学文学院学术著作出版基金资助出版◎

学术自觉与文化认同

云南民俗文化调查研究（1937—1945）

刘薇 著

中国社会科学出版社

图书在版编目（CIP）数据

学术自觉与文化认同：云南民俗文化调查研究：1937—1945／刘薇著．
—北京：中国社会科学出版社，2021.4
ISBN 978-7-5203-8217-5

Ⅰ.①学… Ⅱ.①刘… Ⅲ.①少数民族风俗习惯—调查研究—云南—1937-1945 Ⅳ.①K892.474

中国版本图书馆 CIP 数据核字（2021）第 062233 号

出 版 人	赵剑英
责任编辑	吴丽平
责任校对	王 龙
责任印制	李寡寡

出　　版	中国社会科学出版社
社　　址	北京鼓楼西大街甲 158 号
邮　　编	100720
网　　址	http://www.csspw.cn
发 行 部	010-84083685
门 市 部	010-84029450
经　　销	新华书店及其他书店
印　　刷	北京明恒达印务有限公司
装　　订	廊坊市广阳区广增装订厂
版　　次	2021 年 4 月第 1 版
印　　次	2021 年 4 月第 1 次印刷
开　　本	710×1000　1/16
印　　张	19.5
插　　页	2
字　　数	300 千字
定　　价	98.00 元

凡购买中国社会科学出版社图书，如有质量问题请与本社营销中心联系调换
电话：010-84083683
版权所有　侵权必究

序　言

林继富

我认识刘薇是2011年，她当年从云南北上报考我的博士，后来很顺利地通过了考试，成为我的博士研究生，于是开启了师生共同学习和研究的宝贵经历。她之前不是学民俗学的，对于民俗学理论研究接触也不多，进校后我就与她商量博士论文选题的事情。我一直尊重学生自我选择博士论文研究选题。因此，我的研究生学位论文内容涉及面广泛，这也逼着我自己去阅读与他们论文研究方向相关的文献，并且和学生一起前往论文研究地区进行调查，共同寻找研究的角度和提炼问题。刘薇来自云南师范大学，这所学校是在1937年组建的西南联合大学的师范学院基础上建立起来的，我就与她商量是否可以就西南联合大学时期的民俗学研究作为博士论文选题，她欣然接受。毕业后她回到云南师范大学从事民俗学和民间文学教学，对博士论文涉及的问题和研究内容进行了丰富和补充，这就是今天摆在我们面前的《学术自觉与文化认同：云南民俗文化调查研究（1937—1945）》著作了。

1937年抗日战争爆发，许多学者来到云南从事民族调查，这些学者许多具有深厚的国学功底和精深的西学知识，他们带着这些知识认识云南人的生活，理解云南人的文化，在这里面，民俗自然成为重中之重了。这部书基于抗战时期云南特殊的历史背景和学术渊源，从当时学者对云南民俗生活的考察，探索、建立与民族国家命运紧密联系的学术目标，讨论民俗调查的方法论及与少数民族民俗理论研究等问题。

云南是多民族聚居的地区，民俗文化特色浓厚，呈现出多样性和多元性，不同学者来到云南，站在各自角度对这些民俗文化进行调查和研究，从而为理解云南多民族生活传统和生活实践提供最为科学、鲜活而丰富的材料，著作深入地分析了抗日战争时期众多学者的云南民族调查活动，以及对有关民俗文化研究的理论和实践，揭示抗日战争时期中国民俗学研究的特点和成就。

云南是一个诞生民俗学家的地方，也是中国民俗学理论生产和不断发明发现的地区，丁文江、江应樑、杨成志、方国瑜、陶云逵、吴文藻、吴泽霖、费孝通、李景汉、岑家梧、林耀华、田汝康、许烺光、李方桂、罗常培、马学良、李霖灿、邢公畹以及国外学者鸟居龙藏、约瑟夫·洛克等的身影活跃在云南不同民族的村寨；"边疆人文研究室"及《边疆人文》、"魁阁"研究室、滇黔苗族民俗调查、《西南采风录》《芒市边民的摆》《金沙江上的情歌》《倮文作祭献药供牲经译注》等学术团体和著作源于学人的调查和研究。这些在现代中国学术史上闪耀的名字、学术组织和学术著作从不同的方面影响了云南多民族民俗生活和文化传统的知识生产，也推进了中国民俗学理论建设。尽管这些学人的学科背景不同，调查目标不一样，但是，他们均对中国民俗学和民间文学的理论建设贡献了非凡的智慧。诚如著作中谈到的那样："抗战时期，作为民俗学发展的一个特殊阶段。战争致使教学与研究偏于一隅、资料图书匮乏等种种不便，但并没有阻碍边疆开发与边政研究的勃兴、与之相关的学术活跃和学科交流互动的局面。具体表现为：民族意识的空前高涨带来对民族文化的高度重视和广泛探讨，'边疆社会'、'后进民族'、'下层民众'成为各个学科关注的对象；学者们迈出书斋走向民间，社会学、人类学、民俗学、历史学以及文学等多学科理论与方法综合打通、交叉互补，为解决实际问题的'边政学'打下了基础，也为民俗文化研究铺就了道路。"

应该说，刘薇博士的《学术自觉与文化认同：云南民俗文化调查研究（1937—1945）》将抗战时期的云南民俗调查研究推到一个新的高度，并且在中国民俗学发展史上具有重要的价值。可贵之处在于该书把抗日战争时期民俗作为重要的学术活动和生活实践来讨论，将云南作为中国民俗学发展的特殊区域，抗日战争作为特殊时期的表现开展研究，并且将民俗看作抗日战争时期中国社会历史和民众生活的一部分，看作中国民俗学学术研究以及相关学科研究历史的一部分，这是难得的学术发现。

20世纪中国民俗学学术发展历史不能忽视抗日战争时期，中华民族处在生死存亡关头，我们的学人始终关怀国家命运前途，他们以自己的学术自觉关心民俗学的发展，参与到人民的实践中去，将20世纪二三十年代北京大学的"歌谣学运动"、中山大学的"民俗学运动"时期"到民间去"的民俗、民间文学传统延传到云南、贵州，推动了这些地区多民族民俗学调查研究不断深入，也成为建立"多民族一国的民俗学"的时代行动，与当时延安时期革命的民俗学活动相映成趣，充分展示了中国民俗学在"抗战时期"发展的多元面相。我们有理由相信，这部研究抗日战争时期云南民俗学的著作不仅对于民俗学，而且对于民族学、人类学、社会学等相关学科的历史建构和理论发展定会大有裨益的。

刘薇博士这本著作告诉我们，中国民俗学理论建设、民俗学服务国家和社会离不开云南民俗学的田野调查和理论研究，不仅在抗日战争时期，今天同样如此。

这块充满"七彩"魅力的云南，贡献给世界的是大美的景致，贡献给人民的是多元文化传统和丰富的发展智慧，刘薇博士置身其中是幸运的，也是幸福的。作为年轻一代的民俗学人，相信她在未来的教学和研究中能够取得更大的成就！

北京·魏公村
2020年9月22日

目　　录

绪　言 ……………………………………………………………（1）
　　第一节　研究现状 ……………………………………………（1）
　　第二节　选题意义与概念界定 ………………………………（6）
　　第三节　主要研究方法及方案 ………………………………（17）
　　第四节　观点和创新之处 ……………………………………（20）

第一章　云南民俗采录背景 ……………………………………（22）
　　第一节　国内学科渊源背景 …………………………………（22）
　　第二节　国际学术思潮下的民族意识 ………………………（27）
　　第三节　国内学术思潮背景 …………………………………（38）

第二章　抗战前期云南民俗调查与研究 ………………………（57）
　　第一节　外国人在云南的调查 ………………………………（57）
　　第二节　国内学者的云南民族调查活动 ……………………（67）
　　第三节　杨成志的滇川之行 …………………………………（76）
　　小　结 …………………………………………………………（96）

第三章　西南联大学者的民俗调查 ……………………………（99）
　　第一节　湘黔滇旅行团的采风问俗 …………………………（100）
　　第二节　边疆人文研究室的民俗调查 ………………………（118）

第三节　陶云逵在滇的民俗调查 …………………………（131）
　　　第四节　语言学者的民俗调查 ……………………………（145）
　　　第五节　社会学者的民俗调查 ……………………………（158）
　　　小　结 ………………………………………………………（173）

第四章　云南大学学者的民俗调查活动 ……………………（177）
　　　第一节　"魁阁"研究室的民族调查活动 ………………（178）
　　　第二节　方国瑜与西南文化研究室 ………………………（179）
　　　第三节　社会学者的民俗调查 ……………………………（183）
　　　小　结 ………………………………………………………（194）

第五章　李霖灿对纳西族的民俗调查 ………………………（196）
　　　第一节　沉潜民间开启拓荒之路 …………………………（197）
　　　第二节　寻根解俗探访迁徙之路 …………………………（199）
　　　第三节　语言文字与民俗的互证研究 ……………………（202）
　　　第四节　经书与民间信仰的互释研究 ……………………（211）
　　　第五节　母系社会的习俗考察 ……………………………（219）
　　　第六节　歌谣和故事的搜集 ………………………………（221）
　　　小　结 ………………………………………………………（234）

第六章　马学良在彝区的民俗调查 …………………………（238）
　　　第一节　湘黔滇道上的语言与民俗调查 …………………（239）
　　　第二节　彝区访俗释经 ……………………………………（241）
　　　第三节　彝区民俗文化探寻 ………………………………（255）
　　　小　结 ………………………………………………………（269）

结　语 …………………………………………………………（271）

第一节　抗战时期云南民俗调查研究的特征 …………（271）
第二节　抗战时期云南民俗调查研究的成就 …………（277）
第三节　抗战时期云南民俗调查留下的启示 …………（280）

参考文献 ……………………………………………………（282）

后　记 ………………………………………………………（301）

绪　　言

第一节　研究现状

一　民俗学及民间文学领域的相关研究

从民俗学、民间文学发展史角度出发，涉及与本书著述有关的有：刘锡诚的《二十世纪中国民间文学学术史》[1]，书中"战火烽烟中的学科建设（1939—1949）"这一章从两个方面梳理了云南民间文学调查活动。一方面是云、贵、川的社会——民族学派参与的民间文学调查，主要介绍了中央研究院学者；昆明边疆研究群体；贵阳大夏大学师生等团体的调查活动。该书指出当时的学者从人类学、社会学、民族学的立场出发，以田野调查为基础，以中国的考据注疏和西方理论相结合对西南民间文学进行收集整理与研究。另一方面论述了抗战时期云南地区民间文学采录工作，主要从歌谣和神话等方面来研究抗战时期民间文学，同时认为社会学和民族学者是云南地区参与民间文学调查与研究的主力军，但对抗战时期云南地区民俗调查缺乏深入的描述。刘锡诚主编的另一本书《中国新文艺大系（1937—1949）民间文学集》[2]，主要汇编抗战和解放战争时期收集的神话、传说、民间故事、民间诗歌和歌谣。全书近 800 页，汇编民间文学 370 多

---

[1]　刘锡诚：《二十世纪中国民间文学学术史》，中国文联出版社 2014 年版。
[2]　刘锡诚：《中国新文艺大系（1937—1949）民间文学集》，中国文联出版公司 1996 年版。

则，体现抗战时期学者对西南地区民间文学的收集整理情况。马昌仪的《中国神话学文论选萃》（上、下）①一书，汇编了1939年到1940年末学人研究神话的论文，是抗战时期学人对西南地区丰富多彩的活态神话研究的总汇。

刘守华的《中国民间故事史》②认为抗战时期是发掘利用民间文艺的新热潮时期，但没有论及民间故事的收集与整理的具体事件。万建中的《20世纪中国民间故事研究史》③把抗日战争和解放战争时期的民间故事研究划定为沉寂期，但提到长沙临时联合大学迁往西南联合大学途中成立的"湘黔滇旅行团"对民间口头文学有搜集活动。陈平原主编的《现代学术史上的俗文学》④一书以单篇论文分门别类对20世纪民间文学进行阐述，对抗战时期西南民俗活动有所提及。陈泳超的《中国民间文学研究的现代轨辙》⑤一书中提到抗战时期闻一多的神话研究。高有鹏的《中国现代民间文学史论》⑥一书对闻一多民间文学观，从民间歌谣研究、民俗学视野中的文化研究、神话传说研究三个方面来阐述，分析闻一多在民间文学和民俗学方面的成就，为该书分析闻一多民间意识形成具有借鉴作用。李德芳《三四十年代我国社会学者的西南民间文艺学研究》⑦，阐述了大夏大学社会学者对神话的调查研究，以及燕京大学、云南大学社会学者对民间文艺学的研究，并把社会学者在民族民间文学研究方面的学术活动归入到民俗学、民间文学研究中。

台湾地区有关抗战时期民俗文化研究主要有娄子匡、朱介凡的《五十年来的中国俗文学》⑧，此书除"导论""附录"之外，主体部

---

① 马昌仪：《中国神话学文论选萃》（上、下），中国广播电视出版社1994年版。
② 刘守华：《中国民间故事史》，湖北教育出版社1998年版。
③ 万建中：《20世纪中国民间故事研究史》，北京师范大学出版社2011年版。
④ 陈平原：《现代学术史上的俗文学》，湖北教育出版社2004年版。
⑤ 陈泳超：《中国民间文学研究的现代轨辙》，北京大学出版社2005年版。
⑥ 高有鹏：《中国现代民间文学史论》，河南大学出版社2004年版。
⑦ 李德芳：《三四十年代我国社会学者的西南民间文艺学研究》，《民族文学研究》1989年第3期。
⑧ 娄子匡、朱介凡：《五十年来的中国俗文学》，台北正中书局1963年版。

分包括"神话""传说"等12个部分,该书回顾了20世纪上半期的民俗活动,对抗战时期只做了简要描述性的回顾,没有深入探讨。可见,抗战时期的民俗活动,还没有引起足够的关注。

国外研究来看,有华裔学者洪长泰的《战争与大众文化:现代中国之抵抗运动(1937—1945)》[①],共七章,首章讲"现代大众文化的兴起",后六章论及话剧、漫画、报纸诸形式在抗战中的意义,其中心是讲抗战文艺,特别是抗战与城市文艺的关系。作者以思想史和文化人类学的理论作为解释工具,使著作除了描述性之外,还具有分析性和解释性。日本学者直江广治的《中国民俗文化》[②],此书分十部分专述了中国民俗学的发展历史,其中第九章"中国民俗学研究近况(一)",对抗战时期民俗学研究做了概况介绍。以上著作有助于理解抗战时期的社会背景和民众心理,避免单纯从学科发展的角度进行分析而造成的片面性。

二 其他领域的相关研究

抗战时期的云南民俗调查是在民族文化背景下的学术活动。云南地理环境复杂,民族众多,从而造就了民族文化的多样形态,致使民俗文化具有地域性、民族性的显著差异,抗战时期上到国民政府官员,下到普通学者,对于云南少数民族的生活习俗的调查,一方面是出于对民族文化的认识和了解,另一方面也想通过调查发掘和再造一统的中华文化。因此,云南民族调查不仅将少数民族民俗视为调查重点,而且还强调应借鉴民俗学的理论和方法为其他学科所用。胡鉴民认为"民俗即民间的学问和知识",所以"一个民族传统的知识与一切古老的生活方式都属于民俗的范围"。甚至认为民俗史中可见民族的历史文化,指出"历史中民族的变迁与接触亦可于民俗分布的研究中见之"。[③] 可见,民俗文化是各学科研究的基础,主要分散在民族

[①] Hung Chang-tai, *War and Popular Culture: Resistan in Modern China, 1937 – 1945*, Berkeley: University of California press, 1994.
[②] [日]直江广治:《中国民俗文化》,王建朗译,上海古籍出版社1991年版。
[③] 胡鉴民:《调查中国民俗的建议》,《国立中央大学日报》1936年2月16日第2版。

学、语言学、人类学、社会学等学科领域中,这些学科中的田野作业,或多或少都有对民俗文化有记录和研究。对分布于各学科中成果的吸收、借鉴是正确认识抗战时期民俗学研究的前提。

中华人民共和国成立后,学者们对抗战时期民族调查成果的梳理主要是围绕民族学科研究展开的,当然这些著述也毋庸置疑地涉及民俗学的调查研究。陈永龄、王晓义的《二十世纪前期的中国民族学》①,资料覆盖面广,介绍20世纪前期中国民族学研究状态。从学术流派分析了20世纪前半期的民族学研究流派,有利于梳理学者的学术背景。王建民的《中国民族学史》②,比较全面论述了中国民族学的发展历程,对中国民族学史进行了深入分析和研究,提出了不少新观点和新见解,其中"抗日战争时期中国民族学的发展"一章论述了抗战时期"南开大学边疆人文研究室"和"云南大学魁阁研究室"的调查研究活动。白兴发的《二十世纪前半期的云南民族学》③,是对20世纪前半期云南地区民族学发展状况的研究,梳理了云南地区民族学抗战前期、抗日战争时期和抗日战争胜利后学科发展的特点,对抗战时期的云南民族调查作了线条性的梳理。马玉华的《国民政府对西南少数民族调查之研究(1929—1948)》④,本书研究国民政府官方所组织的云、贵、川少数民族调查,对调查背景、调查情况和成果进行分析,阐述国民政府为执行边疆政策而组织的西南少数民族生活情况调查。聂蒲生的《民族学和社会学中国化的探索——抗战时期专家对西南地区的调查研究》⑤,主要从历史学的角度对抗战时期迁居西南的著名民族学家、社会学家、语言学家的社会调查研究进行总结,从田野调查、社会调查和综合调查三个方面来阐述调查事项和

---

① 陈永龄、王晓义:《二十世纪前期的中国民族学》,载中国民族学研究会编《民族学研究》第1辑,民族出版社1981年版,第261—299页。
② 王建民:《中国民族学史》(上卷),云南教育出版社1997年版。
③ 白兴发:《二十世纪前半期的云南民族学》,民族出版社2011年版。
④ 马玉华:《国民政府对西南少数民族调查之研究(1929—1948)》,云南人民出版社2006年版。
⑤ 聂蒲生:《民族学和社会学中国化的探索——抗战时期专家对西南地区的调查研究》,中国社会科学出版社2011年版。

调查过程。罗振刚的《民国学人西南边疆问题研究》①，本书对民国学人研究西南边疆问题论著进行分析。杨绍军的《战时思想与学术人物——西南联大人文学科学术史研究》，详细考察了西南联大人文学科研究机构、学术刊物和重要学者的代表性论著。王传的《民国时期广东学人与中国西南研究》②，本书采用人物为中心的研究方法，以学人的学术活动为研究对象，认为广东学人的西南研究为抗战时期的田野调查奠定了实践和理论基础。李绍明、程贤敏主编《西南民族研究论文选（1904—1949）》③，论文集中收录了抗战时期西南少数民族民俗文化研究的论文。另外，徐益棠《十年来边疆民族研究之回顾与前瞻》、王水乔《论民国时期国内学者对云南少数民族的研究》、李绍明《西南民族研究的回顾与前瞻》、马玉华《西南联大与西南边疆研究》、王建民《中国人类学西南田野工作与著述的早期实践》、刘小云《20世纪前半期中山大学与西南民族调查》。④ 这些论著从民族学、人类学的视野对抗战时期云南民族调查进行了梳理和总结。

对前人研究成果总结的目的，是为了更好地为今天学科建设服务，学术史研究的作用就是对现有研究成果进行分析，以便认识前人对哪些问题进行了深入研究，而哪些问题有待于进一步研究。其实，在对每门学科进行研究的时候，都有对学科史研究的必要性，其目的是了解学科发展源头和所需要解决的问题，同时在了解前人研究基础上，避免一些重复、无效的劳动，达到充分利用前期的调查研究成果为现学科建设服务。总观抗战时期从学科视角进行的研究，学人们的

---

① 罗振刚：《民国学人西南边疆问题研究》，人民出版社2013年版。
② 王传：《民国时期广东学人与中国西南研究》，上海古籍出版社2018年版。
③ 李绍明、程贤敏主编：《西南民族研究论文选（1904—1949）》，四川大学出版社1991年版。
④ 徐益棠：《十年来边疆民族研究之回顾与前瞻》，《边政公论》1941年第1卷第5、6合期；王水乔：《论民国时期国内学者对云南少数民族的研究》，《云南社会科学》1994年第5期；李绍明：《西南民族研究的回顾与前瞻》，《贵州民族研究》2004年第4期；马玉华《西南联大与西南边疆研究》，《中南民族大学学报》2009年第3期；王建民《中国人类学西南田野工作与著述的早期实践》，《西南民族大学学报》2007年第12期；刘小云：《20世纪前半期杨成志西南民族研究述论》，《学术探索》2008年第5期；《20世纪前半期中山大学与西南民族调查》，《广西民族研究》2009年第1期。

研究都没有明确民俗学科意识，相关民俗学方面的研究也比较粗浅，本书需要借鉴各相邻学科研究成果，对部分材料进行归纳、整理，从而建构抗战时期民俗学的学科意识。

第二节 选题意义与概念界定

一 选题意义

（一）推动学科发展的现实意义

抗战期间向来被汉人认为是"蛮瘴"之地的云南地区变成大后方，因战事迁移到此地的大批学者，认识到边疆政治、经济、文化、民族等问题的重要性，纷纷加入云南少数民族调查研究的活动中。民俗深植于民众的日常生活中，对民俗进行研究有利于全面地体察各民族文化的真谛，了解他们心理和价值观，从而更准确地把握各民族之间的共性和不同之处。另外，云南是多民族聚居地，由于受到地理位置的限制，很多民族仍然保持着较为原始的生产生活方式。抗战时期被迫迁徙到云南的学者，不但具有深厚的国学功底，而且大多留学海外受到过现代思潮的影响。现代与原始两种截然不同的文化碰撞在一起时，必然会有非常明显的反差。这种反差在民俗文化方面表现得最为直接和明显，因为民俗存在于民众生活的方方面面，是生活中最基础和重要的文化，必然会引起不同学科学者对民俗的关注，也就促使了抗战时期少数民族民俗研究的繁荣。

抗战时期开启了大规模的少数民族调查研究，出现了中国知识分子走村串寨调查少数民族生活的热潮。要系统而全面地了解中国民俗学学术史，抗战时期的民俗研究特别对少数民族民俗的调查研究是其重要的组成部分。与抗战前大多"旅行式"调查不同，调查者就生活在他们以前从材料典籍上看到或偶然接近过的少数民族群体中，一切都变得如此的真实和生动，这种近距离长期的"朝夕相处"，使学者对民俗研究更加细化和深入。当时的调查几乎涉及云南地区的所有民族，调查范围涉及口头传统、节日习俗、民间信仰等众多领域，并取得了令世人瞩目的成就，在民俗学学科发展史上是重要的一段

绪　言

历程。

　　抗战时期搜集和发掘的少数民族活态神话，使中国神话的研究不再局限于汉民族古典文献，学者们收集到大量丰富多彩的口头神话材料，在此基础上涉及神话的性质、内涵、价值诸方面的专题论文陆续发表。闻一多、马学良、岑家梧等学者对神话的研究更是表现出开阔恢宏的思路，扩展了神话的研究视野。陶云逵、李霖灿、吴泽霖等学者在少数民族经书搜集、少数民族民间信仰仪式调查、祖先崇拜和图腾崇拜、节日习俗等方面的研究都开创了田野调查的先河，学者们对云南少数民族的调查开启了少数的、边缘的被视为"蛮夷"的云南边地民族民俗的收集与整理工作。抗战时期云南少数民族民俗志的书写，从一定程度上改变了云南少数民族被"魔幻化"的他者形象。抗战时期的民俗调查，对于大多数民族而言，也是首次有学者对其民族民俗文化的记录与整理，为后人留下了珍贵的少数民族民俗材料。

　　（二）阐释互渗研究对学科建设的影响

　　与抗战前的民俗研究相比较，民俗学研究的主要对象从汉人社会转移到了少数民族社会，因此，抗战前民俗学的学术名词"民间"也有了一定的变化，从原来农村的单一领域扩展到"民族"这一多领域。这时的"民间"，在地理空间上由农村演化为西南少数民族的生活空间，调查研究的对象由农民转向少数民族民众，这时的"边疆""民族""民俗"成为研究的核心。大量鲜活的民俗材料，不仅拓展了研究者的学术视野，也使他们的观念和研究方法发生了重大变化，开始从单一依靠古籍文献，走向文献与田野调查相结合的探索之路。其特点是由文献转向田野，由单一的事项到某一区域的民族，这就使得调查视野更加广泛和具体，使得这时的民俗调查必然是置于学科交融范式下的大调查。交叉学科研究与中国近代学科历史渊源有关，近代中国面临着来自西方各方面的冲击和影响，就知识系统而言，现代学科的建立大多受西方学科分类的影响，由于不同民族和国家在历史文化渊源方面的差异，国人对西方具体学科之间的界线就难于把握。桑兵认为"各系统之间或许大同，但也有不少小异，这些小异对于各学科或学说的核心主干部分也许影响不大，但对于边缘或从属部分则相当关键，往往导致不同系统的学科分界千差万别，从而使得不同国度的不同流派关于学科的概念并不一致，来龙不一，去脉各异，不同国度的同一学科的内涵也就分别甚大。大者如'科学'，英法德含义不同，小者如政治学、社会学、人类学的分科与涵盖，欧美分别不同，欧洲各国也不一致。至于社会文化研究，究竟是属于社会学的领域还是人类学的范畴，不仅国与国之间存在差异，同一国度的不同学派也认识不一"。① 早期学科之间的分界不明确，再加上这些学科在中国也属于初建期，自然也就不是泾渭分明，抗战时期的云南民俗调查也应看作大学科背景下的民族文化调查。

赵世瑜认为"即使在西方，民俗学的意识及学科的产生，也是不同学科在人文主义思想和对世界深刻认识的前提下，强调民族和民众重要性的产物。因此中国现代民俗学道路开辟者的学科意识，是在西方近代学术和传统的总体影响下产生的。这种现象不仅可能解释中国现代民俗学在其形成之初，所受西方学术的影响为什么不只是纯粹的民俗学的，还可以解释为什么在这个时候，中国的文学家、历史学家、宗教学家，语言学家共同加入到民俗学的研究队伍中去的原因所在"。② 民俗学产生之初的学术传统，在中西方都有一些相似性。抗战时期比任何时候都更强调对少数民族的关注，多学科加入民俗学研究也就体现得更加突出。另外从我国的国情出发，钟敬文曾提出民俗学与民族学是紧密相连的。"民俗学与民族学的关系很密切，因为这两种学科都是以民族文化为研究主体的，民族学研究，离不开民族众多的民俗现象，而民俗学的研究也不可能与民族学的研究对象截然分开，由于两者在理论上的互相辅助、促进，就是更自然的事了"。③两个学科具有共同的研究对象，这是其密不可分的原因之一。从研究

---

① 桑兵：《近代中国的知识与制度转型解说（代序）》，载程美宝《地域文化与国家认同：晚清以来"广东文化"观的形成》，生活・读书・新知三联书店2006年版，第5页。
② 赵世瑜：《眼光向下的革命：中国现代民俗学思想史论（1918—1937）》，北京师范大学出版社1999年版，第4页。
③ 钟敬文：《民俗学》，载《钟敬文文集・民俗学卷》，安徽教育出版社1999年版，第5页。

对象和方法来看,"一般认为,民俗学的研究范围是'一国'的,民族学的研究范围是'多国'的。不过,我们中国是多民族的国家,汉族之外还有50多个少数民族,所以如果说中国的民俗学是'一国'的,它的对象同时也是'多民族'的。因此,我们的民俗学也可以说是民族学"。① 从钟敬文论述的两个学科关系来看,直到现代两个学科的研究方法和研究对象不可能完全分离。民俗学的研究受到学科本身的性质和特殊的学术背景等因素的影响,在抗战时期多学科学者参与其中就不足为奇了。

抗战时期的云南民俗调查,参与者有社会学者、语言学者、历史学者、人类学者、艺术学者等,由于学科之间界线的模糊性,特别是在少数民族地区调查研究时,学者的调查都是在大背景下的综合性研究,这就使得这一时期的调查成果很少归类为民俗调查活动。虽然学者的研究指向各异,但涉及民族调查研究时,民俗文化是整个民族文化链条中的重要一环。目前学术界对于抗战时期的少数民族民俗研究少有涉及,是由抗战时期民俗调查研究的特殊性决定的。与抗战前期的"歌谣学运动"以及中山大学时期的民俗活动相比,民俗调查缺乏有组织的机构和专业的研究人员,使得抗战时期的民俗文化研究很难纳入民俗学学术史的研究领域,但这并不意味着就可以抹杀这个时期的民俗学术活动。本书尝试较为全面地分析抗战时期民俗学在云南少数民族调查中的特点,从而科学地评价抗战时期云南少数民族调查活动在民俗学学术史上的地位。认识到多学科互渗下的民俗研究对学科发展带来一些禁锢的同时,也应该看到,民俗学不是一门孤立的学科,它历来同其他学科有着密切联系,没有其他社会科学的知识,想深入研究是不可能的。因此,总结抗战时期多学科研究的积极作用,有利于促进民俗学的跨学科研究。

(三) 客观评价民俗学研究的学术价值

1937年七七事变之后,日本侵华战争全面爆发,中华民族进入

---

① 钟敬文:《民俗学的历史、问题和今后的工作》,载《钟敬文文集·民俗学卷》,安徽教育出版社1999年版,第70页。

全面抗战。1938年11月,广州、武汉陆续沦陷,国民政府迁移到重庆,重庆成了抗战时期国统区的文化、政治、经济中心。与此同时,随着战争的进一步扩大,为了避免日军的破坏,研究机构和教育机构等部门也内迁到西南大后方。除一些教会举办的学校如燕京、辅仁等学校保持中立未动,上海交通大学迁入租界以外,东部沿海的众多高校和研究机构都向西南地区转移,使原本集中在中国东部的科研机构和大学纷纷迁移到少数民族聚居的西南地区。国立北京大学、国立清华大学、私立南开大学南迁到湖南长沙作短暂停留后,于1938年4月迁往昆明组成了国立西南联合大学。三年之后,到1941年,战前114所大专院校中有77所迁往西南地区[①]。大量的学术机构和学者来到云南,促使此时的云南少数民族调查蔚然成风。国破家亡之时,少数民族调查研究还被学术界看成挽救危亡的一种途径。聚集在西南的官员、学者在环境极端恶劣的条件下,都不约而同地从各自学术背景和实证目的出发,走进一个个"他者"生活,通过与"自我"的对话,建构特殊时代背景下的民俗生活,揭开了中国现代少数民族民俗调查的新篇章。刘锡诚先生认为,"当我们认真地研究了这段时期的材料后,可以毫不夸张地说,从1937—1949年,无论是调查搜集还是学术研究,都堪称是中国现代民间文学史上一个辉煌的时代"。[②]

从学术史的角度对抗战时期云南少数民俗调查进行系统地梳理和分析,客观地总结这一时期的学术成果,实事求是地评价取得的经验和调查中的不足,既彰显了学者的民俗调查研究成就,又使后人从中获得相关的学术信息和丰富的历史材料。云南地区是少数民族聚居地,有丰富的民俗文化资源,少数民族各具鲜明的民俗特征,体现出中华民族文化统一中的多样性。抗战以前,国人对云南地区的研究甚少,"我国向来蔑视苗夷,及文人士子,偏重闭门读书以为便能知天下事的恶习,是以对'西南民族'的著述很少,虽有之若不犯闭门

---

① 易社强:《战争与革命中的西南联大》,传记文学出版社股份有限公司2010年版,第17页。
② 刘锡诚:《中国新文艺大系(1937—1949)民间文学集》,中国文联出版公司1996年版,第1页。

造车之弊，即属于捕风捉影之谈，要求其靠得住和写得实的记录，实不多睹"。① 国人对于少数民族调查甚少，学者们在调查中看到即将消失的文化现象深表惋惜。陶云逵在云南新平县调查图腾制时曾提到，"黑夷因为环境关系与汉人交往日趋繁多，使他们的行为方式与价值观念有着剧烈的变化，若不是详细亲切的访问，他们对于他们自己已经知道在汉人看来十分可笑的族称及其崇拜简直守口如瓶。这样他们的图腾及其崇拜的表现应用的范围将日趋缩小。虽然目前尚有余音可寻，但不久的将来势必完全消逝而由另一种符号——团体型式继替下来"。② 随着西南边疆地区与内地交流更加便利和频繁的同时，少数民族的民俗文化也受到一些冲击，民俗文化面临着断层失传的危险，但事实上云南少数民俗调查在抗战以前，缺乏有组织及专业的研究人员来此进行调查，更谈不上客观地介绍云南的少数民族民俗，外界对生活在云南的少数民族知之甚少，少数民族居住区被视为酷热潮湿、蛮烟瘴雨的蛮荒之地，甚至传言："到此地的汉人大多都会染上瘴毒而亡，稍不注意就会受邪魔所惑客死他乡。"让外界对此地望而却步。抗战时期的调查揭开了生活在云南这片土地上的少数民族神秘的面纱，学者通过田野调查的论著真实地再现了少数民族的生产生活习俗、民间信仰、经济状况等。由此可见，这一时期调查研究成果的珍贵。

抗战时期，国人对云南少数民族进行调查时，对民俗文化的关注是比较突出的，这一时期的活动应作为中国民俗学史的一部分得到重视，是近现代中国民俗学史上的重要一环，为中华人民共和国成立后的民族调查和民族识别提供了借鉴。本书的研究将有助于全面了解抗战时期中国民俗学在少数民族地区的调查研究情况，构建更为完整的中国民俗学史。同时还可以深刻感受国人爱国情怀及对边疆民族的态度，以及如何看待和处理"他者"文化。对云南少数民俗研究史的总结，能让人们更加充分地认识到少数民族民俗的丰富性，对民俗学

---

① 杨成志：《杨成志人类学民族学文集》，民族出版社2003年版，第26页。
② 陶云逵：《大寨黑夷之宗族与图腾制》，《边疆人文》1943年第1卷第1期。

科的建设和繁荣都有积极的意义。

二 多学科互渗研究的理解

学术史书写历来讲究名正言顺,但抗战时期云南少数民族民俗调查由于历史和现实原因无法做到界限分明,学术界对此也给予了充分的认同。费孝通赞同忽略学科界限,"各美其美""美美与共",提道"我所说的民族研究,实际上是指我国少数民族的研究,其中自当包括少数民族的社会研究……"①张少微在《边建与民俗》一文中指出,"民俗学创建之初,表示文明国家中的未开化阶级之传承的知识,简言之,民间惯习、礼俗、歌谣和迷信。此种研究的产生和发展具有殖民运动的结果。文明各国获得殖民地之后,如何治理始可奏效,乃成为一个严重的当务之急的问题。凡论为别国殖民地的人民概为未开化者,在民族学上称之为初民、原人或自然人……民俗学和民族学关系异常密切,因为它们皆是以初民文化为研究对象。不过在范围方面,二者却有广狭的不同。民族学所研究的文化是一般的文化,即全部文化;民俗学所研究的文化乃是传承的文化,即全部文化中的一部分文化。传承的文化虽是部分文化,然而却是全部文化的精华,或者说是已经变成了制度的文化,与日常生活打成一片,如形与影,无法分开"。②张少微对于民俗学与民族学关系的论证,在抗战时期的学人中具有一定的代表性,他认为两者都是对初民文化的调查研究,而民俗文化更倾向于文化传承,民族学是初民的一般文化。基于这个观点,当时的民族调查在很大程度上很难做到泾渭分明。西方人类学、民族学的研究是以异文化研究为起点,从一开始便是研究殖民地文化,把异族的文化作为研究对象,无论是研究理论还是田野调查方法的总结基本来自异文化研究,因此研究异民族文化便形成了田野调查的传统。从当时的学科背景来看,抗战时期的民族调查,由于引领和参与调查的学者大多受到过西方理论的影响,云南少数民族的原始生

---

① 费孝通:《费孝通民族研究文集》,民族出版社1988年版,第2页。
② 张少微:《边建与民俗》,《边政公论》1944年第3卷第12期,第3—4页。

活状态，无疑是另一种异文化的体现，因此，无论是社会学家、民族学家还是民俗学家，他们大多从少数民族民俗文化研究入手。

抗战时期云南边疆被视为一个完整的民族文化系统，柯象峰认为对少数民族的研究是"研究边民文化之内容，社会组织之实质以及民俗信仰各项制度生活实况等问题，以求深切之了解，进而求解决之方案"。[①] "边疆"研究是通过具体事象剖析整个社会的生活，而达到深入理解少数民族的文化。钟敬文先生认为抗战时期的民俗研究与民族调查，由于现实与历史原因使得学科特色不明确，反而使民俗研究的疆域扩大了很多。

由于抗战时期是非常时期，民族学活动也有些特殊性。当时沿海一带，北方和华中一些地方已经沦陷，一些大学和学术机关搬到贵州、云南及四川去了。如搬到贵州的上海大夏大学，有个社会学部，老师们对民俗学比较注意，而又迁到了有少数民族存在的地区，他们就在这方面做了好些工作，如进行社会民俗调查，出版《民俗学论文集》之类的书刊。他们把社会学的调查和探究跟民族学、民俗学结合起来了。还有中央研究院民族研究所的人员也在进行民族调查，出版了一些有关民俗的民族学著述。所以到了这时期，中国的民俗学的疆界无形中扩大了。这就是抗战时期国工党统治区中，民俗学与民族学、社会学的关系大大密切起来，虽然在这以前，我国学界已经多少出现过这种倾向。记得1928年春，有个连山瑶排的代表团到了广州，我就和中大同事陈锡襄几位先生去访问过他们，刊物上还发表过有关的文章和照片。后来中大派杨成志先生和俄国人类学家史禄国教授到云南去作人类学和民族学的考察，容肇祖先生也参加了一段时间。杨先生回校后，曾发表过关于罗罗（彝）族的调查报告。1935年他从法国留学回国后，这种倾向就更加强了。所以说中山大学民

[①] 柯象峰：《中国边疆研究计划与方法商榷》，载凌纯声、林耀华等《20世纪中国人类学民族学研究方法与方法论》，民族出版社2003年版，第159页。

俗学在抗战前就和民族学、人类学已有关系。抗战前一些年，北方燕京大学教授吴文藻博士研究社会学也同民俗学有相当关系。在他指导下，燕大培养出一些这方面的人才。①

钟敬文在提到抗战时期民俗学科史时，认为民俗学从中山大学时期就与民族学、人类学调查研究相结合，抗战时期随着研究范围的延伸这种研究倾向就更加明显了。

刘锡诚认为多学科、多学派、多角度的研究是抗战时期的产物，把民俗事象放在一个大背景下进行调查，体现了当代学者的经世济用。

> 多学科、多学派、多角度的研究，克服了以往某些学者中单一研究的弊端，综合的、纵深的、专题的研究取得了长足的进展。中国民间文学运动的发生阶段，几乎仅仅是文艺的采集与研究。到了二十年代末以及整个三十年代，逐渐与民族学、人类学、社会学等等学科建立了亲密的联系，在方法论上吸取了这些学科的方法。几年前，民间文学界曾经讨论过英国文化人类学中的人类学派对中国二三十年代民间文学界的影响。如果说二三十年代人类学派在中国民间文学界的影响占上风的话，三十年代后半期和四十年代，欧洲的社会学派和功能学派、美国的博厄斯学派的影响越来越大了。这与当时的社会情况和知识界的情况有密切的关系。由于抗战时期的特殊历史条件的决定，迁移到西南的各大学和科研机构中的大批学者，以民族学、人类学和社会学者为主体，对当地少数民族的民间文学、风俗习惯、宗教信仰、社会制度等民俗事象进行实地调查，并将所获得的材料放到整个中国文化的大背景上进行综合比较。民间文学是这整个民间文化锁链中的一环，是在与其他诸种民间文化现象的联系与影响中而存

---

① 钟敬文：《民俗学的历史、问题和今后的工作》，载《钟敬文文集·民俗学卷》，安徽教育出版社 1999 年版，第 65 页。

绪 言

在、而发展的,它不是孤立的、也不是书斋里只供赏玩的文学作品。在许多研究少数民族神话、传说的学者中,大多数人一般不再恪守人类学派那种把过去的作品仅仅看作"遗留物",以及不顾及部落内口传神话所表现的历史价值、在部落中的作用、不讲求神话的艺术价值的比较方法,而是充分重视口传神话所由产生的社会历史背景,与原始先民的信仰的关系,神话中所透视出来的社会的、人伦的古代信息与价值观,作为原始思维的产物的神话的艺术价值,等。①

在刘锡诚看来,随着不同学派加入到民间文化的调查研究中,研究方法也有相应的变化,从原来的文献研究转为更加注重民间文学与生活的关系。

王建民认为:"一种学术思想的产生和演变决不是偶然的,必然有其所以如此的缘由,是社会发展的产物,受到整个时代社会思潮和社会运动的影响,与其他相近的学术思想发展有关,如果把民族学从整个社会总体中分离出来,我们所能见到的就是琐碎的史料的堆积或支离破碎的片断。"② 对于民俗学也是一样,在看待这段学术史的时候,不能把民俗调查单纯地分离出来,也应放在大的时代背景下进行分析。抗战时期是受到外来学说和中国当时面临的危机影响,学者们无论从事哪个学科的研究,绝大多数都有强烈的"经世致用"的动机,对学术研究采取实用主义的态度,而不太关心它们原来在所谓的"学理"上的分野,只要能够用来重新解释本土文化即可;另外,学者个人的学术背景迥异,以及形成学术氛围缺乏必要的条件,特别是在民族调查时,共同的学科意识不强,往往偏于个人以往的学术经验和角度,仅在研究专题出现过表层上的呼应,在领域选择上多少是被动的;由于引自不同学术传统和不同国度,进入中国社会的诸多学术

---

① 刘锡诚:《中国新文艺大系(1937—1949)民间文学集》,中国文联出版公司1996年版,第12页。

② 王建民:《中国民族学史》(上卷),云南教育出版社1997年版,第15页。

体系，原来就有不同程度地相互交叉或涵盖的情形，其边际并非泾渭分明；接受或涵化域外学术的同时本国学术也有一定的特点，也促使社会学、人类学、民族学、民俗学等在中国从一开始就具有一定程度的"合流"或"相互亲和"的倾向。

乔治·斯托金在《维多利亚时代的人类学》一书中，认为应将人类学学科史置于多重情境下去考量，不单要考虑政治、文化霸权的影响，更应考虑学者、学科得以形成的社会脉络等因素，从多元的角度去展现学科史的发展。"如果从人类学历史的维度去看待这个问题的，单纯用政治、文化霸权对学科影响不能全面解释，我关心的是在特定的民族志场景下，不同人类学家各具特色的活动。……而唯有这样，我们才能看到更为宽广的画面中，不同的个人与群体色彩纷呈的活动。特定的人类学知识正是在这些错综复杂的相互往来里塑造的。"①乔治·斯托金虽然是以人类学学科史的发展进行分析，但从他的观点来看，对分析当时的抗战时期的民俗调查研究具有启示的作用。抗战时期的云南地区民俗研究活动是特定民族志场景的产物，民俗学的调查研究受各种社会性因素的制约，一部分的影响还来自调查者的社会地位、生活经历等。这些因人而异的因素都会影响学者用不同视角看待问题。不仅如此，创造知识的过程中，这些差异还将使知识呈现出形态各异的面貌。通过对于调查产生的论著和调查报告进行文本分析，寻求这些文本和撰写者之间的关系，以及调查群背后的权力性和符号性。

中国现代民俗学是特殊时代的产物，对于中国人来说，五四新文化运动具有划时代的意义，到 1927 年，民俗学发展的重镇转移到了广州，而这里正是轰轰烈烈的北伐革命的发源地，两者之间存在着密切的联系。这样，理解中国现代民俗学的产生与发展，不能不理解五四新文化运动和反对军阀的北伐革命；反过来说，不深刻理解中国现代民俗学的产生与发展，也就无法全面理解五四新文化运动和反对军阀的北伐革命。正是因为这样的原因，具有敏锐目光

---

① George, Stocking, *Victorian Anthropology*, New York: Free Press, 1987, p. 5.

的学者注意到，五四运动中的新文化领袖们在激烈抨击传统文化的精英思想的同时，对传统文化中的民间思想却并不摒弃，而是大力提倡。这说明五四新文化运动并非全盘反传统，而是有比较，有分析，同时也从另一面反映了革命的民主性质。对这一点，以往五四运动的研究者往往忽视掉了。众所周知，在这场运动早期，其发起者和主要参加者中有文学家、语言学家、哲学家、史学家、民族学家等，这样一种队伍构成究竟对中国现代民俗学事业是好事还是坏事，起了积极作用还是限制作用，有不同的认识。而明确这一点，对于判断抗战时期民俗学科的性质，对于今后民俗学队伍的建设，都有重要的借鉴意义。

第三节　主要研究方法及方案

研究方法上，注意宏观研究与微观个案研究有机结合。宏观上把云南少数民俗调查置于社会变迁和中西文化交流冲撞的大背景下，思考边疆田野工作与族群及国家观念之书写的关系，在最直接的边疆民族志与国家的关系中，发现和再发现边疆的人民和空间，不仅是国家之间竞争的产物，反过来也推动了国家力量在边地的形成和扩展。这种相互刺激的结果是瓦解了"自然边疆"背后预设的国界和族界的合一。微观个案研究方面，则是边疆田野工作与学术范式转移的关系。一方面需要对研究作品的文本进行比较，另一方面需要从研究开展的具体的情境，特别是研究机构的迁徙和研究者的生平史中看到学术演变的动力。主要选取了最具有代表性的、调查成果最丰硕和对学科发展影响最为深远的马学良、李霖灿等为个案分析。采用民俗学和历史学相结合的研究方法对抗战时期迁居云南的著名学者的田野调查研究进行全面、系统而深入的反思。

一　综合性研究

抗战时期的云南少数民族调查研究文献是本书材料的一块重要基石，只有在大量的、尽可能全面的文献资料基础上，才能对这段研究史进行科学的再认识，才能得出较为客观、可信的结论。本书通过对文献的查阅，从大量的书目和二次文献中，追寻抗战时期云南民俗研究的资料线索。通过查阅抗战时期的报纸杂志、出版物，获得所需的原始资料。战时刊物如《民族学研究集刊》（中山文化教育馆主编）、《人类学集刊》（中央研究院历史语言研究所主编）、《边政公论》（蒙藏委员会主编）、《边疆人文》（南开大学文科研究所主编）、《边疆研究通讯》（金陵大学社会学系边疆社会研究室编）、《旅行杂志》（旅行杂志社编）、《康导月刊》（康导月刊社编）、《风土什志》（风土什志社编）等。在充分占有材料的基础上，详尽地整理、分析材料的内在联系，史论结合、点面结合地来钩沉云南民俗调查研究活动。

抗战胜利后在黄文山和卫惠林主持的《民族学研究集刊》第 4 期刊登了《抗战以来我国民族学选目·上》，① 几年后，第 6 期发表了《战时我国民族学选目·下》，② 是对抗战时期所发表的中外民族研究篇目汇总，论文选自于《人类学集刊》《边政公论》《风土什志》等 40 个抗战时所办的知名刊物。内容分为两大部分，即通论及国外之部和本国之部。通论及国外之部的内容有：第一部分民族学概论，汇集了抗战时期国人对民俗学理论的研究如李方桂《民俗学与语言学的关系》（1941）、杨成志《民俗学之内容与分类》（1942）、郑师许《方志在民俗学上之地位》（1942）、罗致平《民俗学史略》（1942）、林惠祥《民俗学》（1945）、傅振伦《论民俗学的范围》（1946）等。第五部分民族文化专论，汇集的是民俗学和民间文学田野调查方面的论文，如王启澍《神话与民俗》（1942）、孔令谷《原始民族咒术与我国习俗的比释》（1942）、任责《论信仰与宗教》（1942）、吴宗慈《处置死尸的方法》（1942）、张少微《歌谣之社会价值》（1941）和《歌谣之研究方法》（1941）、陈志良《始祖诞生与图腾主义》（1940）等。在其他各部分中也涉及不少的云南民俗调查的成果。《抗战以来我国民族学选目》是抗战时期民族文化研究成果汇总，成

---

① 古今式：《抗战以来我国民族学选目·上》，《民族学研究集刊》1944 年第 4 期。
② 古道济：《战时我国民族学选目·下》，《民族学研究集刊》1948 年第 6 期。

为追踪抗战时期云南民俗调查的一条重要线索。

　　总的来说，充分利用抗战时期的论著，是本书的一个显著特点。但由于这一时期的资料大多没有系统地整理过，从浩如烟海的资料中寻找，实属不易。搜集资料时，这一时期的材料主要藏于国家图书馆，云南省图书馆、云南省档案馆也有一些抗战时期对云南少数民族调查的档案。从广义的角度来看，收集、整理、分析云南少数民俗调查，是充分利用民族学、人类学、语言学等领域相关资料和研究成果，以求对抗战时期云南少数民俗调查作一个比较全面的认识。通过这一时期的民俗研究论著，澄清一些过去不够清楚的认识，梳理和分析抗战时期云南少数民俗调查研究的自身特点，科学地评价抗战时期学者在云南少数民族地区对民俗研究的贡献，从而正确地认识中国民俗学在抗战时期特殊的存在方式。

　　二　系统研究法

　　系统研究主张对研究对象从整体上进行分析，同时注意系统内部各要素的关系。本书把云南少数民族调查作为一个系统，民俗文化研究是这个系统的主要指向，通过关注、描述、分析民族调查中的民俗事件与过程，对其进行动态的解释。抗战时期云南少数民族调查是"当代学术史"的书写，这时的研究对象云南少数民族，相当于西方传统人类学中没有话语权，生活在封闭空间里的"野蛮人"，调查者大多是拥有一定学术地位和社会地位，以及相当学术资源的专家学者们。因此，个体研究构成系统研究法的基础，同时也体现出学科史典型性的关键。学术思想、学术成果以及学术流派等都是由个体创造的，一个个学者个案研究构成了战时的民俗调查学术史。本书在对学者个体进行分析时，主要从以下几个方面着手。第一，分析抗战时期的学者，关注到他们具有深厚的国学底蕴的同时，大多都有曾留学欧美的经历，具有一定的学术思维和学科意识。第二，在抗战时期的云南地区，学者关注边疆民族的民俗文化是调查中的重要内容之一，可能他们不是民俗学的从事者，而是民族学家、人类学家、社会学家以及语言学家，但学者们从各自的学科背景和知识结构出发，多视角地对云南少数民俗进行探讨，使该时期的民俗学研究呈现出多学科参与的特点。第三，抗战的特殊时期，学者的研究与国家命运紧密相连，民族危机感和使命感时时鞭策他们，这就决定他们所作研究的动机和目的，因此，学术报国在当时文人的学术研究中具有普遍性。

以特定的史料文本为依托，发掘以及建构抗战时期对云南少数民族考察的学者在田野中的所思、所想、所言、所为，以及与他者之间的互动。易社强认为："一部缺乏人物、只有数量化的非人性力量交互作用的史书，必然是一部干瘪苍白的历史，不仅缺乏可读性；而且，根本上会更不准确，因为它忽略了鲜活的经历。"[①] 对于学科历史的研究要以史论结合，以大量多元的史料占有，以期达到表述的"客观性"，这是传统史学的优势所在，但往往由于体裁所限而对学术思想的脉络把握不够，同时很难细致把握作为学科最基础的载体——学者的思想和心态情况。而学术思想研究需注重国家、学科、学者三者之间的关系，综合考察知识生产的过程。这一点显然是随着世界后现代主义等学术潮流而打开了视野，或将学科发展置于社会大环境下。本书希望通过云南少数民族调查活动，延展民俗调查研究领域，达到细化深化的作用和效果。在研究中对自我和他者之间的关系进行阐释，尽可能更深入、翔实地掌握当代的材料，利用文献资料分析两者所扮演的角色，试图还原当时的调查场景，思考现有论著，从而形成更全面的论证。

第四节　观点和创新之处

抗战时期学人们对云南少数民族调查比较重视，大家纷纷参与民族调查活动，这就出现了多学科视野下的民俗调查研究背景。当然，由于当时学术理论和研究方法的引导，不可避免地出现"自我"和"他者"的冲突和偏见，在调查理念和方法上学者对云南边疆的重视

---

① 易社强：《导言·战争与革命中的西南联大》，传记文学出版社股份有限公司2010年版，第3页。

和调查一是出于政治的需要，是为巩固政府在边疆地区的统治和国防战略做准备，国民政府具有的话语权对学人的民族调查必然会产生重要影响，学术与政治的纠葛也就成为云南少数民族民俗调查的特点。二是抗战时期的云南少数民族调查，在中国历史上是首次大规模的对少数民族的田野调查，参与调查者多是受过西学训练的研究者，这就使得这次的调查更具科学性，被誉为中国少数民族研究走向田野的典范事例。又因传统知识分子对国家民族的责任感，促使利用现代田野调查去发现和表述云南少数民族民俗文化，以及通过调查进一步探讨云南少数民族文化的一元与多元、中心与边缘的关系。

相对现有的抗战时期云南少数民族调查研究而言，首先，本书研究的是云南少数民族调查中的民俗文化，这是前期的学者没有关注过的视角，这是选题方面的创新点；其次，所使用的材料大多是第一手的原始文献，且许多文献没有引起前期研究者的关注，这是文献资料使用上的创新；再次，首次对抗战时期云南少数民族调查中的民俗事象进行系统梳理，并进一步研究学人们调查民俗事象时的治学理念，这是研究内容上的创新；最后，用多学科互渗下的民族调查分析其中的民俗事象，这是研究方法上的创新。

第一章　云南民俗采录背景

第一节　国内学科渊源背景

一　中国民族学与民俗学的兴起

民族学在20世纪初传入中国的渊源，可追溯到德奥帝国的民族学家哈伯兰（Michael Haberland）的《民种学》一书，1903年由中国著名翻译家林纾和魏易合作译为汉文。《民种学》汉译本分为上、下两卷。上卷内容有民族学的历史、民族发展的内外因素、人类群体的饮食、居住、服饰、武器、工具、艺术、宗教、科学、交通、文字等发展过程和民族的形成、文明的发展、所有制的变化、各种制度的形成、交换的发展等。下卷讨论人类的种族差异，对于不同的人种进行了简略的介绍。译者在"序言"中简明扼要地向国人介绍了此书的内容，"考其饮食、服饰、营构之所从来与夫部落种族之所以自始，有书焉，曰《民种学》"。[①] 从此书的内容和国人对此书的认识可见，民族学介绍到中国的研究是以部落种族之日常生活为起点。上卷研究内容涉及多是民间习俗，从《民种学》的研究内容来看，民俗学的内容是其中的一部分，此书从某种程度上影响着学人对民族调查的学术取向。

蔡元培留学德国时曾系统地学习过民族学，并在1926年发表了《说民族学》一文，阐述了对"民族学"这个学科的认识，"民族学是一种考察各民族的文化而从事记录或比较的学问。偏于记录的，名

---

① 王建民：《中国民族学史》（上卷），云南教育出版社1997年版，第74页。

为记录的民族学，西文大多数作 Ethnographie，联邦德文又作 Beschreibende Volkerkunde；偏于比较的，西文作 Ethnologie，而德文又作 Vergleichende Vlokerkunde"①。考察各民族文化是民族学研究的内容，研究各民族文化决定了研究者的视野，不仅只在中原汉族地区，而是需要开拓更广阔的学术天地。此后蔡元培对民俗学的支持也正是基于对民族学研究对象的认知。

1918年，蔡元培在任北京大学校长期间，批准了刘半农拟定的《北京大学征集全国近世歌谣简章》，并发表在1918年2月1日的《北京大学日刊》上。"校长启事"中写道："本校现拟征集全国近世歌谣，将简章登载日刊，敬请诸君帮同搜集材料。所有内地各处报馆，学会及杂志社等，亦祈各就所知，将其名目，地址函交法科刘复君以便邮寄简章，请其登载。此颂公绥（简章见本日纪事栏内）。"校长启事在当时产生了广泛的影响。简章发出三个月之后，1918年5月20日《北京大学日刊》第141号在《歌谣选日刊》发表报道："所收校内外来稿已有八十余起，凡歌谣一千一百余章，由刘复教授选其最佳者，略加诠订，名曰'歌谣选'"。自5月20日起，"日刊一章"在《北京大学日刊》上发表一年后，"歌谣选共发表了15个省市歌谣148首，并受到当时国内知名人士的支持，如李大钊送来了家乡的三首歌谣并作了注解；顾颉刚搜集到家乡'吴歌'300余首；刘半农搜集家乡'江阴船歌'20首"。②施爱东认为蔡元培对歌谣搜集的支持是歌谣学运动顺利开展的前提。③歌谣学运动得到学术界人士的支持，与蔡元培的倡导及依托的北京大学学术机构密不可分。

1927年国民南京政府成立，设立最高科学研究机关中央研究院，蔡元培任中央研究院院长，此后建立了民族学组和人类学组，并亲任组长，他在任职期间竭力倡导青年学者到少数民族地区进行实地调查，我国早期的民族学家凌纯声、芮逸夫、颜复礼、商承祖、林惠祥

---

① 蔡元培：《说民族学》，《一般》1926年第1卷第12期。
② 王文宝：《中国民俗研究史》，黑龙江人民出版社2003年版，第51—52页。
③ 施爱东：《倡立一门新学科：中国现代民俗学的鼓吹、经营与中落》，中国社会科学出版社2011年版，第19页。

等人，都是在蔡元培指导下成长起来的。1928年蔡元培与中山大学合作成立"中央研究院历史语言研究所"。1928年杨成志西南民族调查之行的成因就与"中山大学语言历史学研究所"和"中央研究院历史语言研究所"合作的调查项目密不可分。[1] 蔡元培也被后人称为中国民族学的奠基者。[2] 从民族学和民俗学的肇始之初，作为民族学奠基人的蔡元培倡导知识分子多关注民间文化，为多学科互渗下的民俗学研究奠定了基础。

二 从文献之学到民众生活史

从梁启超提出"创新史学"的倡导以来，新史学观就成为20世纪初期中国学人努力的方向和期望达到的至高界。[3] 以"疑古"为古史辨定位，其目的是由文献学术史转为社会民众史的研究，以统治阶级的历史叙述转为普通民众社会。此时，顾颉刚对中国社会历史研究也有了新的认识，他说："我从前只想做学术史，现在则想并做社会史，因为学术是社会的一部分，不知当时的社会状况，亦无从学术史。况且单做学术史也太干燥无味。"[4] 学术史的研究不仅仅是故纸堆中的学问，而是鲜活的社会生活，是社会的一部分，不了解社会，对学术史就无从下手，走民间路的意识开启了顾颉刚的新史学研究之路。

新史学渐离封建制度帝王将相为主的记录方式，开阔了眼界，到民间去寻求民众无穷广大的真实生活，用平等的眼光去挖掘中国的历史文化。顾颉刚进一步提出："我们对于考古方面，史料方面，风俗歌谣方面，我们的眼光是一律平等的，我们决不因为古物是值钱的古董而特别宝贵它，也决不因为史料是帝王家的遗物而特别尊敬它，也决不因为风俗物品和歌谣是小玩艺儿而轻蔑它。在我们的眼光里，只

---

[1] 江应樑：《人类学的起源及其在我国的发展》，《云南社会科学》1983年第3期。
[2] 宋蜀华、满都尔图主编：《中国民族学五十年·绪论》，人民出版社2004年版。
[3] 桑兵：《晚清民国的学人与学术》，中华书局2008年版，第15页。
[4] 顾颉刚：《自述整理中国历史意见书》，见《古史辨（一）》，上海古籍出版社1982年版，第36页。

见到各个的古物、史料、风俗物品和歌谣都是一件东西,这些东西都有它的来源,都有它的经历,都有它的生存的寿命,这些来源、经历和生存的寿命,都是我们可以着手研究的。"① 从顾的发刊词可见,对于中国的史学研究,从实物上着手,强调材料的平民化,眼光向下关注民间。在研究视角转向民众生活的同时,借助民俗学的材料,来理解和论证历史,他认为"经籍器物上的整理,只是形式上的整理;至于要研究古史的内部,要解释古代的各种史话的意义,便须应用民俗学了。"他写道:"老实说,我所以敢大胆怀疑古史,实因从前看了二年戏,聚了一年歌谣,得到一点民俗学的意味的缘故。"② 顾的疑古是建立在对民间文化认识的基础之上的,把民间物与上层文化平等来看待,认为民俗文化也是人类文化的一部分,值得我们认真研究。

1926年,北大国学门一批同仁南下来到厦门大学国学院,北大国学门的研究具有考古和民俗相结合的研究传统,到厦门大学后继续保持这个传统,1927年4月顾颉刚来到中山大学,任中山大学史学系主任,并积极协助傅斯年筹备语言历史学研究所的各项活动,傅斯年虽是研究所的主任,但相关工作的落实却是顾颉刚在主持。顾颉刚在给胡适的信中曾提到:"语言历史学研究所虽未成立,而已有房子、书籍、职员、出版社,同已经成立一样,这一方面孟真全不负责,以致我又有实无名地当了研究所主任。"③ 借助中山大学这个平台,顾颉刚提出学术史搜集的新途径,建立新学问的主张。他认为:"故纸堆中的材料和自然界中的材料是没有什么高下的分别的。只要能在材料中找出真实的事实来,有益于做真实的研究,研究者的眼光里绝对不能受应用上的新旧的界限的牵绊,上至石器时代石刀石斧之旧,下

---

① 顾颉刚:《一九二六年始刊辞》,《北京大学研究所国学门周刊》1926年第2卷第13期。

② 顾颉刚:《我的研究古史的计划》,《古史辨》第一册,上海古籍出版社1982年版,第214页。

③ 转引自施爱东《倡立一门新学科:中国现代民俗学的鼓吹、经营与中落》,中国社会科学出版社2011年版,第176页。

至时髦女子衣服饰物之新，一律收集，作平等的研究。"① 顾这时明确提出了走入田野，广泛搜集民间文化材料。他在《中山大学语言历史研究所周刊》所写的《发刊词》宣称："我们要实地搜罗材料，到民众中寻方言，到古文化的遗址去发掘，到各种的人间社会去采风问俗，建设许多的新学问。"② 这里提到新学问不再是为史学服务的佐证研究，而是单独的一门新学科。而这一门学问，在1928年3月7日的《民俗》"发刊词"中就更加明确，清晰地提出民俗研究的学术倾向："我们要站在民众的立场上来认识民众！我们自己就是民众，应该体验自己的生活！我们要把几千年埋没着的民众艺术，民众信仰，民众习惯，一层一层地发掘出来！我们要打破以圣贤为中心的历史，建设全民众的历史！"③ "以民众为主体的研究视角，建立全民众的历史！"为中山大学创办《西南民族研究专号》和倡导的西南民族调查都具有引导性的作用。由此可见，西南民族调查的起因与顾颉刚所提倡的体验民众生活，发掘民众艺术、民众信仰、民众习惯的理念是一致的。顾颉刚在中山大学时期呼吁的关注民间文化，从杨成志等学人的西南民族调查内容可见一斑。桑兵认为"中山大学的民俗学活动是人类学和社会学发展的基础"。④ 在民俗学带动下的少数民族调查，却没有始终坚持民俗学的学科理念，这其中的因素有很多，但前期学人对民俗学的倡导和重视，无疑为抗战时期学人对云南少数民族调查中所呈现的民俗理念奠定了基础。

而此时，北京大学研究所国学门研究的魏建功与顾颉刚的观点有不谋而合之处，他提倡"新历史的系统是历史叙述的主体，要由统治阶级改到普遍的民众社会，历史的长度要依史料真实的年限决定，打破以宗法封建等制度中教皇兼族长的君主的朝代为起讫；历史材料要把传说、神话、记载、实物……一切东西审慎考查，再依考查的结

---

① 顾颉刚：《1926年始刊词》，《国学门周刊》1926年第2期。
② 转引自桑兵《晚清民国的学人与学术》，中华书局2008年版，第117页。
③ 顾颉刚：《"民俗"发刊辞》，《民俗周刊》1928年第1期。
④ 桑兵：《晚清民国的学人与学术》，中华书局2008年版，第120页。

果，客观的叙述出来"①。更为明确地指出考古应与民俗相结合来研究。"本学门开办以来，一面注重'考古'，以便求得较为真确的文化史实，一面也留心'考今'，好在活材料里找出我们民族的生命之厄运和幸运的事迹，我们的歌谣研究会、方言学会以至于风俗学会，无一不是为这现代的横方面材料整理的组织。"② 20 世纪初期，学人普遍认识到民众日常生活是历史文化的一部分，值得学者搜集、记录和研究。中山大学的学者更是首先认识到中国的民众中还包括被前人所忽略的西南少数民族，他们民俗调查的重要性和紧迫性。余永梁提出："各民族的文化、语言、风俗、宗教与分布情形，除了调查没有更好的办法，现在交通一日千里，这些民族逐渐完全同化，若不及时调查，将来残留的痕迹也会消失，在文化政治上当然是很好的事，但是我们若不乘时研究，岂不是学术上一件损失。"③ 中山大学学者的学术使命感积极地促成了杨成志的西南民族调查活动，开辟了云南少数民族调查的新园地。

第二节 国际学术思潮下的民族意识

一 民族国家意识的觉醒

近代中国，国家内患不断，列强侵扰不休。自 1840 年鸦片战争爆发以来，殖民主义国家利用坚船利炮一次次侵略中国，战争中迫使中国签订了一系列丧权辱国的条约。1894 年的"甲午海战"宣告中国惨败，引起国内上下震动，同时也宣告"中体西用"洋务运动的破产。中华民族生死存亡的危机达到了前所未有的时刻，边疆问题受到了官方和学者的关注。顾颉刚认为中国王朝对边疆的关注早在清代道光以后，"中国学术界曾激发边疆学运动，群以研究边事相号召；甚至国家开科取士亦第以此等问题为策论。察此种运动之起因，实由

---

① 魏建功：《通信》，《北京大学研究所国学门周刊》1926 年第 15、16 期合刊。
② 魏建功：《通信》，《北京大学研究所国学门周刊》1926 年第 15、16 期合刊。
③ 绍孟（余永梁）：《编后》，《国立中山大学语言历史学研究所周刊》1928 年第 35、36 期合刊《西南民族研究专号》。

于外患",故"当时学者之精神集中于西北","及俄患稍纾","此轰轰烈烈之边疆学运动及渐就消沉矣",中国学人对边疆的渐消,但外国人却未曾停止,以致"吾人苟欲认识自己之边疆问题,已不得不借材于外国",在顾氏看来对边疆的认识需要依赖于外国是"大可耻之事""大可怵目而伤心之事"。他呼吁"我国研究边疆学之第二回发动",且坚信"此第二回发动之收效必远胜于第一回"。① 在顾氏看来,1936 年时期以前的边疆调查研究国人还不够重视,从"运动"一词可知,顾氏希望国家能发动一次大规模的边疆调查研究,让边疆研究再一次复兴。

当时提出边疆复兴有其特定的政治背景,黄奋生认为:"本来无所谓边疆问题。不幸帝国主义者压迫我国是从边疆下手的,在这一二百年之内,他们使尽了威胁利诱的手段,以求达到土崩瓦解的目的,实已形成了极度严重的局势。"② 随着清政府的步步妥协,海陆告急。此时的中国由封建社会变成一个半封建半殖民地社会,帝国主义使中国在经济上失去独立自主,在军事上控制着中国的政治,使中国的领土和主权遭到严重侵害,民族危机日趋深重,中国面临亡国灭种的严重地步。西南边陲的云南相继发生了英国企图侵占中国边疆领土的"片马事件""班洪事件"。随着边疆危机的日益加重,上下民众共同呼吁中华民族的团结。边疆的地位日益重要,国民政府对边疆的开发和调查研究等工作,由原来的宣传运动转为调查的实际行动过程。

抗战全面爆发后,云南各族世居之地成为抗战建国的基地和大后方,战略地位急剧提升,抗战同云南各民族问题紧密联系起来。如何动员云南少数民族为抗战建国伟业提供人力、物力保障,维护西南国防的稳固,被视为关系抗战前途的决定性因素。甚至认为西南地区能否建设为中华民族复兴的根据地,关键在于"有待于西南民族问题的

---

① 顾颉刚:《禹贡学会研究边疆学之旨趣》,载《顾颉刚全集·宝树园文存》卷 4,中华书局 2011 年版,第 215—222 页。
② 《中国边疆学会丛书总序》,转引黄奋生《边疆政教之研究》,商务印书馆 1947 年版,第 1 页。

第一章　云南民俗采录背景

解决"。西南地区的云南又是少数民族最为集中的地区。① 中国的抗战救亡使命推动着国人重新审视云南民族及其地位，官方和民间对众多的少数民族进行深入的认识和了解，试图尽快消除族际畛域，将之融于国族之内。

国民政府和中国知识分子认识到边疆问题的重要性时，生活在云南边疆的少数民族对"国家"的认同意识却相当淡薄，大多数边民与汉人的关系却表现出强烈的"我族"与"他族"意识，在特殊时期非常不利于中华民族共同体的民族团结。凉山地区的少数民族精英则指出，"其所行之阶级制度与禁忌似专为区别'我族'（We-Group）与'汝族'（You-Group）以抵抗汉族之人口侵略与文化侵略而设"。② 民族之间的猜疑和互不信任，加深了少数民族与汉人之间的隔阂。"他族"为了寻求自我认同，采取的是自我封闭的策略。有的甚至"缺乏民族及国家的认识"，经常举族举寨离开中国，"仅腾越龙陵沿边一带，近年来每年迁出界外的夷民平均有二三千户之多"。③ 随着中国人口的流失，随后带来的云南边界之争就在所难免。由于历史上对边民缺乏必要的认同与关照，他们对自己的身份认同也是模糊的。1937年2月，"苗夷"女土司高玉柱在上海发表演讲时也坦诚，边疆少数民族多"不知有国家，不知有中国人"。④ 不管是出于何种原因，各少数民族对于中华民族与国家的认同意识不强。有的学者认为是因为历代统治者都有意忽略边民的存在，才使得边民没有强烈的国家意识。赵晚屏对芒市傣族调查时发现，"摆夷人民虽然没有极强烈的国家意识，却知道他们自己是中国人，而且知道中国和日本在作战；他们的同情心，因此，也是在中国一面的。这种国家观念的不强烈并不是摆夷对于中国的国事没有关系，或是他们觉得中国不是他们所有的，却是因为我们在平时还没

---

① 江应樑：《抗战中的西南民族问题》，中山文化教育馆1938年版。
② 马长寿：《中国西南民族分类》，载中山文化教育馆编《民族学研究集刊》第1期，商务印书馆1936年版，第177页。
③ 江应樑：《抗战中的西南民族问题》，中山文化教育馆1938年版，第14页。
④ 《地方协会欢迎来沪士女》，《申报》1937年2月4日第13版。

有机会把他们熏染在这种意识里面"。① 国家意识需要一定的引导，西南边疆建设和开发离不开少数民族地区民众的支持，认为政府应加大对民族地区国家观念的宣传。

以上中国知识分子所陈述的事例，反映了当时部分学人已经意识到云南少数民族民众国家认同观念薄弱带来的边疆危机，甚至看到了境外势力极尽挑唆离间，破坏中华民族团结，并扬言边疆的许多民族并不属于中华民族的系统，怂恿我国边疆的各民族独立。王明珂则认为，民国肇造之时，全球性国族主义概念风行而下，已无模糊的边疆，而只有确定的国族与国家边界。清代西方殖民主义列强对中国及传统华夏边缘地区的资源争夺与觊觎，因此近代知识分子在中国建构过程中，以扩大的中国民族概念将传统华夏边缘纳入国家疆界内，以维系在历史上与华夏有长久依存关系的边疆人群与地理空间。② 无边疆（边缘）就没有华夏，边疆与国家（中心）是唇齿相依的关系。民国初建，"五族共和"，汉满蒙回藏广为政学军界所知晓，而对于被视为"非汉蛮夷"的云南边地的民族缺乏深入的认识，这也成为彼时中华民族建构中最模糊而又亟待解决的"边缘"问题。因此，中国早期关于边疆历史文化的田野调查大都集中在西南地区，而云南少数民族也就成为国族边缘探索的重要对象。

"民族学"引入中国之时，就与国家的命运息息相关，有关学术讨论也围绕着国家与政治。民族学者通过实地调查记录了不同族群的风俗习俗，从而呈现出中国境内有别于汉人的不同族群。早期民族学的研究内容和方法与民俗学学科的交叉性促进了民俗学的发展，反之也使中山大学轰轰烈烈的民俗学运动走向民族学的研究。抗战时期，国民政府西迁重庆，内地学术机构和学者颠沛流离，纷纷迁居西南边疆地区。在内地中国学术由于抗战被迫中断，但来到西南的学者却不赞同这种说法，马长寿则认为抗战爆发十年来，由于以下原因使西南

---

① 赵晚屏：《芒市摆夷的汉化程度》，《西南边疆》1939 年第 7 期，第 44—45 页。
② 王明珂：《华夏边缘：历史记忆与族群认同》，社会科学文献出版社 2006 年版，第 250—251 页。

民族研究"空前的热烈与紧张":

（1）由于政府西迁，人文荟萃于西南边疆；（2）中央播迁西南，边疆地区成为中央的主要屏障，其在战略上与政治上具有举足轻重之势；（3）抗战时期"边疆研究似乎成为一种显学"，是因为时人"把握现实，揣摩时髦，以自列于通达之流"。①

在国家处于生死存亡之界，学人们受到"经世致用"的传统文化影响，研究边疆少数民族无疑是最能体现学术救国的。

二 民族主义的兴起

西方的"民族主义"传入中国后，被中国知识分子视为拯救中华民族的法宝。在他们看来，欧洲的强盛就是因为有了民族主义。在中国近代思想界最早使用"民族"一词的梁启超认为，"自十六世纪以来，约四百年前欧洲所以发达，世界所以进步，皆由民族主义（nationalism）磅礴冲激而成"。②既然欧洲各国强大是由于民族主义，那么中国寻找救国图强的方法那自然最好也是民族主义了，因此，民族主义是伴随着中国半封建半殖民地，同时也是伴随着中国人民屈辱而建立起来的。

帝国主义入侵和文化冲击给中华民族带来了严重的生存危机，外来的力量使得官方和学界有意识地把中国各民族凝聚到一起。边疆危机激发了国人边疆意识的觉醒，促成了民族主义意识的高涨，为了团结国内尽可能多的力量，特别是来自边疆各少数民族的认同感，以此建构民族文化的整体蓝图，在民族调查过程中侧重于各族群的文化记忆和民族历史的建构。此时的"民族主义"是民族生存、延续的纽带，有着强大的内聚力和认同感，是民族精神的本质特征。

19世纪以来，中国对民族主义的讨论就未曾停止过，但不同时

---

① 马长寿:《十年来边疆研究的回顾》，《边政公论》1946年第4卷第4期。
② 梁启超:《饮冰室文集点校》（第一集），云南教育出版社2001年版，第547页。

期、不同学者对民族主义的看法却有所不同。卫惠林明确地阐述了"民族"与"种族"的不同,"种族"是由体质物质所构成的,而"民族"是一个文化和心理的共同体。① 卫惠林进一步阐释:"中国文化是我中华民族数千年间奋斗创造之成果,即古代与现代中国领土内诸民族份子之文化糅合汇流的结晶。"② 中国文化是由国内各民族构成的,那么边疆众多族群的文化自然应该受到重视。而此时,帝国主义运用离心运动,加速了西南边疆分离。黄文山认为,"民族国家的文化理论建立需借助民族调查搜集各族群的不同文化,通过比较找出民族文化的一般类型和共通的法则"。③ 梁启超通过中国各民族的来源、分布、迁徙和融合的历史研究,提出民族既与种族不同,也与国民不同:种族以骨骼及其他生理上的区别为标识,是人种学的研究对象,种族可分成多个民族,民族也可包含多个种族;国民以同居一个地域,有一定国籍的区别为标识,为法律学的研究对象,一个民族可析为多个"国民",一个"国民"可包含多个民族,并明确提出"民族成立之唯一要素,在'民族意识'之发现与确立"。由此可见,"民族意识"这种主观因素是民族成立的关键。④ 民族主义的兴起与国家处于危难时刻相关。艾恺提出:"这些民族主义思想中,'精神'和'文化'占了最高的地位,成了超越任何经济与政治现实的实体,尤有进者,自己的民族文化常常是被描写成比起军事和政治上的主宰者的物质上的优越要高超得多。相比之下,在英、法的民族主义思潮中,'精神'和'文化'就没有这么重要的地位。因为他们有触手可及的光辉往事,不需要以研究语言和民俗来找他们的民族特征,他们的民族特性认同早在建立民族国家之时就已确立了。"⑤ 相对血统研究而言,民族主义更关注的是精神和文化,艾恺观点也说明为何中国

---

① 卫惠林:《民族的对象领域及其关联的问题》,《民族学研究集刊》1936 年第 1 期。
② 卫惠林:《民族文化运动与战时文化工作》,《中山文化教育馆》1937 年第 3、4 期合刊。
③ 黄文山:《民族学与中国民族研究》,《民族学研究集刊》1936 年第 1 期。
④ 梁启超:《饮冰室合集》,中华书局 1989 年版,第 1 页。
⑤ [美]艾恺:《世界范围内的反现代化思潮——论文化守成主义》,贵州人民出版社 1991 年版,第 36 页。

第一章 云南民俗采录背景

会在抗战时期兴起"民族主义"讨论。

以上论述可见,云南少数民族调查的兴起,与当时国人边疆观念变化和民族国家意识在全国的蔓延相关。边疆局势对国家生死存亡的威胁,促使国人对中华大地上的族群急需有一个新的认识。"中华民族是一个"的讨论也促使学人重新去认定中国各少数民族群体。1935 年,傅斯年在《独立评论》第 181 号发表《中华民族是整个》说道:"二千几百年以前,中国各地有些不同的民族,说些多少不同的方言,具有高下不齐的文化。经过殷周两代的严格政治之约束,东周数百年中经济与人文之发展,大一统思想之深入人心,在公元二二一年,政治统一了,又凭政治的力量,'书同文,车同轨,行同伦'。自从秦汉之盛时算起,到现在二千多年,虽有时候因为外夷之侵入,南北分裂,也有时候因为奸雄之割据,列国并立,然而这都是人力勉强的事实,都是违背物理的事实。一旦有适当的领袖,立时合为一家。'中华民族是整个的'一句话,是历史的事实,更是现在的事实。"[①] 傅斯年认为,中华民族历经分分合合的战乱,但始终遵行中华民族是一个整个,这里的"整个"可能更倾向于强调民族的整体性和统一性。

两年后,1937 年 1 月 10 日顾颉刚发表《中华民族的团结》一文,说到"在中国的版图里只有一个中华民族。这个民族里的种族,他们的利害荣辱是一致的。离之则兼伤,合之则并茂。我们要使中国成为一个独立自由的国家,非先从团结国内各种族入手不可"。与早期提到中华民族是"满汉蒙回藏"五族的说法不同,他强调的"团结",则更倾向于国人所不知的西南少数民族群体。在物质方面,则是加快边疆地区的经济建设,谋求生产合作,开发边疆资源。在精神方面,就是要加强边疆文化建设,加强语言文字的介绍工作,还要发展各族文学艺术,充实其智慧遗产。在行政方面,就是要选擢边地人

---

① 傅斯年:《中华民族是整个的》,《独立评论》1935 年第 181 号,第 5—6 页。

才和扫除旧有汉人腐败势力。① 顾氏特别强调民族之间团结，并认可边疆种族存在的事实，提出需要在物质和精神对他们进行关注，尽可能地去团结国人不知的西南各少数民族群体。

随着国际形势发展，泰国在日本的支持下企图分裂中国，对国际形势十分敏感的傅斯年非常担忧，并认为国内的不当舆论会对西南各族产生误导。1939年2月1日傅斯年写信给顾颉刚道出了他的担忧：暹罗宣传滇桂是其故居，妄图收复失地的言论，将会酿成西南边疆的危机，并进而指出其担忧的依据是抗战时期的西南在政治上的重要地位是不言而喻，云南人自己承认"只有一个中国民族"，而不少羁旅在西南的学者，不必借民族研究之名巧立各种民族的名目。日本人有意宣传桂、滇为泰族故居，而鼓动其收复失地，如果学人继续"巧立民族之名，以招分化之实，似非学人爱国之忠"。② 傅斯年的观点很大程度上代表当时国民政府的意图，在抗战这个非常时期，不希望学者巧立民族之名，而带来不必要的争端。

1939年2月7日，顾颉刚在日记中写道："作《中华民族是一个》，并备注：昨得孟真来函，责备我在《益世报》办《边疆周刊》，登载文字多分析中华民族为若干民族，足以启分裂之祸，因写此文以告国人，此为人蓄我心之问题，故写起来并不难也。"③ 几天后，傅斯年再次来信，希望他谨慎使用"民族"与"边疆"，以免刺激西南少数民族，为境外势力所利用，希望能在学术界达成"中华民族是一个"的共识。顾氏在傅斯年的再三催促下，写下了《中华民族是一个》来附和傅斯年的观点。1939年2月13日，《中华民族是一个》一文发表在《益世报》上。文中写道：

---

① 顾颉刚：《中华民族的团结》，原载《申报·星期论坛》，现载《顾颉刚全集·宝树园文存》第4卷，中华书局2011年版，第49—52页。

② 傅斯年：《傅斯年致顾颉刚》，《傅斯年遗札》卷2，"中央研究院"历史语言研究所2011年版，第953—955页。

③ 《顾颉刚日记》，转引自汪洪亮《民国时期的边政与边政学（1931—1948）》，人民出版社2014年版，第69页。

我现在郑重对全国同胞说：中国之内绝没有五大民族和许多小民族，中国人也没有分为若干种族的必要（因为种族以血统为主，而中国人的血统错综万状，已没有单纯的血统可言）；如果要用文化的方式来分，我们可以说，中国境内有三个文化集团。以中国本土发生的文化（即在中华民国国境内的各种各族的文化的总和）为生活的，勉强加上一个名字叫作"汉文化集团"。信仰伊斯兰教的，他们大部分的生活还是汉文化的，但因其有特殊的教仪，可以称作"回文化集团"。信仰喇嘛教的，他们的文化由西藏开展出来，可以称"藏文化集团"。满人已完全加入汉文化集团里了，蒙人已完全加入了藏文化集团了。

凡是中国人都是中华民族——在中华民族之内我们绝不再析出什么民族——从今以后大家应当留神使用这"民族"二字。并提到早期"五大民族"的说法是中国人自己作茧自缚。中华民族不组织在血统上，也不建立在同文化上，我们被称为汉人的血统既非同源，文化也不是一元，我们只是一个政府之下共同生活的人，我们决不该在中华民族之外再有别的称谓。①

顾颉刚这时，提议以文化的方式来看待民族集团，"五大民族"的提法是中国人自己作茧自缚，不利于民心的凝聚，更不能再去讨论中国众多的少数民族。这些论点在当时特殊的政治环境下，体现了学者在政治与学术方面的艰难抉择。

不出傅斯年所料，1939年6月4日暹罗更改国名为泰国。陶云逵著文驳斥暹罗更改国名的阴谋。他指出暹罗改国名的背后是日本暗中"施其播弄之术"，暹罗借"民族一体"思想高呼之际，向滇、桂、越、缅伸手。由此，他特别提醒政府当局注意暹罗政治的新去向。②更名带来的是更迫切的云南边疆危机感，以泰国这国名宣传与中国境内的傣族同根同源。此时正值抗战时期，全国的政治、文教、经济已

---

① 顾颉刚：《中华民族是一个》，《益世报》1939年2月13日。
② 陶云逵：《关于暹罗改国名为"泰"》，《益世报》1939年6月4日。

移至西南，云南在政治上的重要地位不言而喻。暹罗改国号给边疆带来的危机，自然也就引起了傅斯年和顾颉刚在讨论民族问题上的谨慎。

而此时，学术派中的一些学者却对顾氏的观点持反对态度，翦伯赞认为顾颉刚提出的"中华民族是一个"是否定中国存在少数民族，不符合事实。"客观上中国存在着许多少数民族"，如果"中国并没有诸少数民族之存在，则任何挑拨离间者也不能用主观的恶意把一个民族分化为几个民族"。民族问题的关键在于各民族生存及独立与自由发展的权利，建立经济、政治、文化上的平等关系。① 费孝通对"中华民族是一个"也持反对态度，他认为顾颉刚混淆了"民族"和"种族"的概念。中国有多个民族，中国的问题不在于是否使用"民族"一词，而在于民族之间是否平等。只有从事实上认识边疆，才能保全边疆。② 对于刚从英国留学归来的29岁青年费孝通而言，更多的是从学理的角度思考，认为认可和尊重民族的多元文化、价值观念、风俗习惯，是保证国家统一和民族团结的前提，而对当时的国际政治局势或许体会不深。对于当时的学者而言，大多数人都认为要实现"中华民族是一个"不是否定中国具有多民族这个事实，重点是要寻求民族平等之路。

1939年5月8日和5月29日顾颉刚相继发表了《续论中华民族是一个》，对费孝通进行回应，他赞同构成民族的主要条件在于"团结的情绪"，解释他走出"高文典册"研究边疆民族问题，是出于"时代的压迫和环境的引导"。从这一回答也表现顾氏的心声，就他的学术素养来看，决不会混淆"民族"与"种族"，其原因在于政治的需要。这一时期，也体现出学术、学者与政治三者之间关系的调和期。

江应樑通过调查广东北江畲人，提出了中华民族多样性的见解，

---

① 翦伯赞：《论中华民族与民族主义——读顾颉刚〈续论中华民族是一个〉以后》，《中苏文化》第6卷第1期。

② 费孝通：《关于民族问题的讨论》，《益世报》1939年第4版5月11日。

代表了民族调查者的心声。"今日之中华民族,绝对不是一般所谓之汉民族可以概括一切的,也不是如一般所谓之一个可以概括一切的,把汉族看作主人翁来代表中华民族是绝大的错误,把中华民族分为汉满蒙回藏五族更是绝大的荒唐……今日之中华民族,实是整个的,同一的,而无所谓分歧的。能对于中国领土中全民族的各个分子均有一个彻底的明了认识,方能说得到了解我们自己,方能说复兴中华民族之道。"① 江应樑认为中华民族是一个不可分的整体,但对"中华民族是一个"的看法持不同意见,在他看来,汉族和满蒙回藏五族不等同于中华民族,中华民族是由中国领土中全民族的各个分子构成的。我们只有通过认识和了解,尽可能团结不同的族群,以文化多元,民族平等,才能复兴中华民族。

"中华民族是一个"的讨论产生于民族危机之时,在特定的时空下,具有一定的现实意义,但从学理上去探讨就无法让人信服了。这一时期的表述可以被看成多元的,一方面是以傅斯年、顾颉刚等人在近代帝国主义企图侵占中国领土以及边境资源利益的刺激下,强调"国族"认同的一元中国论,把西南少数民族划入中国,包容在"中华民族"之中,另一方面是受近代国族主义的影响,利用民族文化寻找国家内各民族之间的"边缘",企图实现"中华民族"与"中国少数民族"的建构与识别。② 从总体来看,民族学家和历史学家分别从不同的学术观点出发,对如何使用"民族"词称和中国民族现状的认识持不同的观点。在国家处于生存危机的状态下,历史学家从边疆民族区域面临分裂危机的实际出发,以"中华民族是一个"的方式试图去回避现有的边疆以及民族问题。而一些深入云南边疆进行过田野调查的民族学者,表现对边疆社会现实的感悟,亲身的田野感受,还原边疆民族的真实生活状态,从学理上调查研究边疆,倡导边疆与内地、汉民族与边民的平等性。总体而言,这时的中国知识分子,无

---

① 江应樑:《广东畲人之今昔观》,《民俗》1937年第1卷第3期。
② 王明珂:《华夏边缘——历史记忆与族群》,社会科学文献出版社2006年版,第212页。

论是历史学家，还是民族学家，争论的"中华民族是一个"还是"中华民族共同体"其目的都在于建构一个坚不可摧的中华民族共同体。

第三节　国内学术思潮背景

一　国家视野下的民族主义思潮

早在19世纪后期，中国的大批留学生到西方国家和日本等地学习先进文化，20世纪初，到国外学习的人越来越多，他们在外接触了新学说，比较中西民族文化差异后，认识到中国传统文化的精华和糟粕，自然就充当了新文化的引领者。梁启超著《新民说》，创办《新民丛报》，认为只要有了"新民"，就会有新的体制、新国家，只有使全体民众的民德、民智、民力都达到西方的水平，才能与之抗衡。"新"是与中国传统社会中的各事项相对而言的，并被奉为救国救民的信条。虽然来自西方的各种学说纷纷登陆中国，但中国这时正受到西方列强的侵略，自然民族主义思潮首先受到中国留学生的关注。

"民族主义"这一词是从西方传入，在西方近代历史上，民族主义思潮大约产生于18世纪末19世纪初，人们普遍认为北美独立战争、法国资产阶级革命和费希特《对德意志民族的演讲》的问世是近代民族主义产生的标志。[①] 18世纪的欧洲产生了具有影响的三位民族主义的思想家，分别是英国的博林布鲁克、法国的卢梭和德国的赫德。虽然他们各自学说的内容不同，但是他们把民族主义都用来表示民族自尊心和民族自豪感，阐明民族独立自主的必要性，宣传民族自治，探寻强国之计，对侵略者抱着愤恨的态度。中国学者借鉴西方的民族主义，试图寻求国富民强之计。他们认为欧洲之所以强盛，就是因为民族主义的盛行，如梁启超所说："自十六世纪以来，约四百年

---

① 陈露、刘泰民：《论全球化背景下的民族主义社会动员》，《贵州民族研究》2005年第1期。

前欧洲所以发达,世界所以进步,皆由民族主义所磅礴冲激而成。"① 欧洲各国的强盛是由于有了民族主义,那么中国要国富民强、抵制外侮,同样也要把民族与国家看作一个整体,国家的存亡关系到民族的存亡,民族主义与爱国主义是紧密相连的,于是,民族主义被国人视为拯救中国的有力武器。"民族主义作为捍卫国家独立,抵御外来列强侵略的思想武器和进行社会动员的旗帜,受到爱国者和知识分子的关注。"② 呼吁中国"知他人以帝国主义来侵之可畏,而速养成我所固有之民族主义以抵制之"③。中国的民族主义是伴随着中国沦为半殖民地社会和人民的屈辱,不断觉醒而萌发出来的。

孙中山进行民族革命的目的是推翻清封建专制统治,废除在中国延续了几千年的封建帝制,建立中华民国。他在解释民族主义时特别强调"对于满洲不以复仇为事","民族主义并非是遇着不同族的人便要排斥他,是不许那不同族的人来夺我民族的政权","惟是兄弟曾听见人说,民族革命是要尽灭满洲民族,这话大错。民族革命的原故,是不甘心满洲人灭我们的国,作我们的主,是要扑灭他的政府,光复我们民族的国家。这样看来,我们并不是恨满洲人,是恨害汉人的满洲人。假如我们实行革命时候,那满洲人不来阻害我们,决无寻仇之理"。④ 孙中山提出民族主义是要团结广大的少数民族,其目的是光复民族。

孙中山在创立三民主义时,把民族主义放在首位。"民族主义这个东西,是国家发达和种族图生存的宝贝。"⑤ 民族主义是在维护爱国统一,反对民族分裂的基础上建立一个多民族统一的国家,主张对内各民族团结融合为一体,对外加强反帝意识,把外国帝国主义驱逐

---

① 梁启超:《饮冰室文集点校》(第一集),云南教育出版社2001年版,第547页。
② 马戎:《民族社会学——社会学的族群关系研究》,北京大学出版社2004年版,第567页。
③ 梁启超:《国家思想变迁异同论》,载张枬、王忍之主编《辛亥革命前十年间的论选集》(第1卷)上册,生活·读书·新知三联书店1960年版,第26—34页。
④ 孙中山:《在东京〈民报〉创刊周年庆祝大会上的演说》,载《孙中山选集》,人民出版社1981年版,第80页。
⑤ 孙中山:《三民主义》,载《孙中山选集》,人民出版社1981年版,第346页。

出中国，号召各族人民团结起来，为维护民族统一而努力。1912年1月1日就任中华民国临时大总统时发表的宣言书中宣布："国家之本，在于人民。合汉、满、蒙、回、藏诸地为一国，即合汉、满、蒙、回、藏诸族为一人——是曰民族之统一。"① 并把"五族共和"和民族平等原则以法律形式写入了《中华民国临时约法》，规定了"中华民国的主权属于国民全体"。中华民国的国家领土"为二十二行省，内外蒙古、西藏、青海"，各民族"一律平等，无种族、阶级、宗教之区别"。这充分体现了孙中山坚持中华民国是一个统一的多民族国家的立场，坚持民族平等，反对民族分裂的思想，把中国境内的所有民族看作中华民族的整体，并在此基础上联合成一个大的中华民族，一致对付外来侵略者。

传统封建王朝统治下对云南边疆相对忽视，近代云南边疆意识是随着民族危机的加深而出现的。东部海域有美、日侵略中国台湾地区；西北边疆有英、俄对新疆进行侵略和争夺；西南地区有英、法侵略云南；还有英俄入侵西藏。抗战时期，国民政府迫于日本帝国主义侵略者的压力，从南京迁往位于祖国西南大后方的重庆。而日本帝国主义并没有停止扩张的步伐，继续向南推进，为了迫使国民政府投降，达到迅速占领全中国的战略目的，对重庆进行了狂轰滥炸，给国民政府造成了巨大的威胁。同时，加紧对湖北中西部城市的军事进攻，企图通过华中地区进入中国西南。云南边疆危机日益深重，"滇缅界务，日久未决，片马江心坡，已非我有，界碑外移，人民外徙"，"西教会已深入普及"，"外洋商品，充塞边市，印洋法币，横行垄断"。② 日本利用滇缅边境的地理优势挑起战争，中国云南边疆面临腹背受敌的困境。在英法日等列强侵逼下，中国边疆危机达到近代的最危急时刻，边疆形势日趋紧张复杂。与此同时，西方传教士和调查者纷纷走入云南地区，他们甚至宣称非汉族人群是"以色列人的后裔

---

① 孙中山：《中华民国临时大总统宣言书》，载《孙中山选集》，人民出版社1981年版，第90页。
② 陈玉科：《云南边地问题研究》弁言，载《云南边地问题研究》上册，云南省昆华民众教育馆1933年版，第1页。

'或''印欧民族'。为了'救亡图存'，国内学人的民族主义思潮也达到了顶峰，他们走入云南民族地区进行民族学的田野调查。在国内外政治、社会环境巨变与西学等多重因素的影响下，云南边疆被重新认识。1935年蒋介石曾两次入川，其目的是督剿红军、镇压革命，趁机也考察四川为选定抗日根基地的意图"。① 蒋介石在此后的言论中多次表达了对四川的赞美之词，"四川在天时地利人文各方面，实在不愧为我们中国的首选，天然是复兴民族最好的根据地。"② "四川则远处西陲，形势天成，估计当时敌人的实力不能深入到四川省来。……因此本人认为四川为抗战唯一的根据地。"蒋介石把四川作为民族复兴的最佳根据地，同时，川滇黔也纳入其条件较好的抗战后方，"18省哪怕失去了15省，只要川滇黔三省能够巩而无恙，一定可以战胜任何强敌，恢复一切的失地"。③ 基于前期对四川的考察，1937年10月30日蒋介石发表了《国府迁渝与抗战前途》的讲话，"到了二十四年（1935年）进入四川，这才找到了真正的可以持久抗战的后方。从二十四年开始，将四川建成后方根据地以后，就预先想定以四川作为国民政府的基地。现在中央已经决议国民政府迁到重庆。国府迁渝并非此时才决定的，而是三年以前奠定四川根据地时早已预定。不过今天实现而已"④。国民政府西迁重庆，西南成为大后方。为了中华民族的教育文化事业，全国文化中心由原来的东部地区纷纷向西部地区迁移。由抗战前国家视野下的荒蛮之地，成为国家视野中的大后方和主要的根据地。而此时与四川相邻的云南，民族众多，许多少数民族居住在边境，不少还是跨境而居，民族稳定关系到国家的安危。

二　国家视野下的礼俗文化识别与再造

20世纪上半叶中国知识分子通过记录和描述云南边疆少数民族

---

① 周勇主编：《西南抗战史》，重庆出版社2006年版，第64—65页。
② 周开庆：《民国川事纪要》（上），四川文献研究社1974年版，第604页。
③ 周开庆：《四川对日抗战》，商务印书馆1971年版，第10—14页。
④ 蒋纬国：《抗日御侮》第2卷，黎明文化事业公司1979年版，第28页。

口头文学、民族风俗习惯、民间信仰、社会组织等,为国人描述了各民族的真实生活状态,为国民政府实现民族主义的"现实关怀"提供参考的依据。这些"现实关怀"如何扶持"弱小、落后"民族,以及开展"移风易俗"的改造。

芮逸夫认为可以根据"民族性的中庸","收同化之效"。其原因在于,主族人口为95%左右,剩下5%为支族,对于这一小部分人群,可以"遵照建国大纲的规定,扶植他们,使大家达到现代文化的水准,同进于文明之城,首先要把他们的传统文化,统一的文字,普及于各支、各系、各族的国民,使大家都有'同声之应','同所之求',且得'同文之便'"。用这些方式来解决汉民族以外的民族的异。

中国传统文化历来讲究礼俗,有时甚至是国家统治民众思想的工具。1945年《采风》的创刊号写道:

> 礼基于俗。俗者习也,上而化曰风,下所习曰俗。民俗学之为学,不过数十年,而影响政治文化至巨。
>
> 国立礼乐馆成立以民国三十一年五月,礼制组工作步骤:始乎调查,调查搜集之范围:各地域、各民族、各宗教婚丧礼之特异风俗,岁时祭礼仪式,即山歌,童谣,农谚语。采风每月刊有一次。
>
> 歌谣的价值在学术方面:历史学、语言学、社会学、民俗学都可从民歌撷取一部分的材料。历史的考证,方言语音的调查,社会、民俗的研究,歌谣会给予意外的帮助。在政治方面,法得于礼,而礼原于俗。中国向来受孔子之教,特别重礼,以补法的不足。现在是民主和法治的时代,当然不能一概而定的。不过以礼俗为社会教育这个原则还是不错的。……①

在法制不健全的前提下,礼俗可以补法的不足,利用俗达到教化

---

① 冀野:《创刊词》,《采风》1945年《创刊号》。

的作用。云南少数民族地区民族众多,风俗各异,官方了解各民族习俗的目的是为了因俗而治。张少微在谈边疆的建设这个问题时,就提出,"边疆建设不于采取革命式的硬性重建的方法。因为这样的方法易产生纠纷,一定要付出很大的代价,不能长治久安。因此,温和式的改建为我国边建采取的途径,所谓温和或软性的改建,就是因俗为治而渐事改进"。① 由此可见,西南边疆民族研究不仅将民俗视为学术重点,而且还需借鉴民俗学的学科知识和方法实践指导边疆的建设。

胡鉴民认为,民俗研究是一个民族传统的知识与一切古老的生活方式,甚至是"历史中民族的变迁与接触亦可于民俗分布的研究中见之"。② 胡氏把民俗研究视为一个民族的文化和历史。国民政府对云南各民族的调查,一方面是在国难当头,需要团结尽可能多的力量,以探求民族的原始文化遗迹来寻找其同源性,对云南少数民族日常生活的调查远比文献例证的旧式传统研究更具可行性。另一方面对各少数民族礼俗变革和建构必须在认识旧礼俗的基础上进行,云南少数民族宗教信仰各异,各宗教信仰下的民众生活状况和民间习俗各具特色。可见,云南少数民族调查是学术和政治的双重需要。钊韬提出,"运用民族学和民俗学的方法加以研究,能够促成移风易俗的有效完成"。③ 科学的研究方法是取得有价值材料的关键,国民政府对云南地区礼俗文化的建构,促进了民俗学学科理论的实践应用。

礼俗文化的建构还需口头传统的印证,云南少数民族中有大量的活态神话、民间传说、民间故事、民间歌谣和史诗等,这些口头讲述是日常生活的体验,更是他们的礼制惯俗。马学良在云南彝族地区调查时发现,宗教仪式与神话传说可以互相印证,从口头传统中可以进一步了解彝族原始宗教信仰,采用"以俗释经"的研究,彝文经书

---

① 张少微:《边建与民众》,《边政公论》1944 年第 3 卷第 12 期。
② 胡鉴民:《调查中国民俗的建议》,转引自杨玲、景天魁《社区、民族与建设:民国边疆社会研究的三重视野》,《云南师范大学学报》(哲学社会科学版)2019 年第 1 期。
③ 梁钊韬:《民族学与民俗学及其在我国的展望》,载《梁钊韬民族学人类学研究文集》,民族出版社 1994 年版,第 84—86 页。

中有很多礼制在民众生活中延续，通过实地调查他们的民俗事象，既可以了解民俗的起源和发展，还能重新认识传统经典的意义。通过了解各民族日常生活来呈现边疆的生活常态，为深入研究边疆民族的价值观提供有效路径，同时也为国民政府推广相关的礼俗政策提供了参考依据。

国家的政治文化中心由东向西转移，从而引起有关民间礼俗的考察调研向"边疆"和"非汉民族"施政方面拓展的历史性演变。在这样的过程中，民族主义日益成为支配的话语："国难"当头，"国政"至上，"国族"的凝聚超过了"民主"的需求。于是知识界在同仇敌忾的心态下层层影响政府号召，呈现出与官方传统若即若离的多重面貌。[①] 如何建构具有内在凝聚力的民族国家，是摆在国民政府和中国知识分子面前最为急迫的问题。受到中国历史上政治制度和西方单一民族国家模式的影响，国家建构以倾向于汉族为主干，试图同化其他民族。云南少数民族研究的田野调查，开始为官方和学界重新思考国家建构的实现途径提供有力的论证。政学之间的相互促进，使得中原地区礼俗渗透到云南少数民族地区，达到政府教化边民的意图，学者以亲身体验和田野调查的方式了解各民族之间的礼俗，一方面有利于理解其文化，借助媒体舆论宣传，这些学术认知逐步转化为公众常识，开始改变国人对云南民族的种种误解和陌生感，使国人承认云南各民族存在的既定事实。另一方面为国家制定民族政策提供参考。在多民族聚居的云南地区，民族习俗研究迅速进入民族调查者的视野。相对于前期的民俗学对农村的宗教信仰、民间故事、歌谣进行资料搜集的特点而言，民俗学的研究空间有了相应的变化，从原来农村领域扩展到少数民族地区，民俗学的研究更倾向于"他者文化""异文化"的调查。

---

① 徐新建：《民歌与国学——民国早期"歌谣运动"的回顾与思考》，巴蜀书社2006年版，第170页。

三　西学东渐与学科的本土化

近代的中国，"西方"往往是"新知"的代名词，已成为中国学人不可回避的存在。中国变革的动力及希望，在于大力传播并借鉴"西学"。① 西方学说往往是科学的代名词，是新时代学人主动与被动吸收的研究方法，无论是走出国门的主动吸收，还是受外来思想影响下的被动吸收。"西学"与"旧学"之间的碰撞在云南各民族调查中体现得尤为明显，为现代的云南民族调查提供了方法和学理上的支撑。云南各民族的调查成为"西学"在中国成长的重要温床。

晚清以来，中国的知识系统大体按照西学模式重新组装，而条理形式各异，或是完全新增，如政治学、经济学、社会学、人类学等等，或是保留形式而改变内容，如史学，或是基本替换，如经学。其中史学是为数不多的中西均有的学科分类。尽管中国有着悠久的历史和发达的史学，在进化论观念的笼罩下，国家的强弱与学术文化的优劣似成正比，各种学科都被视为造成列强强势的基因，西方的整体优势还是令趋新的学人将目光转向外部，寻求借助先进的外力来改变落后的固有。② 人类学、民俗学、社会学、民族学发源于欧美，中国学者面临如何运用西方的理论和知识来解决中国社会的现实问题，是当时的学者所面对的学术思考。

1930年2月孙本文在中国社会学第一次年会上提出："建设一种中国化的社会学，需要采用欧美社会学上之方法，根据欧美社会学家精密有效的学理，整理中国固有的社会思想和社会制度，并依据全国社会学实际状况，综合而成有系统有组织的中国化的社会学，是今后之急务。"③ 学人们在介绍欧美学术的同时，已意识到应该建立中国

---

① 陈平原：《中国现代学术之建立——以章太炎、胡适之为中心》，北京大学出版社1998年版，第82页。
② 桑兵：《从眼光向下回到历史现象——社会学人类学对近代中国史学的影响》，《中国社会科学》2005年第1期。
③ 孙本文：《中国社会学的过去、现在和将来》，中国社会学社编《中国人口问题》，世界书局1932年版，第18—19页。

自己的学说体系，实现学术中国化。

云南少数民族调查自近代开始受西学的影响也在发生变化，先前的文献记载大多不具备科学的田野作业方法。抗战时期在西学及边疆危机的双重影响之下，云南少数民族调查逐步发展成为一个黄金时段。这一时期，留学欧美接受过西方社会科学训练的中国学者开始陆续回国，他们需要在田野中思考，并实践自己的学术，民族调查的相关内容、方法与理论都有了新的突破，边疆地区成为社会学科在中国成长的重要区域。随着文化大转移，"抗战把以前门禁森严的大学疏散到后方的乡村里，把以前可以终日和普通人民毫无接触的学者送入了破庙和农舍里，书籍的丧失和国外杂志的断绝，使他们无法在图书馆里去消磨研究的精神，再加上国家的危机，实际问题的严重，他们无法不正视现实"。① 留学归来的学者，特别具有民族学、社会学学术背景的学人，云南地区成为他们研究的重要区域，大多学者在研究过程中都提出学术救国的主张。

作为学者，他们的主要精力理应在学术研究方面，同时所处的时代并不允许他们只做书斋式学者，使他们不自觉地把学术与政治相结合，参与到边政学的调查研究中。徐益棠指出，"学术与政治，如鸟之双翼，车之双轮，二者不能联系与调整，其他尚复可望？"② 但边疆问题及其研究内容千头万绪，而在当时情景下，"一切的研究和学说，都应以切合时用为最终的目标"，故"边疆问题的研究也必须根据着学理和事实，同时根据着国策，以求能与当前的边疆政治相配合"。③ 在这样的时代语境下，表现出边疆政治、边疆行政或边疆政策等多重意义的"边政"一词。④ 更突出了其与现实联系的密切性，成为社会各界使用较为广泛的话语。陶云逵就言："边政的方面甚多，

---

① 费孝通：《中国社会学的长成》，《文讯》1947 年第 4 期，载《费孝通文集》第 5 卷，群言出版社 1999 年版，第 413 页。
② 徐益棠：《十年来中国边疆民族研究之回顾与前瞻》，《边政公论》1942 年第 1 卷第 5、6 合期。
③ 《边政公论·发刊词》，《边政公论》1941 年创刊号。
④ 吴文藻：《边政学发凡》，《边政公论》1942 年第 1 卷 5、6 合期。

不胜罗举,但其共同的目的则为保卫边民加强团结,推进复兴大业。"① 学术救国,是当时学人在国家危难之时、民族存亡之际而提出的口号。"学术独立即是一民族之学术发展,不仰给他一民族之谓也。夫一民族欲图在世界上生存,必欲其民族先存,学术乃民族之骨髓也,学术不独立,民族虽生存,亦必失其生存意义也。"②

此时云南汇集了大批的学者,成为中国的学术中心。来到云南地区调查的学者,大多受到过社会学科专业训练,表现在学术思想上,在受到西方民族学理论学说影响的同时,又希望把外国的理论与中国的实际结合起来,走自己的路。在实践中,以科学的田野调查为强项和特质,为民俗学和民族学的研究积累了宝贵的资料,并且他们注意把外来的理论和中国的传统学术研究方法相结合,应用人类学、社会学、考古学、训诂学等相关学科的成果和方法,进行综合研究。同时,由于他们身处少数民族地区,民族文化自然是其关注的重点。马学良谈到各少数民族文化时,认为是中华民族文化中重要的一部分,说道:"中华民族是多民族融合形成的,中华民族的文化也是多民族共同创造的。因而我们研究中华民族文化,若仍像过去那样只从汉文古籍中去探索,就很难得出新的结果。应向我国各民族作实地调查,对有文献的民族,应发掘整理他们的古籍,从中寻找新资料,为中华民族文化增添新内容。研究一个民族的文化,必须同有关民族的历史和地域结合起来分析研究,尤其在我国杂居地区的民族,从历史上就互相仿效,文化的交流是很自然的。"③ 对于云南各民族而言,前期有关文献记载不实不详的现象比较普遍,要真实了解民族文化,需从实地调查中去寻求新材料。大多学者也正是抱着这样的信念,走向民族地区的田野。

卫惠林在《民族学的对象领域及其关联的问题》一文中,认为民族学的研究内容有:一是"研究人类之社会生活的物质";二是"研

---

① 陶云逵:《论边政人员专门训练之需要》,《边政公论》1941年第1卷第3、4合期。
② 豫:《发展研究院意见》,《国立清华大学校刊》1929年11月18日第3版。
③ 马学良述,瞿霭堂、劲松整理:《马学良学述》,浙江人民出版社2000年版,第140页。

究种族的学科";三是"研究人类之心理方面之物质的科学";四是"研究文化的科学";五是"研究民族的科学";六是"研究现在原始民族的文化的科学"。卫惠林先生认为"我们可以毫无踌躇地采用最后一种解释",理由是"民族学之为对于原始民族文化的特殊科学,既为事实,亦为必要,同时亦至合理"。① 卫惠林基于当时中国的国情,即1840年以来国家就陷入了民族危机,随着帝国主义侵略的进一步扩张,边疆地区的危机陡然加剧,国家处于生死存亡的边缘。这一时期对原始民族的文化进行调查研究,一方面反映了中国学者受西方国家对殖民地等调查传统的影响,以及对西方学术思想的认知。另一方面,边疆少数民族地区与中原地区社会的迥异,为学人研究提供了"原始民族的文化"的田野。

四 民族主义背景与云南少数民俗调查

西方侵略者的入侵和西方文化的冲击,对中华民族和中华文化造成严重的生存危机,迫切地希望中国各民族能更紧密地凝聚到一起。同时,为了民族的生存、发展、繁荣昌盛,民族意识在长期的历史进程中已逐渐形成,随着外国侵略者入侵的不断加剧,中华民族的民族意识也在不断地增强。在特殊的历史时期,这种民族意识成为民族生存繁衍、共同奋斗的纽带,具有强大的凝聚力,是中华民族精神的特性之一。

随着南京沦陷,国民政府迁都重庆,以前的云南边疆成为国民政府的大后方和后勤补给之地。国民政府认识到云南地区多民族聚居的特殊性,提出加强对云南边疆少数民族的调查,1934年,蒙藏委员会发布第112号咨文,指出:"西南各省,苗夷杂处,种族甚多,生活习俗,各有不同,为团结国内各种民族,为防止帝国主义之利用,对于苗夷民族之各项情况,实有深切明瞭之必要。兹经制定调查表式,拟请住有苗夷民族之各县政府,认真调查,确实填载,俾作施政

---

① 卫惠林:《民族学的对象领域及其关联的问题》,《民族学研究集刊》1936年第1期。

之参考……"① 国民政府提出团结各民族，共同抵御外敌。认识和了解不同民族的习俗，对国民政府而言是开发边疆、团结民族的前提。

处于国破家亡的境界，当时学人们也明显感受到了国民政府对边疆研究的日益重视，卫惠林称："中国边疆研究，最近已获政府机关的扶植，与一般社会之赞助。"② 徐益棠亦言国民党"鉴于一般民众对于边疆建设期望之殷，不能不有所表示"，在"历届中全会议对于民族曾屡次表示密切之注意"政府对"边疆的建设与开发"、学者关于"边疆的调查与研究"，"国内聪明睿智之士，亦一变其态度，鄙弃名利，断绝仕进，奔走于荒乡僻壤，努力于田野工作"，呈现出"一种从未有的良好现象"。③ 在特殊时期下，学人们开始实地考察边疆民族，调查边疆、认识边疆成为一种学术风尚。

1938年10月，顾颉刚任云南大学教授，在《益世报》上开办《边疆》周刊。他表明其办刊是"要使一般人对于自己的边疆得到些认识，要使学者们刻刻不忘我们的民族史和疆域史，要使企业家肯向边疆的生产事业投资，便使有志的青年敢到边疆去作冒险的考察，要把边疆的情势尽量贡献给政府而请政府确立边疆政策，更要促进边疆同胞和内地同胞的精诚合作的运动，并共同抵御野心家的侵略，直到中华民国的全部笼罩在一个政权之下，边疆也成了中原后歇手"④。可见顾在鼓励社会人士关注边疆，促进边疆的发展，抑制侵略者的侵略，这时的边疆已成为名义上的"中原"。

民族国家之构筑，促使国人关注云南少数民族，从而推动对其研究的科学化与现代转型，与此同时，西方学术思想也冲破封建王朝国家的封锁，在中国得到广泛的传播。在帝国主义、国内各势力争斗等因素影响下，中国意识到民族国家建构的重要性。云南少数民族是民

---

① 马玉华：《国民政府对西南少数民族调查之研究（1929—1948）》，云南人民出版社2006年版，第28页。
② 卫惠林：《中国边疆研究的几个问题》，《边疆研究通讯》1942年第1卷第1期。
③ 徐益棠：《十年来中国边疆民族研究之回顾与前瞻》，《边政公论》1942年第1卷第5、6合期。
④ 《发刊词》，《益世报·边疆周刊》第1期，1938年12月19日。载《顾颉刚全集·宝树园文存》第4卷，中华书局2011年版，第319—321页。

族国家建构中重要的元素，其认同与分离关系到民族国家的建构。维护边疆的主权，需对云南各民族进行深入的调查研究，引领各民族对民族国家的认可与支持。早期国家视野下的云南是荒蛮之地，国家对此大多放任自流，"来则纳之，去则不追"。随着帝国主义的侵略的步步威逼，利用边疆复杂的民族和宗教问题，窥伺边疆，时时挑起边境冲突，企图通过边疆问题制造分离，达到瓦解中国领土的目的，影响着国家的稳定与团结，维护领土和国家主权成为国人关注云南边疆的焦点，云南少数民族调查也应势而渐成显学。抗战时期正处于现代民族国家建构的重要时刻，民族调查有助于国民政府把握云南地区实际、推行和制定多民族边疆政策，对建立民族国家的想象共同体具有重要的意义。

民族国家建构要求稳固的疆域或领土，云南地区是国家疆域完整的前沿。当帝国主义对云南边疆产生威胁时，自然会对中国民族国家之构筑造成根本破坏，举国上下对边疆问题的关注空前高涨。"近代世界秩序是以主权国家为基本单位的集合体，以此为前提，当我们审视中国时，毫无疑问可以将中国置于近代主权国家的框架里来把握。"[①] 主权国家是指拥有独立主权的国家，其构成要素主要有人口、领土、政权、主权等。现代国家的基础是民族，而主要形态是民族国家；而民族国家的形成，最主要的标志是"主权"概念的形成，即国家是由人民组成的社会，占有一定的领土，不受外来的统治，一个组织的政府。[②] 民族国家在主权上体现为领土的完整，而近代西南边疆权益受损，激发了国人的强国愿望，建设边疆、研究边疆盛行，以维护领土的完整。

19世纪末期，英国占领缅甸后，企图以云南为通道入侵中国。1910年，英国占领片马，1926年英国入侵与当地土人在江心坡发生

---

① [日] 茂木敏夫：《清末近代中国的形成与日本》，孙江译，载复旦大学历史系、复旦大学中外现代进程研究中心主编《近代中国的国家形成与国家认同》，上海古籍出版社2003年版，第247页。

② 徐迅：《民族、民族国家和民族主义》，载《知识分子立场——民族主义与转型期中国的命运》，时代文艺出版社2000年版，第24页。

冲突。江心坡原为明代里麻土司的领地，后英国人占小江流域及坎底一带，当地土人"出其不备，伏山中袭击死英兵官瓦昔一人，士兵数人，英人大怒，除焚烧附近山寨以泄愤外，并捕去土民13人系之狱中"。① 江心坡事件后，当地民众纷纷向政府请愿。1934年英国武装侵占班洪、班老地区。面对外来侵略者，当地土人联合发表了《告祖国同胞书》，呼吁中央政府及云南省政府支援，并重视边疆的危机。1935年，成立中英会勘滇缅南段界务委员会，国民政府任命留学英国的民族学家梁宇皋为中国主任委员，受国民政府外交部之邀的民族学家有凌纯声、芮逸夫和方国瑜等。这次勘界事务反映了国民政府试图把模糊的边疆地带确定为明确的边界线，把边疆"蛮夷"归为中国的国民。

同时国民政府对边疆少数民族也越来越追求民族之间的团结和平等。在明清以来各边疆方志、游记中对西南土人的称呼，大多以虫兽偏旁之字或蔑视之词，如猺人、阿猖、獞人、猓猡等。1939年发文强调消除对少数民族带有蔑视的称谓，发文为"对含有侮辱之名词，一律予以改订，而普通文告及著作品、宣传品等对于边疆同胞之称谓似应以地域为区分。如内地人所称某某省县人等。如此则原籍蒙古地方者可称为蒙古人，原籍西藏地方者，可称西藏人，其他杂居于各省边僻地方文化差异之同胞，似亦不妨照内地人分为城市人、乡村人之习惯，称为某某边地或边县人民，以尽量减少分化民族之称谓"。② "芮逸夫等人，负责撰写改正西南少数民族之命名。"③ 国民政府的发文看来是消除少数民族称谓方面的歧视，从另一方面也可看出企图淡化实有存在的民族事实，以地区名称来代替民族之称。

抗战时期，国民政府对云南少数民族的"关怀"在于寻求边疆民族的文化规律，试图为边疆重建政治社会提供文化参考，同时更好地教化和同化不同民族，建立学理依据。边政公论的发刊词提道："边

---

① 《云南边疆概况》，云南省档案馆藏，1011全宗21卷，1947年8月，第18—19页。
② 《国民政府渝字第470号训令》，1939年8月，云南省档案馆藏：1011-8-12。
③ 芮逸夫：《附录：改正西南少数民族命名表》，《番苗画册》，历史语言研究所1973年版。

疆问题的重要和边疆建设要求的迫切，已为举国人士所公认，无庸繁述。惟于边疆建设的步骤和方法，则尚感未能与目前的需求相配合，而待讨论的地方正多。因为我国对于边疆问题，向持漠视的态度，虽然边疆与中原发生关系已肇自远古，但对于边疆问题作为系统的研究，对于边疆建设作较积极的推动，还是近年的事情。因此，边疆工作这一部门，现在远如入座新宾，真正面目，犹未为大家所认识。我们知道，"任何问题的解决，都应该以事实的研究为根据，而后才有正确的办法，病症未认清，当然无法下药。基于这种原故，所以现在有关边疆的一切建设，都尚未能如我们理想中所预期的急速地进展。无论政府机构学术团体以及热心边事的人士，都已深切地感觉到这一点，而展开其研究的工作。这种工作，也恰如韩信点兵似的多多益善。不过，一切的研究和学说，都应以切合时用为最终目标，方可产生伟大的效果。故我们对于边疆问题的研究也必须根据学理和事实，同时根据国策，以求能与当前的边疆政治相配合"。[①] 边疆民族文化是构建中华文化的元素之一，国民政府对云南各民族认识，应建立在科学调查研究的基础上。对边疆各民族的研究，可深入了解边疆民族的习俗、文化，有利于政府制定针对性的政策，巩固边疆，对民族国家之构筑具有积极的促进作用。

"为百世之计，求我全国族之永久团结，似宜积极设计导此边胞社会，使其生活设备文物制度和我国其他区域一样的趋于现代化，以其地势之利，人事之优，好好建设则退足以固边防，进足以拓疆土。"陶云逵认为边疆民族的同化即现代化，统一的文化，有助于民族的团结、建设边疆。但是这种统一化，不等同于一般意义上的"同化"。"但所谓文化的统一化并不是主观的以因有的中原文化标准而把其他的同化，也不是说取某一个边社文化为标准而把中原文化与其他边社文化同化起来。所谓边社文化的改变，也并不是改变成固有的中原文化。这里所谓文化的统一化或文化的改变乃是把边社的文化也跟中原人群的文化一样的'近代化'起来。换言之，就是全国近代化的统一

[①] 《边政公论·创刊词》，《边政公论》1941年第1卷第1期。

第一章 云南民俗采录背景

化,这里包括教育的近代化,经济的近代化,政治的近代化,军事的近代化,交通的近代化等等。"① 对边疆文化统一的目的是实现近代化,最终达到统一的意愿。国民政府认识到西南边疆的重要性,但如何建设边疆就是官学所面临的问题,这一时期对民族的同化是共识的一个观念。陶云逵强调的是为了达到近代化,而不是单纯的民族文化的统一与改变,发展民族文化必与时代或时势要求密切相关。

在内外时势与学术理路的综合作用之下,边疆研究的专业化、学科化是学术研究发展的必然趋势。既是当时边疆研究专业化、学科化建设的表现,也是其时国家建设的重要内容。战时云南少数民族调查所处的特殊时代,政治因素的影响无法回避的。抗战时期的政治局势注定与云南少数民族民俗文化调查相联系,王建民认为"一种学术思想的产生和演变绝不是偶然的,必然有其所以如此的缘由,使社会发展的产物,受到整个时代社会思潮和社会运动的影响,与其他相近学科的学术思想发展有关。……在研究其学科发展史时,首先必须与各个时代的社会政治、经济的发展联系起来。社会政治的发展,对于社会的各个方面发生直接的影响。民俗学为关注当下和面向未来的学科,受到社会政治的影响更为明显"②。其次国民政府把边疆纳入国家视野,作为国家开发和建设的对象,正如王明珂所言,"在近代中国建构过程中,中国知识分子以扩大的中国民族概念将传统华夏边缘纳入国家疆界内,以维系在历史上与华夏有长久依存关系的边缘人群与地理空间。一方面,此可理解为国族主义下国际资源竞争的结果。将传统华夏边缘纳入国家与民族界线内,也是以建立共享资源的新国族,来解决华夏边缘形成以来整体地区经济失衡而导致的冲突、暴力与纷扰。另一方面,也因传统华夏与华夏边缘概念,使得华夏仍需要'少数民族'此一边缘来维系其一体性。③ 抗战以前,云南各民族相

---

① 陶云逵:《论边政人员专门训练之必需》,载陶云逵《民族研究文集》,民族出版社2012年版,第634—635页。
② 王建民:《中国民族学史》(上卷),云南人民出版社1997年版,第15页。
③ 王明珂:《华夏边缘——历史记忆与族群认同》,社会科学文献出版社2006年版,第251页。

对于汉满蒙回藏而言，大多不为政学军民所知晓，是急需了解的边缘，云南少数民族成为国族边缘探索的对象，促进了中国早期的田野调查在云南地区开展。国民政府对云南各民族的调查是国家建设与国防的需要，而对于当时的社会调查者而言，是国家对云南的开发成就了学者的学术之路。易社强认为"对于20世纪二三十年代接受训练的社会学家而言，'价值'意味着组织调查社会状况，并帮助制定解决问题的方案。没有当局——地方政府、省政府和中央政府的配合，联大的社会学家不可能执行任何任务，他们就只有回到以书本为中心的调查和理论写作，脱离他们致力于研究的社会。美国的学术训练和战时昆明的环境都不可能提供全新的选择，职业社会学家发现，在某种程度上，参与现实政治秩序实际上是必不可少的。唯一的问题是，参与的方式、条件及思想与学术独立的代价"。①

民族调查是在民族主义思潮中诞生的，希望通过民主的精神团结各族人民，抵御外敌；以科学的态度引导民众生活，破除迷信思想。在认识民众、唤醒民众、提高民众思想的指导下，调查研究范围由歌谣扩展到一般的习俗和信仰等。调查方式开始重视实地调查，云南各民族的风俗习惯受到官方的重视和学者的关注。

西学东渐的深入，中国学人对西学的认识，由早期传教士不成体系地带入，到"甲午海战"后，政学精英们开始对中国社会未来变革的深远思考，1872年起清政府正式选派留美幼童一直持续到1949年前。这些青年远赴重洋，肩负着国家的希望，去吸取现代西方的学术精神，作为西学东渐的载体。中国传统学术逐步弱化，而现代多元学术思潮逐渐兴盛，云南少数民族调查即有体质人类学对人种特征、人种分类、人种形成的历史原因及变化规律的调查研究；也有文化人类学以民族的口头传统、婚姻制度、生产生活习俗等的研究。

20世纪前期，中国传统社会的文化、政治、受到外来思想的强烈冲击，学术界也产生前所未有的变化。随着新文化运动的逐渐发

---

① 易社强：《战争与革命中的西南联大》，传记文学出版社股份有限公司2010年版，第186页。

展，民族主义、民族意识被中国知识分子所认可，云南少数民族调查进入中国现代学术视野。随着留学欧美学者的归国，为民族调查提供了科学的研究范式。西方理论本土化的过程中，发现云南少数民族的社会形态与西方学者调查的未开化民族有很多共性。学人自然就把其理论与方法运用在云南少数调查研究中。民俗文化是民族调查中重要的一个部分，自然成为研究的对象。

云南各民族调查的兴起和高涨与时代脉搏息息相关，有其特殊的社会背景和学术渊源。随着"民族"传入中国，民族边界与民族的整体性成为学人讨论的热点，少数民族纳入中华民族的整体性逐渐被认可，民俗文化作为民族意识核心价值部分，是民族调查时最容易被发现和记录的部分，也是族群与族群之间不同的重要标志。

一种学术思潮的涌现往往是对当代社会矛盾的真实反映或学人的思想折射，体现了学术与国家命运的关联。中国知识分子在爱国主义的感召下，对传统文化与中西文化碰撞、交流与融合，并借鉴多学科理论的研究范式，形成了本土文化特性。处于国破家亡的知识分子，强烈的忧患意识使他们有国家独立、民族团结而努力的使命感，有自觉向西洋文化学习和传播的动力。

20世纪前期中国云南少数民族调查研究当然也不例外，有其兴盛的原因与时代性。云南地区蕴藏着丰富的民族民俗文化，可以为学术研究提供丰富的文化材料和广袤的田野调查地。但云南地区特殊的地形，也使如何加强边疆建设成为急需解决的问题。文化边疆的提出，使边疆的调查研究更加系统，"文化上的边疆，系指国内许多语言、风俗、信仰以及生活方式不同的民族，所以亦是民族上的边疆"。[1] 这时的边疆文化大多由少数民族民俗文化构成，民族调查的内容大多也离不开对民俗文化的关注。中国边疆危机的加深，官学为挽救处在生死边缘的中国而进行不懈的探索与奋斗，以及中国民族主义的兴起和经世致用精神的高涨等原因，成就了云南少数民俗调查的大潮流。可

---

[1] 吴文藻：《边政学发凡》，转引自陈恕、王庆仁《论社会学的中国化》，商务印书馆2010年版，第574—575页。

见云南地区的民俗调查研究，反而是由一些非民俗学者，在西方学术思想的引导下而开启的。

　　总的看来，抗战前期的民俗学调查研究虽然是在民族调查的背景下的产物，但也取得了一些成就，主要表现在两大方面。一是云南少数民族调查活动的兴起和实施有力地推进了民俗学学科的发展。这个时期的民俗学活动，有其明显的特点：首先是充溢着民族文化意识。晚清以来中西文化交流背景下中国的积弱积贫和备受欺凌，以及后来的日本侵略，激发了文艺界民俗学者的爱国情感、民族意识，使民俗学的研究具有较强烈的民族倾向，正是这种精神不仅推动了中国民俗学的发展，也不断强化着民族的文化精神和人文传统。二是20世纪初期，中国知识分子受西方近代民族观念、民族理论和民族主义的影响，民族民俗开始进入中国学人的视野和论著中，中国知识分子在新的学术视野下，为云南少数民族民俗的调查奠定了基础。

第二章 抗战前期云南民俗调查与研究

第一节 外国人在云南的调查

国人应用现代科学理论调查云南少数民族以前，云南少数民族研究主要是由外国学者开拓。近现代随着西方一批外国传教士、探险家来到中国，将中国的游记、中国典籍介绍到西方，少数民族文化引起了越来越多西方人的关注。鸦片战争以后，中国的大门被帝国主义强行打开，来华的西方人和日本人也随之大增，除了有的是直接为帝国主义侵华服务或传教外，也有不少学者进行了非常专业的民族调查研究工作。虽然他们的调查研究均有其特殊的时代背景，目的是为西方人所用，而不是为保留中国的文化遗产，但在某种意义上来说，这些调查促使中国学者关注国内的少数民族文化，认识到云南少数民族民俗调查的重要性，开启了学者走向田野的决心。

马长寿认为"东西洋人，自马可波罗而后，浏览西南省归而亦多撰著成书，于西南之道路、建筑、人种、风俗，有所记载。然其弊多失之简朴。盖彼等之游历西南，为时既短，而足迹所至，又不及什一。归而驰笔写书，书中多简陋抵牾之处，宜也"。[1] 徐益棠也认为："自鸦片战争以后，西人之旅行我中华者，年有增加，归则录其所见闻者以成书，虽精审者少，然经政府以及学术团体之奖掖与提倡，其中已不乏高明之作，而尤以 1906 前后为最发达，盖其时吾国国势凌

---

[1] 马长寿：《中国西南民族分类》，载李绍明、程贤敏编《西南民族研究论文选（1904—1949 年）》，四川大学出版社 1991 年版，第 8 页。

替，列强正谋蚕食我边疆之会也。"① 随着来华人数的增加，有关的论著也陆续出版，而我国的学人在边疆受列强威胁之界，对此的研究却少之又少。对于这种情况，不少学者的自尊使得他们下定决心，迎头赶上。"我国边疆之研究，已较英法俄日等国人士落后数十年，故吾人对于我国本身之边疆状况，其认识程度且不逮远甚。藩篱尽撤，边患日亟，亦自有其故。急起直追，已嫌甚晚，割裂重复，收效不易。况当国势凌夷，经济枯窘之际，如再不在时间上以及人力物力上着想，通力合作，吾未见其可也。"② 20 世纪初外国学者在云南的调查不仅范围广而且也体现出一定的专业性。

一 鸟居龙藏的民族调查

1937 年，江应樑谈到云南边疆民族调查时，认为即使那些"言民族统一、民族平等者"也少有人到边疆去做实地调查。"今日国人皆醉心于民族复兴之谈论，但对自己国内民族之认识，却又极端隔膜"，对少数民族多有"谬误见解"。而外国人，"却有花毕生精力，冒最大危险，往我国西南边境中作实际考察"，"考察报告一类书籍，在国内出版界中如凤毛麟角，在欧美以至日本学术界中，却有不少专门著述，这不仅为国人极大耻辱，且为民族前途极大的危机。……今日国人欲求知晓自己国内的民族，反不能不从外人著作中寻取资料"。③ 江氏提醒到这种现象对国人来说应感到"内愧"，国人应多调查西南少数民族，这关系到民族、国家的存亡。国人对云南少数民族调查，受到外国理论影响的同时，外国学者的研究活动也给中国学者提供了研究范式的借鉴，中国研究者通过研读来自田野的文本，吸收其理论和方法，运用到自己的田野实践中。

日本人类学、民族学创始人鸟居龙藏是较早对云南少数民族进行田野调查的学者。他对中国民族调查的足迹与日本军国主义扩张有

---

① 徐益棠：《十年来中国边疆民族研究之回顾与前瞻》，《边政公论》1942 年第 1 卷第 5、6 期。
② 柯象峰：《中国边疆研究计划与方法之商榷》，《边政公论》1941 年第 1 卷第 1 期。
③ 江应樑：《评鸟居龙藏之〈苗族调查报告〉》，《现代史学》1937 年第 2 期。

关。19世纪末20纪初，日本积极推行东亚扩张政策，大学和科研机构为配合日本政府的殖民扩张，设立了研究东亚历史和民族的学科。1879年，渡边洪基等在日本皇室的支援下创立了东京地学协会，该协会曾先后出版《扬子江流域》（1913年）、《中支那及南支那》（1917年）。日本的多家大学如东京帝国大学文科大学、京都帝国大学、早稻田大学、庆应义塾大学分别在1886年、1907年、1908年、1911年相继设立了史学科，对东亚史学进行系统的研究，并鼓励研究人员到这些地区做田野调查。日本的对外扩张，促使了研究东亚地区的学术热潮。鸟居龙藏在特殊的时代背景下开启了对中国台湾地区和西南少数民族的调查研究。1896年他来到中国台湾，首先对台湾东部的高山族进行了调查；1897年调查了台湾东部海上红头屿的土著民族；1898年调查了台湾北部、中部的土著民族；1900年调查了台湾西部山区及平地上的土著民族。调查内容主要集中于当地民族的体质、语言、民俗等方面。

鸟居龙藏于1902年8月由东京帝国大学委派到中国西南地区调查苗族，他曾谈到"如果不对云南、贵州、广西、广东、福建诸省做人类学调查，就不能弄清台湾的位置"。[1] 他对中国西南少数民族的调查，是为了把这些地区的苗族、彝族与台湾的土著民族做比较研究。甲午战争后，日本侵占了台湾，鸟居龙藏的民族调查无疑是为日本军国主义殖民统治需要服务的，但从客观上来说，为我们保存了一批民俗材料。

1902年8月至1903年3月，鸟居龙藏由湘入黔滇，西北上川康，历时半年之久，途经9个省（市），行程万余里。其中，在云、贵、川3省的调查时间有四个半月。论著有《清国云南倮罗调查》（1903）、《罗倮的文字》（1903）、《关于苗族与罗倮》（1903）、《倮罗族的神话》（1905）、《人类学上的调查报告》（1905）、《倮罗种族的体质》（1907）、《苗族调查报告》（1907）等多篇西南少数民族研究的文章。《人类学视野下的西南中国》（1926），这部记录中国西南

---

[1] ［日］鸟居龙藏：《鸟居龙藏全集》（第十集），朝日新闻社1975年版，第580页。

的旅行游记，描述了西南的侗族、苗族、布依族、彝族、傈僳族、藏族等少数民族民俗文化，为西南少数民族研究提供了宝贵的田野材料。《苗族调查报告》于1936年译成中文出版，在中国反响强烈，学者江应樑发表了长篇书评给予了高度评价，2009年贵族大学出版社又出版了《苗族调查报告》一书。他是较早使用摄影技术进行田野作业的人类学家，他在西南地区拍摄了大量珍贵的照片，为了解百年前中国西南社会及民族状况提供了直观的及珍贵的影像资料。

鸟居龙藏对西南民族文化的调查主要集中在彝族和苗族等民族。调查内容包括以测量当地民族身体状况的体质调查；以调查和搜集民族语言及词汇的语言调查；以服饰、民间口头传统及建筑等的民俗调查；以古迹、遗物等的考古调查。调查过程中收集民俗物品，并拍摄大量照片。鸟居龙藏具有深厚的汉学功底，在实地调查的基础上，对文献典籍也进行收集与整理。考察彝族主要包括以下内容。

1. 对彝族体质的考察，他在1907年公布的云南省白彝—四川省黑彝的各项体质指数数据可见，四川省黑彝比云南省白彝体格健壮，大小凉山的彝族当时是以畜牧为生，其身材比楚雄一带以农耕为主的彝族要高。虽然从语言上来分析，认为具有相同的语言，不必把黑彝和白彝分为两个民族，但是从体质上，他似乎把白彝划定在了云南，黑彝划定在了四川，其实云南也有黑彝，四川也有白彝，这可能是调查范围和时间的原因所致。

2. 彝文研究，《人类学视野下的西南中国》一书中以日记形式记录了苗族、彝族、傈僳族、藏族、西蕃的常用文字。他把彝族文字与汉字及纳西族的象形文字相比较，认为彝文具有象形文的一些特征，但彝文多数不是对实物形状的模拟，而是以简单的点、线、圆来拼成文字。他在四川会理摘抄了一项黑彝毕摩的经文及创世神话的前三句，以国际音标进行逐字直译，认为彝族文字属于拼音文字。

3. 彝族创世神话的研究，除了对体质、语言、文字的调查外，他还特别重视对少数民族口头文学和民俗的调查研究。

4. 民俗方面的研究，他记录了少数民族地区所见的生活习俗，希望通过比较找出不同地域的相同文化。鸟居龙藏于1902年对我国西南各省苗族生活进行实地调查,以其观察所得,征以古今中西图籍,1907年他完成《苗族调查报告》①,由国立编译馆译为汉文,1936年由上海商务印书馆出版。共分十章,第一章为旅行日记,译时删去,现存九章,内容包括苗族口头文学;民间信仰、物质生活民俗、物质生产民俗、民间艺术等。

在研究方法上,凭借他深厚的汉文化功底,一方面利用中国古代文献资料,另一方面进行实地调查研究,记录了彝族、苗族、纳西族、藏族等少数民族的体质、语言、民俗,同时采集了大量民间艺术的照片,并画了大量的乐谱、图画来叙述,在有限的时间内尽可能广泛地调查,把云南少数民族文化与日本及中国台湾地区进行比较研究。他利用当时先进的仪器设备和科学方法进行田野作业,如用照相机、干板摄像等。鸟居龙藏的调查为人类学、民俗学的研究,收集了珍贵的资料,在学术界发表了具有学术影响的论文,对调查对象从多角度作了综合研究,是人类学、民俗学在云南早期研究的开拓者。

日本人对中国的民俗调查具有很强的为战争服务的目的性,1900年成立的"临时台湾旧惯调查会"就有深厚的殖民主义色彩,鸟居龙藏对云南少数民族调查也不例外,但在客观上却很好地为我们保存了一批民俗资料,而且对中国学术界,特别是对留日学生的民族自尊心起到了一定的触动作用。

鸟居龙藏于1902年8月由上海经长江进入湖南省境内,经贵州、云南、四川,1903年2月抵达重庆,25日到上海,3月13回日本东京。从他的西南之行,可以看出仅短短半年时间,对西南四省的调查注定是旅行式的走马观花,再加上作为外国人的他与当地人语言沟通等方面的障碍,在材料的来源、调查方式等方面没有作详细的描述,材料的真实性值得怀疑,从而降低了它的学术价值。江应樑评价《苗族调查报告》是一本完善的民族调查书籍,是以科学的研究方法进行的西南民族调查,但缺漏的部分也不少。② 不容置疑的是鸟居龙藏对西

---

① [日]鸟居龙藏:《苗族调查报告》,国立编译馆译,上海商务印书馆1936年版。
② 江应樑:《评鸟居龙藏之苗族调查报告》,《现代史学》1937年第3卷第2期。

南的调查具有开创者的作用,在当时的学术界引起了一定的反响。"今日国人欲求知晓自己国内的民族,反不能不从外人著作中寻取资料,这无怪乎外人要长叹一声道:'中国人研究苗族之程度,可想而知矣!'此语出诸外人之口,我辈不惟不应发生恶意的愤怒,且应深深地觉得愧。"① 由此可见,鸟居龙藏的调查激发了中国学者对少数民族地区调查的热情。在学理上,中国学者受鸟居龙藏民族分类的影响,在 20 世纪 30 年代后,中国官学对西南少数民族不再统称为"苗"而以"苗夷民族"称之。1934 年 10 月,国民政府蒙藏委员会制定了并发往西南各省对少数民族的调查表为《西南苗夷民族调查表》。20 世纪 40 年代初,吴泽霖、陈国钧对贵族少数民族的调查成果汇集后以《贵族苗夷社会研究》出版,对中国学者细化各族群起到了引导作用。

二 约瑟夫·洛克的《中国西南古纳西王国》

约瑟夫·洛克于(Joseph F. Rock)1884 年 1 月 13 日出生于维也纳,1922 年约瑟夫·洛克来到中国云南,受雇于美国《国家地理》杂志社,考察中国西南地区的人文地理。先后到云南的丽江、四川的木里、甘肃的夏河等地。当他来到位于云南西北部——丽江时,很快被纳西族的东巴文化吸引,便决定把研究中国的总部建在这里,并长年居住在雪嵩村(今白沙乡玉湖村)度过了生命中的 27 年。起初,洛克并没有注意纳西的文化,偶然的一次事件,引起了他由地理研究转向纳西文化的探索。1923 年的一天,他被隔壁的怪声所吸引,走过去一看,是巫师(东巴)手中拿着手抄本的经书在吟诵,正在为一位妇女治病,整个过程深深地吸引了洛克,从此,洛克几乎把全部的精力都投入到收集东巴典籍和研究纳西文化中。他把来自美国政府、哈佛大学、美国地理学会等的资助费节约下来,大量收购东巴经典和民俗文物运送回美国。据李霖灿 1956 年对美国国会图书馆所藏的东巴经典的分类统计显示,洛克从 1924 年、1927 年、1930 年分别三次收集东巴经典共计 1293 册,占全馆收藏东巴经典总数的 46%。

---

① 江应樑:《评鸟居龙藏之苗族调查报告》,《现代史学》1937 年第 3 卷第 2 期。

洛克也因为一篇篇研究纳西族的论文,在西方世界很快声名鹊起。

洛克在丽江近二十年的时间里,学会当地的语言,除了收集东巴典籍外,还参与了不同场合的民间信仰仪式活动。有关纳西文化研究的成果也陆续出版,分别是《中国云南省腹地土著纳西人举行的驱病鬼经仪式》(《美国地理杂志》第46卷)、《纳西巫师占卜经书的起源》(《华西边疆研究会杂志》第8卷第2期)、《么些萨满教的创始人多巴神罗的诞生和起源》(《Artibu Asiac》第7卷)、《祭天仪式或纳西人奉行的祭天》(《辅仁杂志》第8卷第1期)、《永宁么些人及其宗教文献》(《辅仁杂志》第3卷第1期)、《纳西人的纳加崇拜及其有关仪式》(《罗马东方丛书》第4种)、《中国西南的纳西人支玛丧仪》(维也纳出版1955年)、《纳西族文献中的洪水的故事》(《华西边疆研究学会杂志》第7卷第2期)等。

1944年,洛克因病离开中国,美军逼他到华盛顿绘制一条专为运输美军物资飞越喜马拉雅的危险航道,称为"HUMP",即驼峰航线,美军许诺随后用船将他在丽江的所有学术资料运回。当洛克飞抵华盛顿时,消息传来,一枚日本鱼雷炸沉了装载他所有家当的军舰,这其中包括他研究纳西族的东巴经书等重要的学术资料,他几十年的心血成了战争的陪葬品。但后来他以惊人的毅力通过回忆,在朋友的帮助下出版了《中国西南古纳西王国》和《纳西——英语百科词典》等著作。

1947年在美国以"哈佛燕京专著集"出版的《中国西南的古纳西王国》,是约瑟夫·洛克用了12年的时间,对云南西北部、西康、西藏和西南部的纳西人居住区域进行全面考察的成果。作者在撰写本书前,花了大量的精力对古典文献资料进行搜集,"首先收集关于中国西部的中国文献,然后收集所有用欧洲语言撰写的有关这些区域的出版物。购买到自明代以来中国官方出版的云南、四川、甘肃、西藏所有县、州、厅的地名志书,在中国故宫图书馆和北平图书馆抄录到一些稀有珍贵的藏书"[①]。书中所刊登的照片主要包括碑文、纳西首

[①] [美]约瑟夫·洛克:《中国西南古纳西王国》,刘宗岳译,云南美术出版社1995年版,第9页。

领的家谱和珍贵的手稿以及从唐代到宋代的祖传遗物。收集到 4000 多本纳西东巴经的手稿。内容涉及云南丽江、永宁、四川盐源县的历史和地理的介绍，同时记录了纳西人的神话等口传文学，以及民间信仰、服饰等民俗。

《纳西——英语百科词典》分别于 1963 年和 1972 年作为《罗马丛书》出版。书中收录英语释读的象形文字 3414 条，词语包括鬼神、祭祀仪式、星象和地名共 4600 多个，较为全面地解释了纳西文字。

洛克在丽江地区拍摄了大量的照片，保留了这一地区的风土人情、地形地貌，为研究纳西文化的学者提供很多具有参考价值的素材。纳西文化研究者李霖灿对洛克的成就给予了充分的肯定，"约瑟夫·洛克博士，为了到贡嘎岭大雪山去探险，曾在这一带旅行并采集生物标本。无量河谷在我国现今的地质学界还是一个很荒芜的地带，他曾把贡嘎岭及无量河一带的地图发表在美国地理杂志上，并拍摄了许多极精美的照片，使我们对无量河谷的上游及贡嘎岭雪山多增了解"。[1]

1946 年，约瑟夫·洛克再次来到丽江。但解放前，由于纳西东巴在一夜之间忽然消失，他的助手被当地人们叫作"帝国主义的走狗"，他不得不在 1949 年 8 月，离开丽江回美国。1962 年 12 月 5 日因心脏病突发去世，享年 78 岁。他是较早对纳西文化进行研究的学者，研究内容丰富而深入，为后来学者提供了有价值的材料。

三　国外其他学者的考察研究

法国人巴克曾在 1907 年至 1909 年两次到纳西族地区进行调查。在此基础上于 1913 年出版《么些研究》一书。全书共有 217 页，并附有《有关丽江地区的历史、地理文献研究》一文，在附录部分有照片 72 幅，以及纳西族分布图以及人名和地名索引。本书第一部分，论述了东巴教的内容和仪式，并译注了四页东巴经文，开创了东巴文

---

[1] 李霖灿：《麽些族迁徙路线之寻访——祭祖经典一段之研究》，载《麽些族的故事》，台北东方文化书局 1976 年版，第 184 页。

的四行对照译经法,具体表现为,首先是东巴文,第二是照东巴文字符标上汉义,第三是有国际音标标注东巴文,最后有法文译出原文内容,这种四行对译法为纳西文献整理研究提供了操作模式。文中所附图片有纳西族民居、街道、寺院、服饰、金沙江边的交通工具羊皮筏子、金沙江边淘金者等,通过图片更加直观地展示了纳西族民众的日常生活状态。

英国人 H. R. 戴维斯,作为英国在印度殖民当局官员。他从1894年至1900年间在考察修筑印度至云南铁路时,与其他考察队员先后四次徒步到云南调查,除了地理方面的内容外,还对云南等地彝族、藏族、苗族等族群的语言、民族分布、物产地貌、气候条件、风俗习惯等作了详细的记录,并拍摄了多张极其珍贵的照片,留下了可贵的田野调查资料。1911 年出版了《云南——印度与扬子江之间的链环》。H. R. 戴维斯的调查为英国殖民主义的入侵,提供有力的支持,但他的学术价值并不会因此就一概被否定,对云南少数民族的调查,特别是到一些连国内学者都尚未涉足的地区,记录下来的民俗是对当地民族生活状态的本真反映。

英国人丁格尔(Dingle),清末时由上海到缅甸,在中国西南地区徒步跋涉,沿途对苗族、白族、彝族等少数民族的婚姻、服饰、丧葬等都有过考察,事后他将这段经历写成考察记《丁格尔步行中国记》,1915 年由上海商务印书馆出版了翻译的中文本。

19 世纪末到 20 世纪初活动于川滇的传教士保禄·费利克斯·维亚尔(Paul Vi-al),在传教过程中向毕摩学习彝语,搜集彝族的口传文学,内容涉及历史、民俗以及语言。[①] 塞姆·伯格理(Samuel Pollard)也是基督教循道公会的传教士,他先后在云南昭通、贵州石门坎传教,是基督教传入中国西南少数民族地区重要的人物。1915 年 9 月 15 日在石门坎殉职,有关西南的调查成果有《中国历险记》(1908 年伦敦)、《苗族纪实》(1919 年伦敦)、《在未知的中国》

---

① 黄建明、燕汉生编译:《保禄·维亚尔文集》,云南教育出版社 1997 年版。

（1922年伦敦）、《伯格理日记》（1954年伦敦）等著作。① 这些作品记录了西南民族的风土人情、生活状况等现状。

上述西方和日本学者对云南少数民族的调查，记录内容庞杂，不够细致深入，但通过他们对云南偏僻地区少数民族亲自走访调查，从客观上保存了一批民俗材料。同时，他们的调查对学者从事云南少数民族民俗调查具有两方面的意义："一方面提供了研究模式，研读他们的调查报告和译著，可引导中国学者从文献走向田野。另一方面激发了中国学者的民族自尊心，外国人在中国进行田野调查，并出版了大量的著作，中国学者要了解本国的其他民族还要查阅外国人的著作，这种令人悲哀的学术状况激发了像杨成志这样的青年学者的爱国之心，他们力求以自己的实际行动来改变这样的状况。因此，可以说，西方人对云南少数民族的早期研究，也是云南民族调查产生和发展的条件之一。"②

云南少数民族的调查在国内学者未涉足之前，外国人已做了大量的田野调查，杨成志曾写到"西南民族这个名词，从我们的眼光来看，说它是一种旧的学问固可，说它是一种科学亦无不可"③。这"旧"即是对洋人而言，"新"即是对国人而言。据杨成志写于1930年的《云南民族调查报告》介绍，外国人对西南民族的著述，仅他知道的就有70余本之多。④ 由此可见，外国人对西南调查范围之广，著作颇丰。但是从外国人的著述来看，杨给予的评价却不高："若站在今日人类学，民族学或民族志的根本条件来说，我们可以大胆说一句：凡从前关于我国西南民族的记载，实找不出一部满足人意的，除了历史方面以外。"⑤

结合中国特殊的时代背景，抗战前期外国人在云南的调查，其原

---

① 王璐：《文学与人类学之间——20世纪上半叶西南民族志表述反思》，中国社会科学出版社2017年版，第75—76页。
② 王建民：《中国民族学史》（上卷），云南教育出版社1997年版，第71—72页。
③ 杨成志：《杨成志人类学民族学文集》，民族出版社2003年版，第191页。
④ 杨成志：《杨成志人类学民族学文集》，民族出版社2003年版，第142页。
⑤ 杨成志：《杨成志人类学民族学文集》，民族出版社2003年版，第191页。

因有如下几个方面:

第一,云南地区是打开中国西南大门的侵略通道,随着殖民主义的扩张,云南地区是连接东南亚的重要贸易通道,外国的民族调查大多受到殖民行政支持的行为,大量调查成果的呈现也表明帝国主义急于殖民地扩张的野心。

第二,云南地区特殊的地理和奇异的风俗习俗,正好符合当时在西方学者眼中的"原始社会",是一片尚未开垦的处女地。伯格理曾带着自豪和蔑视的情感说:"我们可以毫不夸张地说,在今后五十年的时间里,世界会从一些西方人的著作而不是上述汉文书籍中更多地了解中国西部的土著民族。"[1] 他以外国人的眼光,记录下所到之处的民风民俗,并在此基础上做了对比描写。外国人对民众生活的关注和记录,也激发了国人的民族自尊,促使中国学者开始涉足云南民族的调查。

第二节 国内学者的云南民族调查活动

从古代汉文典籍和近代国人的研究中对云南民族的描述种类繁多,如僰人(傣族);窝泥、糯比、奇地、期弟、七地、西摸罗、罗缅、补角、卡堕(哈尼族);沙人、侬人、土僚、喇鸡、两粤人、客人、黑衣人、天宝人、龙安人(壮族);倮黑(拉祜族);山头(景颇族);摩些、拿喜(纳西族);卡佤(佤族);濮曼(布朗);崩龙(德昂族);古宗(藏族);怒人(怒族);俅人(独龙族)。这其中还不包括一些长期繁衍生息在这片土地上,但当时未被学人认定的民族。各民族支系复杂,生存状态各异,甚至社会制度都有所不同,怒江大峡谷地区的怒族、独龙族等处于原始公社时期;滇西北的藏族处于农奴制时期;滇中的白族、汉族处于半封建半殖民地社会。各民族不同的社会形态呈现出一部活态的社会发展史。

---

[1] [英]柏格里、甘铎理:《在未知的中国》,东丛达、东景译,云南民族出版社 2002 年版,第 202 页。

与民族众多、社会形态多样性相比，中国传统社会对云南边疆少数民族的描述，从有文字以来各个朝代有关"正史"或"野史"都比较简略，而且大多是面目可憎的"蛮夷"，神秘莫测的"化外之民"。随着中国大门被迫打开，西方人开启了云南边疆少数民族的调查，通过田野调查呈现出一些民族真实的生活状态。而此时，中国早期的文化启蒙者也意识到，民族主义是振兴中华的有力武器。从"经世致用"到"改造中国"都离不开对云南少数民族的正确认识。因此，越来越多的中国知识分子开始自告奋勇地走入荒蛮之地，与边民近距离地接触，去感受他们的生活，通过一个个文案向国人介绍云南边民真实的生产生活习俗。

一 学者个体的调查活动

国难当头，云南边疆危机日益突出，国人开始重视云南少数民族群体。随着西方人文社科研究的译著陆续引入中国，部分赴西方学习的中国留学生回到国内，在国家使命和个人理想双驱动下，开启了云南少数民族的认识之旅。

1911年夏，丁文江结束了7年的英国留学生涯，在回国途中经云南、贵州、湖南转汉口。"在贵州黄果树等地，看到许多奇装异服的女人，引起了他注意到贵州的土著民族，仲家子、青苗、花苗等。"[1] 这次的旅行丁氏看到了与汉人不同装束的少数民族，引起了他的注意，但此时没有对当地的土族进行调查，直到1914年，丁文江到西南进行地质矿产调查时，才对云南和四川会理的少数民族进行风俗和体质人类学方面的调查。后来在《独立》杂志上先后发表《云南的土著人种》《四川会理的土著人种》等有关文章。[2] 这些文章是他研究人种学的开始，也是国人较早涉足云南地区近距离观察记录民族风俗习惯的活动。胡适对丁文江的研究给予了高度评价，说他是"一个

---

[1] 胡适：《丁文江的传记》，载《胡适文集》第7卷，北京大学出版社1998年版，第21页。

[2] 胡适：《丁文江的传记》，安徽教育出版社1999年版，第40页。

欧化最深的中国人，一个科学化最深的中国人"。① 丁文江的留学经历，使他受到过良好的科学调查训练，虽说民族调查不是其专业，但他在调查中表现出的一丝不苟的治学精神并不逊色于专业的民族调查者。他涉足云南民族地区的调查，是从实践上践行了学以致用。

李佛一以云南普思沿边官员的身份，深得当地土司的信任，有利于他深入了解普思沿边——车里（今云南省西双版纳傣族自治州）傣族聚居区。1929 年写成了《车里》一书，1933 年由商务印书馆出版。② 该书是第一本介绍西双版纳傣族的田野民俗志，相比走马观花式的田野作业，他的调查在时间上有相当的长度，在内容上几乎涵盖了民俗的方方面面。本书第一章总说；第二章地理，介绍这里的地形地貌；第三章户口；第四章特产；第五章交通；第六章民族；第七章语言；第八章文字；第九章宗教；第十章民俗；第十一章政治；第十一章杂谈。第十章民俗，分别包括傣族的饮食、衣饰、房屋、婚姻、丧葬、生计、养育、蓄发、文身、染齿、穿耳、天足、医药、岁时、姓名、集市。从目录可见，该书是向国人介绍当时被称为中国四大秘密区③之一的车里人的生活状态，但整体上看来与现代的科学的民俗志调查方法还有一定的距离。

彝族军官曲木藏尧自幼生活在彝区，青年时外出求学，先后毕业于蒙藏学校和中央政治学校。1931 年，国民政府委派曲木藏尧作为彝族党务宣传专员先后到四川、云南等彝族地区进行"宣化夷族"。在深入调查彝族风土人情、社会生产生活状态的基础上，撰写了《西南夷族考察记》，1933 年 12 月，由南京拔提书店出版，出版后很快就销售一空，因此，在第二年又再次出版。全书由倮夷民族、倮夷民族之生活、倮夷民族之风俗、倮夷民族的社会组织、倮夷民族的文化、倮夷民族之出产和其他事项七个部分构成，共 94 页，约 5 万字。曲木藏尧具有双重身份，一方面作为彝族的一员，他熟悉彝族社会的

---

① 胡适：《丁文江这个人》，传记文学出版社 1979 年版，第 35 页。
② 李佛一：《车里》，商务印书馆 1933 年版。
③ 李佛一：《车里》（导言），商务印书馆 1933 年版，第 1 页。这四个区域分别是迤西西北的野人山；迤西西南的胡卢国；迤东咱滇交界的巴部凉山；迤南普思沿边——车里。

图 2-1　李佛一：《车里》（商务印书馆 1933 年版）

民风民俗，书中描述的就是其生活中的一部分，自然对事项描述比较深入。另一方面他在外求学多年，受到新文化和新思想的影响，对民族民俗文化的调查研究有自己独特的见解。在倮夷民族之风俗一节中有婚姻、丧葬、刑法、集会、迷信、佳节几部分构成。该书以一个彝族青年的身份，带着对彝族同胞的情感，用平实的语调向外界介绍了真实的彝族社会，这里生活环境恶劣，交通不便，思想保守落后，展现了一个真实的不为人知的彝族的生活状态。其目的可用他的序来回答，"在知彼此之情状，为治何独不然"。希望有更多的热心人士来关心边地的彝族同胞，理解他们的生活，自然也就可以"不治而安"了。曲木藏尧的另一个身份是国民政府的专员，他还需从国家利益出发，以执行国家三民主义和国防建设的目的为准则，充分考虑边疆彝族在国家特殊时期的重要历史地位。在看到彝族劣根性的同时，也认识到可以通过教化，为国家争取到更多的优秀国民。"其文化固然落后，然而体格健壮，赋性勇敢，苟能加以教化，必可蔚为优秀国民。故无论从何方面言之，开化夷族，均至有其必要。而亦领导中国革命之本党，所以努力以从事者也。"① 曲木藏尧在认识到教化的重要性后，1934年组织成立了西南彝族文化促进会，积极从事彝族宣传工作。

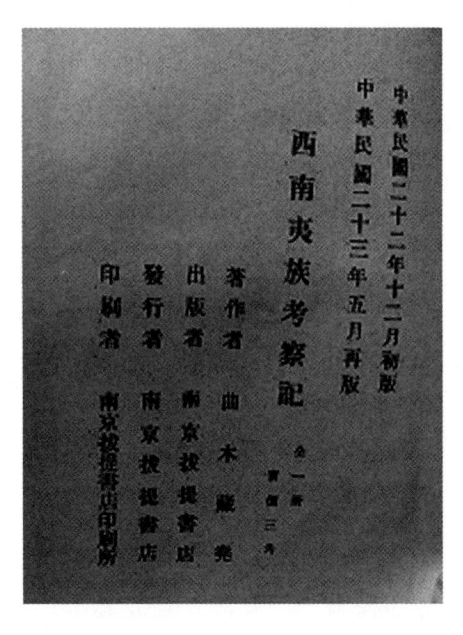

图2-2 曲木藏尧：《西南夷族考察记》（南京拔提书店1933年版）

方国瑜，1903年生于云南丽江，纳西族。1923年赴北京游学，1929年考入北京师范大学国文系学习，毕业后考入北京大学研究所国学门攻读研究生。20世纪初法国学者巴克，多次到丽江调查后，1913年在实地调查基础上出版《么些研究》一书，当时是第一本全面研究纳西文化的著作，任教于北京大学文科研究所国学门的刘半农教授读到此书后，感慨万千，认为中国境内的民族，没有国人对此关注，反而外国人却写出了如此详细的调查报告研究。当时恰逢丽江籍纳西族学生方国瑜就读于刘半农先生门下，刘半农拿巴克所著《么些研究》一书给他看，刘半农认为纳西象形文字还有人在应用，那其中

---

① 曲木藏尧：《西南夷族考察记》，南京拔提书店1933年版。

自有一番学问，巴克虽然记录了一些字和词，但他不能深入纳西族社会生活，又不懂语言，只凭辗转翻译，因此记录多有错误。作为纳西族的方国瑜有调查纳西文化的优势，所以积极地鼓励他回本乡学习并调查纳西文字。

1933 年，方国瑜研究生毕业后返回故乡云南丽江，并受北京大学刘半农先生之命，整理纳西象形文字，在此同时，翻译了东巴文记录的传说《人类起源》及若干经书的章节。后经半年的努力，完成了《纳西象形文字谱》的初稿，但直到 1981 年《纳西象形文字谱》才由云南人民出版社出版。此书不仅是一本语言文字学的工具书，也是关于纳西族的历史、民族文化研究的学术专著，获首届国家图书提名奖。德国科隆大学东方文化研究所所长雅纳特教授不远万里到方国瑜门下求教，称他是"纳西语言与历史学之父"。

"班洪事件"后，中英在对滇缅南段未界定问题一直未达成共识，双方都同意重组一个勘界委员会。1935 年 8 月，受尹明德之邀，方国瑜参加了中英会勘滇缅边界南段未定界的调查，对滇西进行实地考察，先后到班洪、孟定、耿马、保山等地，历时八个月之久，走访了傣族、拉祜族、佤族、傈僳族、怒族、独龙族等民族，所到之地都详细地调查记录当地的地理状况、民风民俗等。之后在此基础上，出版了《滇西边区考察记》《旅边杂著》和《界务交涉纪要》等著作。《滇西边区考察记》由《班洪风土记》《炉房银厂故实录》《卡瓦山闻见记》《滇缅南段界务管见》《猓黑山旅行记》《摆夷地琐记》组合而成，真实地再现当地民族的生活场景。

二　研究机构组织的调查活动

与此同时，研究机构有组织的调查活动也开启了云南少数民族调查的序幕。1928 年 7 月中央研究院历史语言研究所成立，这是一所较早考察西南民族的研究机构，在抗战前组织了几次重要的西南民族调查。黎光明于中山大学毕业后，于 1928 年受聘于刚成立的历史语言研究所，并于 8 月底由上海启程前往川西"作民物学调查"，至成都与友人王元辉相聚，相约一同到岷江上游的川康地区进行民族调查，调查涉及四川的汶川、理番、茂县等地。① 1928年8月王元辉与黎光明同行前往岷江上游对川西进行民族调查前，给友人的信中曾写道："我要去到荒寂的西边。那西边的地方少人识字，少人知道科学，更少人谈得成革命，我觉得有把握处处出风头。"② 王所称的"处处出风头"，显示了国人对川西人群之文化与民俗知之甚少，希望此行可以了解不为人知的边疆情况并介绍给国人。同时可见当时的调查者抱有猎奇的心理来看待自己的调查对象，其侧重点自然是生产生活习俗，但由于缺乏民俗学的理论指导，又没有丰富的田野调查经验，虽然做到了走入田野，但没有真正做到"眼光向下"，表现出更多的是对当地人的诧异和嘲弄。在调查中多以汉人的标准去衡量土民的民俗，如看起来与汉人相似的习俗就认为没有记录的意义，这种选择性的记录其目的就是为了体现当地民众的奇异性，以达到"处处出风头"的目的。相对于有过留学经历的人类学者或民族学者而言，黎光明的研究被王明珂称为"缺乏典范的民族学和语言学知识，在此情况下的一次失败的民族调查"。在其著作中表现出"对国族边缘人群无知的试探、描述与嘲弄，对当地民众的习俗，也仅仅是走马观花式的调查，缺乏'民族'概念与常识"③。但总体看来黎光明的调查也为探索边疆少数民族留下难得的资料，历经74年后《川西民俗调查记录1929》由"中研院"历史语言研究所的王明珂等人整理出版。④

较为系统的云南少数民族调查是从1933年开始的，这年受中央研究院历史语言研究所委派，凌纯声、芮逸夫、勇士衡三位先生赴湖南干城、凤凰、永绥一带调查湘西苗族。在此基础上，出版了《湘西苗族调查报告》。1934年，史语所与云南省政府合作，派凌纯声、芮

---

① 《川西民俗调查记录1929》（导读），载黎光明、王元辉著，王明珂编校《川西民俗调查记录1929》，中研院历史语言研究所2004年版。
② 王天元（王元辉）：《近西游副记》，四川文艺出版社1997年版，第2页。
③ 王明珂：《华夏边缘：历史记忆与族群认同》，社会科学文献出版社2006年版，第218页。
④ 黎光明、王元辉著，王明珂编校：《川西民俗调查记录1929》，"中研院"历史语言研究所2004年版。

逸夫、勇士衡负责"边疆民族生活状况及社会情形调查",南至云南的河口、麻栗坡、蒙自、金平;西至大理、腾冲、泸水;北达丽江、维西等地。同时派另一组陶云逵、赵至诚两位先生负责"边疆人种及语言之调查":东南至云南的河口、麻栗坡,南至普洱、澜沧,西至腾冲、泸水,北抵兰坪、丽江、维西等地。1935年凌纯声、芮逸夫、勇士衡参与"中英滇缅南段勘界调查",所到之处有云南的孟定、耿马、孟允、孟连、班洪、班老等地。

陶云逵在近两年的滇西北到滇西南的调查过程中成果丰硕,有较早在《中央研究院历史语言所集刊》发表的《关于麽㱔之名称分布与迁移》《碧罗雪山之傈僳族》《几个云南土族的现代地理分布及其人口之估计》等论文,后来陆续还有《麽㱔族之羊骨卜及贝卜》《几个云南藏缅语系土族的创世故事》《碧罗雪山之傈僳族》《云南怒山上的傈僳人》《车里摆夷之生命环》《一个摆夷的神话》,以及在《西南边疆》第12、14、15期刊登的《俅江纪程》。在这次的调查中,陶云逵虽然是负责云南边疆"人种及语言"的调查,但从他发表的调查成果可见,正是这次的调查促使其学术由体质人类学向文化人类学研究的转变。

中央研究院历史语言研究所组织的西南民族调查,以科学理论为指导,形成了民族志书写的范式。相对前期学人对中国西南民族的记录而言,凌纯声的西南民族调查可以说做到了把西方学习到的民族调查理论与方法,应用到了实地调查中,如编写《民族调查表格》,并在民族志方法论的基础上进行归纳与总结,发表了《民族学实地调查方法》,从调查前的准备工作,到调查过程中使用的设备和调查方法,都参考了西方的学术规范。之所以注重田野调查,凌纯声认为:"史书和方志的材料,外人的记载,文人的游记,商贾的口述,只能作我们的参考,不能作为研究边疆现实的材料。所以要研究边疆,第一要有可靠的现实的材料作为研究的凭借。"[1] 边疆研究的前提是建立在可靠的现实材料的基础之上的,倡导国人进

---

[1] 凌纯声:《边疆归来》,《正论》1935年第43期。

第二章 抗战前期云南民俗调查与研究

行实地调查。

1926年,傅斯年结束了六年的欧洲生涯回国,年底,应戴季陶等人的邀请到中山大学任中山大学文史科主任。① 1927年11月1日,《语史所周刊》创刊,顾颉刚在《发刊词》指出:"我们要实地搜罗材料,到民众中寻方言,到古文化的遗址去发掘,到各种的人间社会去采风问俗,建设许多的新学问!"② 在顾颉刚看来,建立一门新学问的前提,是到民间去采风问俗。在学人的呼吁下,学术的使命感促成了辛树帜和杨成志两位学者的西南民族调查活动。

曾先后留学英国和德国的辛树帜,1927回国后被中山大学聘为生物系教授兼系主任。同年11月,辛树帜第一次为采集动植物标本来到瑶山,在与当地瑶人的接触中发现与汉人不同的风土人情。他曾致信傅斯年:"望兄在史地科组织团体,赴两广、云贵等处搜求材料,使吾国南方史地开研究之生面。"③ 从这可见,中央研究院历史语言研究所还没有正式有关西南少数民族调查的计划,辛树帜致傅斯年的信起到了提醒和促使的作用。

1928年5月,辛树帜的科考队再次来到瑶山,历时3月之久,其成果以《瑶山调查专号》出版。内容涉及瑶山的地形地貌、服饰及佩饰、民间信仰、生产生活习俗等。从辛氏的专业和调查的目的来看,由他带领的瑶山考察队是一次以动植物为主的科考,但从这次调查后发表的成果来看,施爱东认为这是中国最早的西南民俗调查活动,"这次所附带进行的民俗考察活动,完全可以看做是中国最早的有组织有计划的科学的西南民俗调查"④。

相对于辛树帜以动植物采集为主的田野考察,史禄国领导的西南调查团队,体现了对西南民族有组织有计划的精心策划。1928年7

---

① 梁山、李坚:《中山大学校史(1924—1949)》,上海教育出版社1983年版,第44页。
② 顾颉刚:《发刊词》,《语史所周刊》1927年第1期。
③ 辛树帜:《辛树帜致傅斯年的信》,《语史所周刊》1928年第16期。
④ 施爱东:《倡立一门新学科:中国现代民俗学的鼓吹、经营和中落》,中国社会科学出版社2011年版,第145页。

月在顾颉刚等人的努力下，中山大学语言历史研究所周刊·西南民族研究专号推出，随后出版了"民俗研究专号""西南民族研究专号""瑶山调查专号""云南民族调查报告"四个以研究西南地区少数民族为主的专刊，借此让国人认知西南民族的生产生活习俗。"西南民族研究专号"的刊出，预示着西南民族研究开始正式进入学者们的学术视野。但从该刊发表的文章来看大多是"概况""述略""记游""杂谈""略考"之类的文章，缺乏深入的田野调查。该刊的编辑也认为没有达到预期的效果，"不很满意，因为也是整理纸上材料多，实地调查的少"。① 虽然这一时期对西南地区还没有进行更多深入的田野调查，但可以看出学术机构开始注意到西南少数民族调查的必要性，并制定了一系列的调查研究计划。

第三节 杨成志的滇川之行

影响早期中国边疆社会研究甚巨的中央研究院历史语言研究所（史语所）在1928年7月成立于广州。人类学与民物学组是该所初设的八个研究组之一，俄国人类学家史禄国主持研究工作。同在广州的国立中山大学则在半年前就成立了和史语所名称相仿、学术旨趣接近的语言与历史研究所。两所机构对边疆研究的共同期待在1928年7月的夏天迈出了第一步，史禄国夫妇和两位年轻的学者容肇祖与杨成志，受中山大学语言历史研究所和中央研究院历史语言研究所的派遣，一起离开广州向西出发，他们准备取道河内，前往云南进行边疆调查，开启云南少数民族调查学理化体系化的研究范式。

一 滇川民俗调查的成因

杨成志生于广东海丰县汕尾镇盐町头村一个贫苦海员家庭，1927年岭南大学毕业后到中山大学语言历史研究所工作。与何思敬、钟敬文等人发起成立"中国民俗学会"，创办了民俗物品展览

---

① 绍孟：《编后》，《国立中山大学语言历史研究所周刊》1928年第35、36期合刊。

室，举办公开展览，与顾颉刚、容肇祖、钟敬文等人联合开办民俗讲习班，主讲"民俗学问题格"。1936年杨成志从法国留学回国，恢复了中山大学早期创办的民俗研究期刊《民俗周刊》，后改为季刊。杨成志从1927年到1949年近23年的时间在中山大学任教，他在中山大学期间，正是民俗学运动的高潮时期，他身体力行地参与其中，受中大民俗学学术运动的影响，滇川之行对民俗的特别关注也就成为必然。

1927年南京国民政府成立后，在年底，筹建全国最高科研机构中央研究院，任命蔡元培为院长。在初建之时，社会科学研究所计划在未来几年对西南各省苗瑶进行调查并筹建民族学博物馆等，后来由于种种原因研究工作没有有效开展。1928年3月，社会科学研究所与中山大学合作成立中央研究院历史语言研究所，该所地址选设于广州柏园。中央研究院成立不久，在1928年8月，中央研究院社会科学研究所派颜复礼与商承祖，随地质研究所组成的广西科学调查团，对广西瑶族进行调查。

中山大学是1924年由孙中山为了其政治服务而建立的大学。广州作为国民革命的中心，既云集革命志士，同时也吸引着大批知识分子。1926年，北京大学一些教授由于政局的压迫，南下广州。一时南北学者合流，使中山大学随之成为中国新的学术与文化中心。1927年中山大学开始筹备设立语言历史研究所，希望通过一手的调查材料，来发扬孙中山的三民主义，革命领导者们相信，为了提高中国民众的地位，到民间去了解人们的民风民俗是非常必要的，因此语言历史研究所把民俗学列为研究的四项门类之一。1927年冬，顾颉刚与何思敬、钟敬文等在中山大学创立"中国民俗学会"。《民俗学会章程》表示："本会以调查、收集及研究本国之各地方、各种族之民俗为宗旨，一切关于民间的风俗、习惯、信仰思想、行为、艺术，皆在调查、收集、研究之列。"可见民俗学者们也不再满足北大时期民间文艺的研究范围。同年11月1日创刊的《民间文艺》期刊，因放宽研究范围次年更名为《民俗周刊》。发刊词写到，"本刊原名《民间文艺》，因放宽范围，收及宗教风俗材料，嫌原名不称，故易名《民俗》"。① 同时创办《国立中山大学语言历史研究所周刊》，中山大学民俗学会的调查研究成果多发表于该所周刊。在北京大学"歌谣学运动"开创的重视民间文艺、研究民间文化的学术取向，在中山大学得到进一步的宣扬，并把研究范围扩展到西南少数民族地区。民俗学会成立了民俗物品陈列室，派人员到西南等地考察，以收集日益消亡的民俗器物。"搜集到的物品分为首饰、衣服鞋帽、音乐、应用器具、共用器具、赌具、神的用具、死人用具、科举遗物、官绅遗物、迷信物品、民间唱本及西南民族文化物品等十四类，陈列品凡数万件，其中一部分物品还曾运抵杭州西湖展览会 x 展出。"② 普及民俗科学知识，创办民俗传习班。把北京大学歌谣研究会、风俗调查会和方言调查会等组织机构的经验带到了中山大学，迅速带动了民俗学活动的发展，研究视野也比前期开阔了许多。

中山大学语言历史研究所到民间去的学术倾向非常明显。《国立中山大学语言历史学研究所周刊》发刊词提出：

> 我们要打破从前学术界上的一切偶像，摈除学术界上的一切成见！我们要实地搜罗材料，到民众中寻方言，到古文化的遗址去发掘，到各种的人间社会去采风问俗，建设许多的新学问。③

发刊词中所强调深入民间，注重实地调查，改变历来以文献为中心的研究方式，到民众中去倾听他们的心声，以民众文化为中心。

与此同时，《国立中山大学语言历史学研究所周刊》编辑余永梁在"西南民族研究专号"的《跋语》中，大声疾呼西南民族调查的紧迫性和重要性。

> 我们要解决西南各种人是否一个种族？纸上所给予我们的似

---

① 《发刊词》，《民俗》1928 年创刊号。
② 杨成志：《民俗学会的经过及其出版物目录一览》，《民俗季刊》1938 年第 1 卷创刊号。
③ 顾颉刚：《发刊词》，《国立中山大学语言历史研究所周刊》1927 年第 1 期。

第二章 抗战前期云南民俗调查与研究 79

乎可以说是一个种族，然而是朦胧的。蛋民究竟是不是粤原有土著民族？黎民是否与南洋人有种族的关系？这要作人体测量，与实地调查或可望解决。各民族的文化、语言、风俗、宗教与分布情形，除了调查，没有更好的方法，现在交通一日千里，这些民族渐渐完全同化，若不及时调查，将来残余的痕迹也会消失。在文化政治上当然是很好的事，但是我们若不趁时研究，岂不是学术上一件损失？所以专号只算是研究的发端，我们将要尽力去研究调查来出第二第三以至若干次专号。①

西南民族调查是界定各民族的前提条件，调查内容离不开各民族的民俗文化。编辑余永梁特别强调了调查不仅是认识族群的必要手段，也是记录民族民俗文化的重要途径。

学术研究由文献到实践的倡导，促成了杨成志一行人的滇川民俗调查活动，开辟了中国少数民族民俗调查研究的新园地。

杨成志滇川之行原本抱着向史禄国学习的愿望，但史对凉山的畏惧，不愿前行。使杨成志除了失望之外，同时也激起了作为一个中国人的学术爱国情怀，希望以此证明中国的学术离开了外国人，同样也可以取得好的成绩。杨成志在致顾颉刚的信中，认为中国的学问还是由中国人自己来做会更有优势。

学术上不长进的中国，得着外国人教授来帮忙，这本是应该的；但是要利用他来做调查国内各民族的生活状况，希望他能够尽力致意为中国开新学术的曙光，就我个人这一次的经验，我现在有几点疑问藏在心里头——外国人对于中国风土人情的观察，未必较中国人自己认得透辟，外国人的居处，未必能适合"入乡随俗"的行动，外国人的忍劳而苦，未必能较中国人为高明钘Symbol | B@钘Symbol | B@这是由事实上分析出来的（肇祖兄当能尽告）。总之，此后对于我国"西南民俗"的调查，若能得有

---

① 绍孟：《编后》，《国立中山大学语言历史研究所周刊》1928 年第 35—36 期。

训练的中国人亲身干去，也许所得的结果比较实用些。①

杨成志通过云南省教育厅分发"西南民族调查略表"和"云南民间文艺征求表"给全省104县的教育局，并附上一封为何要进行民族和民间文艺调查的信函，从这封信函中表达了于国于民而言对民族民间文化调查的紧迫性。

（关于开掘云南文化上的一封要函）

县长转教育局长先生：

  志以个人资格，为着民族调查和民间文艺征求关系的重要，持表最诚恳的请求，愿先生帮忙一下！想先生职司教育，为贵县的人文中坚，请以举手之劳来复我们所要求的！志系国立中山大学语言历史学研究所特派来滇的西南民族调查员，足迹所经虽逾千里，然高山峻岭的全滇，以个人的精神和时间，每以不能踏遍为憾！因为最近感觉到云南不特是一个动植矿的宝库，又是一座民族、语言和历史的图书馆，可惜物富工少，人们只顾及眼前的权利，不虑将来的大计，这是多么可慨叹的！现在就云南民族方面而言，的确是一个急待解决的问题，只就个人的管见，把"为什么要调查民族的理由"略陈于下：

  （一）谋文化的贡献——各民族具有各民族的原有文化，不论其开化的，或半开化的，或野蛮的。窃考中国的《经》《史》《子》《集》……所载的材料，无一不是汉族的私有表现。我们现在要把苗夷的各种文化在书籍上还他们原有的地位，增加我国学术的光辉，是以不能不加以调查，采访和比较的研究。

  （二）促进民族主义的实现——在总理的民族主义上有两条大原则：对外求中国在国际上平等，对内求中国境内各种民族一律平等。我们眼看着苗夷的地位比诸汉族都处在水平线以下的。

---

① 杨成志：《致顾颉刚信》，《国立中山大学语言历史研究的周刊》1929年第7卷第76期。

我们虽一时不能把他们马上扶高起来，但最低的限度应先明了其惯俗、礼制……做将来从事开化的预备。

（三）融洽民族观念——民族不同，观念自分，由隔阂而生误会，由误会而至仇视或斗杀，汉欺夷，夷侮汉，诸往事，比比皆然，如杜文秀的回乱，尤其彰明较著者！我们现在要把汉夷的观念打破，同跻于平等地位，不能不和他们携手，从事探讨其各种生活的实况，俾做实行亲善的先导。

（四）维护边陲——云南地边缅、越、直像一只驯猪介在虎狮的中间，任由英法两帝国主义向沿边的土人进攻，问诸吾政府失了许多国防要隘或膏腴之地，反茫无的知。片马划界既成悬案，江心坡问题继起而复搁浅了去，若不急起调查边陲的士人及境域，作保护国界的参考，志恐云南地图将日见变色了！

（五）汉土人口的观测——窃考云南直系土人的故乡，汉族之居此者乃历代相沿多由两湖、两广、赣、江、浙、川、黔……诸省迁徙而来的。现虽称1700余万，或称1100余万（其实都不是确实的统计）的滇民，志个人的经历，除外来的汉族，各种土人实占大半。别县不言，只就志用了三个月的时间实地调查昆明首县五乡分布的人口来说，各种夷、苗的人口数率，将近40%。以物质和人文最开化的首县，土人尚且如此的繁殖，其山多地狭的各县，盖可知矣！处此民族解放热潮当中，要把多数的土人扶植或开化，非先把其一切生活弄清楚宣告出来不为功！

（六）争回中国人的体面——说起云南民族资料的参考，所谓《云南通志》《云南通志稿》《滇系》《南诏野史》……及各县县志的记载，以志个人观察起来，若不偏于捕风捉影之谈，即成为闭门造车之说，简直是不可靠的。率性我们随便翻阅英、法、美诸外国人所著关于云南民族诸书（就志所知者有二十余部），反比高明些，实在些。为什么呢？中国人偏重传统，外国人注意实验罢。就全滇一百多县来说，有外国教堂的几占90多县，他们外国传教士往往一个人能把当地的情境调查得非常清楚，而笔之于书。若问起本国地方官对于本县社会环境所认识的程度如何,恐怕大多数非像哑子吃黄连不止哪!这是多么可羞耻的一回事!这样看来,对于本地民族的认识,岂可让外国人专长?

总括以上六端看起来,当此训政时期,民族调查实是一桩急不容缓的工作。换句话说,就是志极盼,先生把"西南民族调查略表"尽量地把一切的见闻填好起来,俾事比较和整理罢!

至云南民间文艺征求也是重要的一种学问,这种学问在周代已设官采访,《毛诗》一书便是当时各国的歌谣集,不过以后这种民间文艺被历代所谓文人学士们所鄙视而无闻了!在文化落后的中国,十年来才把这种学问再张旗鼓恢复起来,为什么呢?简言之,就是平民文化的结晶品,我们要窥探各地平民的真面孔,舍此,实找不出长二法门,甚望将"云南民间文艺征求表"也尽量填述出来,和"西南民族调查略表"一并赐下!

总之,志想编成《云南民族志》,故有"西南民族调查表"的请托;又想汇著《云南民间文艺集》,故有"云南民间文艺征求表"的恳求。本来这种工作完全是发扬云南文化的,云南人当自为之,然志谨以充满爱云南的一腔热诚,故有此次恳托先生费心一下,请于附上两种表式收接一月内填妥装入原奉信封里惠寄!

志更相信教育界比较可靠的,凡敷衍、搁浅、掩饰和造作……诸通弊,及腐败官僚的恶习,我们教育界当一概铲除之!因为,先生只一举笔,便关系着云南的文化,谅不至视些为一种官样文章,而能体恤志一点苦忱也,西南民族的前途幸甚,云南文化的光辉幸甚!则志愿实现矣!谨此敬托,顺颂

教安!

国立中山大学语言历史学研究所西南民族调查专员杨成志启

十八年十月二十日①

---

① 杨成志:《云南民族调查报告》,《国立中山大学语言历史研究的周刊》1930 年第 11 集第 129—132 期合刊。

从杨成志发给云南各地教育局的函,可以看出他从民族主义和爱国主义两大方面来倡导民族调查和民间文艺调查的重要性。云南调查作为中山大学对少数民族研究的一个重要部分,除了以专号的形式来发表云南民族调查成果,1932年1月,在邹鲁的支持下,还成立了"国立中山大学西南研究会",创办了《西南研究》会刊。[1] 该会以"研究西南问题,探讨西南实况及发扬西南文化为宗旨",下设理事会,理事会下设总务、调查、研究三部,分别执行研究会日常会务、调查、出版事宜。其中研究部下复设政治经济、边防外交、地理、农林、生物、矿业地质、民族民俗语言、历史考古共八组。[2] 邹鲁为《西南研究》创刊号题词写到的办刊宗旨是"发扬西南文化"[3],发扬文化必定要了解文化,这预示着西南民族研究从"博古走向通今"。研究会试图通过民族调查活动,开启未开化地区的田野考察,既可以窥测民族的文化遗留,也可以补充前人研究中的断片或佐证研究过程中的相关结论。研究会在成立宣言倡导"为挽救国家危亡计,为发扬科学探讨计,为唤醒政府及民众注意西南边疆问题与设施计"。[4] 这些因素是杨成志呼吁加紧对云南民间文艺进行征集的原因。1932年杨成志在一次演讲中说,"民族学的研究在文化方面可做历史学的旁证,考古学的探讨,语言学的比较和社会学的考察"。[5] 西南少数民族保留下不少的原始文化,可以借此来作为古史研究的辩证,"中国古代社会的留痕,亦可借此求得事实的旁证与变迁的因果"。"不特可明了其物质的和精神的生活型,拿来旁证中华民族的迁移和古代社会的实况,同时也可藉此了解人类的和社会的进化阶段,文明人与野蛮人的差等分野。"[6]

---

[1] 《国立中山大学西南研究会成立宣言》,《西南研究》1932年(创刊号)。
[2] 《国立中山大学西南研究会简章》,《西南研究》1932年(创刊号)。
[3] 江绍源:《中国古代旅行之研究》,商务印书馆1935年版,第1页。
[4] 《国立中山大学西南研究会成立宣言》,《国立中山大学西南研究会专刊》1932年1月。
[5] 杨成志:《从西南民族说到独立罗罗》,《新亚细亚》1932年第3期。
[6] 杨成志:《中国西南民族中的罗罗族》,转引自周大鸣《杨成志人类学民族学文集》,民族出版社2003年版,第192页。

二 孤身闯彝区的活动及成效

1928年8月初，杨成志一行人到达昆明，刚到时杨氏主要协助史禄国给学生、士兵、犯人测量体格。容肇祖在当地作一些报告和购买准备带回广州的有关云南方志等书籍。从杨成志的信函中可以看出，他的兴趣是在民俗学和文化人类学方面，而史禄国则是体质人类学，杨对此并不感兴趣。杨成志回忆，"到滇后，一因矾务羁身（我的时间因史禄国先生测验学生及犯人，大半为他消磨去）"①。杨成志当时作为助理员只能听从史禄国的安排，以致出现杨成志对在昆明与史禄国测量体质，且有诸多抱怨。容肇祖由于到9月开学时有课，带着一些购得的书籍及收购到的民俗物品在9月4日回广州。初到昆明时，史禄国计划同杨成志一同进入凉山，但由于知晓进入凉山地区人身安全没有保障，不敢冒险前行。

杨成志单枪匹马进入凉山。1928年9月1日他带着云南省主席龙云的介绍信离开昆明，向东经过7天的崎岖而险阻的山路到达东川。沿金沙江经过5天达到巧家。

他从巧家经过巧家营、头道沟第三天到达八甲寨，经大田坝到凉山山脚六城坝县拜见胡县佐。杨成志由于水土不服、过度劳累和受此惊吓，在此病倒，险些丢了性命。在六城坝期间，一边养病，一边与当地结识的毕摩学习彝语，观察黄草坪集市的贸易地，看到奇装异服的人们，使他不禁惊叹这是人类学和民俗学的故乡。

10月上旬杨成志经过多个村落进入彝族大本营罗格，在彝区住过"六畜同堂"的茅屋，吃过"肝生"（生猪肝、肺、心、血加以辣子），为了获取彝族丧葬习俗中的灵牌，差点儿丢了性命。他除了调查彝族社会组织、生活、惯俗、思想、语言和文字等外，还拍摄相片四十余张，收买民俗用品约一大担。

杨成志从凉山彝区返回后，在巧家县城住了近五个月时间，请当

---

① 杨成志：《致顾颉刚信》，载刘昭瑞主编《杨成志文集》，中山大学出版社2004年版，第225页。

地毕摩教授他学习语言和文字。实地调查巧家县五甲地彝族土司禄廷英统辖下的三十余家花苗的民俗及语言。对巧家金沙江岸一带的青苗进行了实地调查，考察了他们的信仰、婚丧礼俗、传说、歌谣，并译成一本代人超度或祭送的经书。

1929年5月，杨成志原路返回昆明。杨成志从1929年5月至1930年3月近十个月的时间是在昆明度过的，他回昆明后，受到学界的热烈欢迎，对他科学探险精神佩服不已，他先后应邀在省立第一师范等十多余所学校演讲，讲演内容涉及民族调查的方法和走向民间调查、妇女与民间文艺等方面的内容。

杨成志是学术界较早进入凉山禁区的学者，学界对其经历好奇是必然的，人们都迫切希望了解彝区的生活情况，期望参观他收集的民俗物和典籍。因此，他的演讲必然会引起人们的兴趣。他在中山大学时受到过民俗学运动、西方民俗理论以及倡导西南少数民族研究重要性等方面的影响。杨成志在云南昆明演讲的意义，不仅仅是满足人们对凉山彝族的好奇之心，更重要的是利用演讲的机会，把当时民俗学研究的思潮传递到云南学术界。与此同时，他还特地编制了"西南民族调查略表"和"云南民间文艺征求表"，发放给所到演讲的十多所学校的近二千五百名师生，请他们对认知到的民间文化如实填写。为了扩大调查面，他还通过省教育厅向全省104个县的教育局长寄去上述表格，并附一封"关于开掘云南文化的一封信函"，请他们认真填写并寄回。正当他筹备着用四年时间踏遍云南全省时，接到中山大学语言历史研究所要他回粤的信函，只好在1930年3月1日离昆明回中山大学。

三 滇川民俗调查的内容

杨成志滇川民俗调查是建立在科学的学科理论之上的研究，具有明确的目的性和科学的调查方法作为支撑，和以前很多旅行式记载所见的奇风异俗不同。目前学术界对他的西南之行探讨最多的是他的凉山彝族调查，这固然因为进入凉山具有特殊的时代意义，但同时我们从他的调查时间可以看出，他在凉山的时间是非常短暂的，这次的调查活动主要是在云南进行的。川滇之行时间跨度历时二十个月，在六城坝的时间为二个月，对此次出发前计划调查的"猡猡人"，杨成志的记录为，"深入凉山猡猡之地，侥幸得择游其居处凡二十五天"。①也就是说，真正深入凉山的时间仅仅只有二十五天。大部分时间是在昆明和巧家度过，分别是十个月和五个月。调查和学术活动主要是在这两个区域完成的。杨成志在致傅斯年、顾颉刚的信中自称在凉山学得猡猡文不多，计划在巧家请白毛先生（毕麾）再教二十余天，再往昭通回昆明，但由于当时滇贵开战在即，且昭通路途土匪猖獗，只好暂留巧家，巧家当地官员给杨提供了极大的便利，请多位白毛先生来教他学习苗、蛮、夷三种语言，介绍当地的习俗，并收集当地的民间文艺，因此在此住了近五个月。从杨成志的调查记录来看，对凉山彝区的语言、习俗等材料的获得，大部分是来自云南巧家县城里请到的白毛先生讲述和在巧家周边村落的走访调查。

在昆明的近十个月时间里，除了去凉山之前，也就是刚到昆明之时，大部分时间与史禄国作体质人类学方面的调查。杨成志在凉山调查研究的内容主要是语言文字和民俗，其中《云南民族调查报告》②目录为：

1、绪论

2、独立罗罗

3、中罗字典

4、独立罗罗歌谣集

5、关于花苗的语言与惯俗一般

6、关于青苗的语言和惯俗一般

7、昆明各民族的分析和比较

8、云南民族志资料

---

① 杨成志：《致钟敬文、余永梁信》，《国立中山大学语言历史学研究所周刊》1929年第66期。

② 杨成志：《杨成志人类学民族学文集》，民族出版社2003年版，第23—150页。

第二章 抗战前期云南民俗调查与研究

87

9、《云南民间文艺集》资料
10、河口窑人的调查
11、安南民俗的资料
12、此次收罗的民族民俗品记表

从调查报告目录可见，民俗调查内容占据很多，"独立罗罗歌谣集"还以单独的章节列入报告。杨成志的滇川民族调查，具有明显的民俗学研究倾向，主要体现在以下几个方面。

（一）民间信仰

凉山彝族崇拜万物有灵，即世间的万物如山、石、虎、熊等是他们崇拜的对象，相信灵魂的存在，在此基础上产生了对祖先的崇拜。他在《云南罗罗族的巫师及其经典》一文中，对云南彝族的神职人员毕摩、传承方式、主要的仪式、相关的经典等进行了介绍，以图片形式再现了毕摩在仪式活动中的一些场景。通过对不同地域的彝族调查，比较得出川滇交界的彝族和昆明彝族在信仰方式上有诸多不同。"当做道场时，独立罗罗的毕摩，坐而诵其经咒，不尚跪拜，以木削或树枝等插于地上，以酒、鸡、猪、羊、牛等为牺牲，并吹角为号。昆明诸罗罗族的觋爸，则深受汉族道士或和尚的影响，尚跪拜而诵其经典，除茶酒及五牲做祭物外，又尚香烛、锭、纸等冥物。同时必挂起李老君像及各种神位，前摆一桌，上陈香炉、米斗、茶酒杯、祭品祭文或祷文冥纸……等具，恰与汉族祭献的情形相像。换言之，前者属于原始的祭献，后者属于汉化的安坛，两者的仪式虽不同，然均与经典有密切关系。"[①] 除了仪式上的不同，两地彝族在崇拜方面也不同，前者是对十二生肖的崇拜，后者是关于四十六位神的崇拜，从这些神名来看，明显是受到汉化的结果。

杨成志是较早对彝文经典进行分类的学者，他将收集到的130部经书进行分类。分为献祭类、祈祷类、酬愿类、做斋类、禳祓类、关

---

① 杨成志：《云南罗罗族的巫师及其经典》，《国立中山大学文史研究的辑刊》1931年第1册第1卷。

于动植物各自然物经咒类、咒术技法类、婚姻和生产类、丧葬及祭祖类、农业类、火神类、雷神类、龙王类、李老君类、占卜类、历史与传说类十六类。并分别列出每类中包含的经文名字。

安南（越南）与云南山水相连，河内当时是杨成志从广州到云南来回必经之路，他曾在此作短暂的停留。曾与容肇祖到河内"法国远东学院"图书馆查阅过资料，到河内各神庙进行实地调查，发现当地人任何事情都要预测神灵的意愿，因此每逢神庙必有灵签和具疏两种占卜物，他对每个灵签和具疏所代表的意义都作了详细的解释。《安南人的信仰》一文是在此地的所见所闻，安南人对神灵极度地崇拜，内容包括对信仰的场所、信仰对象、信仰方式等。① 从杨成志所列出的150位神名和神诞日，可以了解到安南人是多神崇拜的民族。杨成志认为安南人与中国人有很多共同点，对其信仰的研究可以反映出中国人信仰的真相。

（二）民间文艺

少数民族居住地是歌谣的故乡，歌谣反映出他们的思想、艺术、文化、制度、语言和一切惯俗。杨成志滇川之行采录的歌谣有百余首之多，有新年歌、挽歌、山歌、新婚歌、火把节歌、儿歌。他还根据凉山彝族地区的调查撰写了《川滇"蛮子"新年歌》，歌中表露了彝族人们为迎接新年而忙碌的欢快的心理。杨成志在巧家时也采录到不少的歌谣，"巧家有丰富的民间文艺，除儿歌外，尚有所谓山歌、孝歌、谜语、谚语及龙门阵（故事），在这里收集的希望将来有暇时加以整理成为单行本"。② 1929在《民俗》上发表了他收集到的巧家儿歌30首。从凉山彝区回昆明后，他预计用半年的时间对昆明的土著民族进行调查，在昆明环游四乡考察时他也收集到百首以上的情歌。"当时田间地头可以称为歌的海洋。少年的男女除日出而作日落而息的田间工作外，日常视为足可娱乐的东西，只有发抒其天籁，表出其热情，忘怀其困倦，舒畅其神灵，显示其内蕴，欣慕其外感来和其情

---

① 杨成志：《安南人的信仰》，《民俗》1937年第2期。
② 杨成志：《云南巧家县儿歌》，《民俗》1929年第44期。

歌吧！所以，凡在田间、路中、坡上、林间，往往可听着如夜莺的啼叫，如树蝉的奏乐那般幽扬抑韵的男女歌调。"① 少数民族的生活离不开歌谣，很多民族有"饭可以不吃，歌不可以不唱"的谚语。杨成志曾受此感染，当时以当地的生活习俗为题材，苦中作乐自创了十首竹枝词。有表现昆明少数民族的独特装束和习俗的，如"鸡冠帽耸覆乌云，辫发垂垂红线纹。多少春情关不住，秋波频盼郎君！瞒腰蔽膝又围腰，前似花裙后带飘。天足靴鞋草履式，步来大踏颇含娇！""嚼透槟榔满口脂，秧塍龙陇闹春嬉。耘来马豆才盈把，各启樱唇相和吹！"② 把妇女喜嚼槟榔的习俗，田间地头山歌洋溢描写得活灵活现。

杨成志认为云南丰富的民间文艺资源，不加以收集非常可惜，但由于个人能力的限制，只有求助于文化界的帮助。他在昆明各学术单位演讲时，就设计好《云南民间文艺征求表》，请代为调查填写，并请各县教育局帮助安排相关人员进行云南民间文艺的收集。征集内容包括故事或传说、山歌或情歌、童谣或儿歌、谚语或土话、谜语、小调或小曲、挽歌或孝歌或神歌、印版的县志或手录的曲本或轶闻等各种书名。由于得到教育部门的合作，调查取得了可喜的成绩，收集到70多个县的调查反馈表，据杨成志预测，至少各类别可各印一册，汇集后在十本以上，能较为全面地反映云南民间文艺。这次调查活动不仅收集到云南各地域各民族的民间文艺材料，同时也带动了当地学术界对民间文化的重视。

四 滇川民俗调查的意义

杨成志滇川之行从目前的文献资料来看，他的田野调查主要在凉山彝区、云南巧家、昆明周边区域和越南河内。这次调查活动是中国人首次进入凉山彝族，对于彝族研究具有重要的意义。同时也开启了云南少数民族民俗的调查研究。

---

① 杨成志：《云南散民、夷人和子君等族的情歌百首》，《西南研究》1932年第2期。
② 杨成志：《云南昆明散民族竹枝词》，《新亚细亚》1932年第3卷第2期。

(一) 搜集典籍和民俗品

杨成志所到之处尽其所能收集民俗物品,并做了详细的登记。"巴布凉山独立卢鹿日常生活民俗品46件,夷人民俗品4件,花苗民俗品21件,青苗6件,云南昆明散民民俗品194件,安南民俗116件。民间小说唱本戏曲等89本,猺人民俗品3件,汉语民俗品95件,回教民俗品6件,云南昆明夷人卢鹿经11本,摆夷经文10本。各种照片215张。"① 这些民俗品中最值得一提的是,"在昆明调查时,在距昆明二十里的昭宗夷村,无意间从一个高祖为觋爸现在已绝传的作觋爸遗裔的李姓家,观察其陈腐的纸张和残余的字迹,一着眼谁也便知其为三四百年的前明代的遗物。当时用尽心机及方法购得此残破经典后,喜慰不已。认为此经书不但是云南的孤本,甚至可以说是全国或全世界的绝本,书中的内容是神权时代夷人遣虫祈雨之书,乃足以完全表现原始人的思想的源泉和行为的真型,较诸所谓矫揉造作的《圣经真传》,其价值更高。云南的学者袁嘉谷、张甘雨、秦光玉、张希鲁等人见到此物后,大家也都认为是空前发现的宝物"②。彝族文献学研究专家朱崇先对这批经典整理后,称杨成志收集的《云南昆明西乡明代夷人手抄经典》,为迄今发现的彝文经典中抄写年代最早的一部,其中包含有关于诸神起源、祖神崇拜、彝族"呗耄"(祭司)的起源传说,彝族古代氏族部落及杰出首领和英雄人物、人类起源、婚丧礼俗、民间信仰等诸多珍贵史料。③ 杨成志收集的民俗品包括衣食住行生活的方方面面,加上拍摄到的人物和影像照片,为外界了解少数民族生活状态提供了最直观的方式,也保留了民族珍贵的物质文化遗产。1930年,《燕京学报》编辑部在总结1929—1930年学界十大学术消息时,杨成志的西南民族调查与北京猿人头盖骨的发现、安阳殷墟发掘等学术事件相并列,足见此次调查在当时学界的

---

① 杨成志:《云南民族调查报告》,《杨成志人类学民族学文集》,民族出版社2003年版,第98—118页。
② 杨成志:《中国西南民族中的罗罗族》,《地学杂志》1934年第1期。
③ 朱崇先:《一部珍贵的明代彝文手抄经典》,《文献》1993年第4期。

影响。① 历史上第一次有组织的云南民族调查活动,在学界形成了空谷足音的影响力。

(二) 全方位、多角度的调查研究

杨成志滇川之行的调查是建立在多学科理论方法基础上的研究。他从岭南大学历史学系毕业后,译述《历史之目的及其方法》一文,受到顾颉刚的赏识,进入中山大学。开始涉足民俗学,以良好的英语功底,翻译了多部西方民俗学的理论著作,由此可见,从杨成志的学科体系来看,他已完全具备了一个民俗学者理论知识储备的基本要求。另外杨成志在中山大学时曾作为人类学家史禄国的助手,正如顾定国所言,"无论是在课堂上还是在田野工作中,史禄国都教育自己的学生,让他们将人类学看作是一个整合了民族学与语言学及体质人类学的学科。杨成志在中大的时候从史禄国那里接受了这种教育,又将它传授给自己的学生;半个多世纪以后,杨又在我面前重复了这一课"②。史禄国的研究理论,提倡的是多学科理论综合性的研究,这种理念必然会对杨成志产生影响,加上从国外传入中国的民族学、人类学、民俗学等存在学科边际模糊性。基于以上因素,杨成志在调查中采用了多视角、多学科的调查方法。

(三) 传播学科理论,唤醒学界重视当地民间文化

杨成志在云南调查时,不仅是为收集民俗研究材料,而且更希望把民族调查研究的理念传播到云南学界中去。"我本年余的个人调查经验,深觉得民族调查急应引起一般学生的注意,遂在昆明中等以上十余校,轮流演讲民族学问题,并分发'西南民族调查略表'及'云南民间文艺征求表',给将近二千五百青年学生照填。"③ 同时在昆明的历史研究社、青年会、省立第一师范、成德中学、高级中学、东陆大学、省立第一中学、省立女子中学、联合中

---

① 余逊、容媛:《民国十八、十九年国内学术界消息》,《燕京学报》1930 年第 8 期。

② [美] 顾定国:《中国人类学逸史——从马林诺斯基到莫斯科到毛泽东》,胡鸿保、周燕译,社会科学文献出版社 2000 年版,第 55 页。

③ 杨成志:《云南民族调查报告》,《杨成志人类学民族学文集》,民族出版社 2003 年版,第 13 页。

学、昆明市立师范、昆明县立第二中学、建设人员训练所等先后演讲了《从人类学谈到国立中山大学语言历史学研究所的工作及民族调查方法》《西南民族论》《云南民族略论及调查方法》《云南民族概论》《云南民族的类别》《罗罗论略》《民族调查的重要》《乡村教育与民族调查》《妇女与民间文艺》《调查民族应注意的几点》《怎样开掘云南的宝库？》《到民间去！》《建设事业与民族调查的关系》。演讲内容涉及调查的理论和方法，并强调走向民间到田野中获取材料的重要性。

杨成志还曾打算在云南成立"民俗学会云南分会"，把民俗活动传播到云南。"这一个星期来，除游赏名胜外，各学校请我演说者颇不少。明天我定赴图书馆（有一班青年学生极慕本所的刊物，由弥希鲁君——该馆职员——领导已组成为历史研究的团体，我想帮助他们组成一'民俗学会云南分会'，他们极赞成）演讲'民俗学的沿革和运动'。"① 可见，杨成志在云南各学校和各学术机关的演讲都会重点介绍中山大学的民俗学活动，以及前期的民俗学运动，并积极鼓励云南学界青年投身于民俗学科的建设中来，借此希望他带来的"星星之火，可以燎原"。江应樑对杨成志把民族学传播到云南有过中肯的评价："民族学成为一门现代科学传播到云南来，是本世纪初的事。这和广州中山大学开展民族学研究工作是有密切关系的。三十年代初期，中山大学派杨成志先生来云南从事少数民族调查工作，在滇中、滇东一带重点调查彝族，从巧家过金沙江进入凉山，除从事文化人类学的研究外，并从事体质人类学的研究，测量各族男女体质。这一新的科学项目的传入，给地方上留下了很深的影响。"② 笔者认为，在肯定对民族学传播的同时，不应忽略杨成志的云南之行对民俗学调查和传播的初衷。他是较早对云南进行少数民族民俗调查的学者，也是对当时学界和当政者进行民间

---

① 杨成志：《致顾颉刚信》，《国立中山大学语言历史学研究所周刊》1930 年第 8 集第 89、90 期合刊。

② 江应樑：《民族学在云南》，载《中国民族学研究》第 1 辑，民族出版社 1981 年版。

文艺和民俗学知识宣传的第一人。

（四）民俗学理论在田野调查中的成功运用

杨成志具备较强的民俗学学科意识，体现在少数民族调查中更偏重于民俗内容方面的调查。他1927年到中山大学后，在傅斯年等人的支持下，参与到"中国民俗学会"的工作中。随着民俗学科的深入发展，他深感对中国民俗学者而言自身理论的匮乏是亟待解决的问题。可是"此类论著，要我们自己来创作，原是很不容易，但介绍翻译，似属可能"。① 杨成志在何思敬等人的支持下，开始翻译域外民俗著作。1927年从英国C. M. Gayley的《该莱》（The Classie Myths）一书中摘译为《关于相同神话解释的学说》。② 1928年，杨成志翻译英国民俗学家班尼（Charlotte Sophia Burne）女士的《民俗学手册》（The Handbook of Folklore），书中包括附录的Questionary和Terminology两部分，用《民俗学问题格》的标题在《民俗》周刊上陆续发表。并于1928年由中山大学语言历史研究所印为单行本。民俗学发起成员何思敬给《民俗学问题格》写序言时，给予了高度的评价，认为是对民俗学研究的一个贡献。"我觉得中国所谓民俗学，还在很幼稚的状态，连探访资料都没有门径，这一篇附录至少可以给热心探访者一个目录，并在他心中唤起如何探访的方法和手段。这一篇附录的翻译，我觉得对于中国民俗学界是一个贡献。倘热心探访者能切实利用，那么这篇翻译一定有益于他为学的。"③ 杨成志则认为，"这是我半年多来在《民俗周刊》陆续发表的一个小结账，原算不得什么相当收获的东西。也许会使人感到枯燥无味，如果不站在民俗学的立场来看，但是我们'民俗学会'诸同志都认此为一种开拓中国民俗的利大器，勤勉相加，于是乎，我是在百忙当中，也愿略加修改，印成

---

① ［日］直江广治：《中国民俗文化》，王建朗译，上海古籍出版社1991年版，第176页。
② 杨成志：《关于相同神话解释的学说》，《民间文艺》1927年第3期。
③ 杨成志：《民俗学问题格》，《杨成志民俗学译述与研究》，高等教育出版社1988年版，第32页。

这本单行的小册子。"①

杨成志把《民俗学问题格》作为调查时的理论指导，并到田野中去进行实践。学习西方民俗理论，并把其中一部分进行翻译，为他的西南之行民俗调查打下了扎实的理论基础。对于此书的价值，他这样写道："《民俗学问题格》的取材，是偏重于外国方面的，我们暂时只能借助其方法和方案，来做调查上的参考而已。至于我们要开掘中国民俗的金矿，要完成'中国民俗学运动'，非我们自己去努力调查搜集整理研究，以求得到精审的发见不可。"②

杨成志通过翻译外国民俗学著作，从中获取了民俗学科学的调查研究方法，他已从单纯的对民歌民谣和民间故事的记录，上升到通过西方民俗学研究的理论来指导调查研究，同时也认识到对西方理论的借鉴，需要田野作业来进行检验。综合杨成志在中山大学的学术背景，以及对滇川少数民族民俗的调查，体现出西方民俗理论应用到田野中进行检验的成功范例。来到滇川地区的杨成志呈现在他眼前都是一个个陌生的族群，异文化对他来说需要调查的内容不仅仅是民俗，如体质、语言等民俗以外的调查对此也很重要。但可以看出他调查倾向性还是在民俗方面，这与他在中山大学受到的学术研究训练密不可分。他调查的内容涉及语言、惯俗、民间故事、歌谣等方面，收集民俗物品也是他每到一处的主要任务。他在调查研究中，还总结运用科学的方法收集民间文艺的几个要点："第一，故事或传说以记事文体裁写之，万不好参入自己意见。第二，各种歌谣或土话，若遇有找不着相关的字可写时，可用外国文或国音字母注其音并解释其义。第三，写谜语并述其义。"③ 这些调查方法直到目前，仍然值得我们借鉴。

---

① 杨成志：《民俗学问题格》，《杨成志民俗学译述与研究》，高等教育出版社1988年版，第31页。
② 杨成志：《民俗学问题格》，《杨成志民俗学译述与研究》，高等教育出版社1988年版，第31页。
③ 杨成志：《云南民族调查报告》，《国立中山大学语言历史研究所周刊》1930年第11集第129—132期合刊。

(五) 学科范式的转换

中山大学语言历史研究所建立之初,民俗学的研究倍受关注,但杨成志认为"后来却与民族学、人类学的研究会合起来了"。[①] 早期的民俗研究虽然也提倡走到民间去"采风问俗",但由于没有受过民族调查方面的学科训练,缺乏基础理论知识,眼光较为狭隘,其结果事实多而理论少,琐屑之材料多而能做比较研究者少……叙述技术亦嫌不足,故乏科学价值而言。[②] 这一评价认为当时的民俗研究缺乏必要的学科训练和理论基础是比较中肯的。1932年恢复后的《民俗周刊》发刊词讲道,"一是纵的,从历史的记载上搜集材料,一是横的,从地理的分布上调查材料,再须协合历史学家、社会学家、人类学家、宗教学家、艺术家,以及民族心理学家等等,共同商定条理,着手搜集调查,研究整理。"[③] 朱希祖倡导民俗学研究的导向,材料的选取,要传统文献与田野调查相互补充,研究方法上倡导多学科互渗研究。语言历史研究所引领的多学科互渗的民俗学研究范式,一方面使得抗战时云南地区民俗调查更倾向于民族调查,从而淡化了民俗学所具有的学科特色。另一方面由于不同学科的参与,也为民俗的研究开辟了更加广阔的天地。

1928年,中山大学成立语言历史研究所,研究重点为西南边疆少数民族。1932年,中大基于西南地区"土地宽广,民族复杂,物产富饶但山川间阻,交通窒碍,民风闭隘,政治废弛,致富饶宝藏,蕴而不开,急待开化的无数边民,任其仍过野蛮生活",[④] 为挽救国家危亡,唤醒政府及民众注意西南边疆问题,成立西南研究会,认为当时最需要研究的是国防问题、殖边问题、学术问题、民族问题。[⑤] 而云南因其特殊的地理与社会环境而成为首选。在傅斯年、顾颉刚领

---

① 杨成志:《国立中山大学设立人类学系建议书》,载刘昭瑞主编《杨成志文集》,中山大学出版社2004年版,第137页。
② 古通今:《民俗复刊号——兼评我国民俗运动》,《民俗》1937年第1卷第2期。
③ 朱希祖:《恢复民俗周刊的发刊词》,《民俗》1933年第111期。
④ 《西南研究》"发刊词",1932年创刊号。
⑤ 王水乔:《论民国时期国内学者对云南少数民族的研究》,《云南社会科学》1994年第5期。

导、主持下，提倡"到民间去"，进行民俗学与民族学调查研究活动。杨成志于1928年至1930年夏，前往川滇交界大小凉山彝族地区，"以探险之大无畏精神，单骑深入该地，足迹所经千余里，且学习其文字语言，视察其地势，探讨其风俗习惯，及收罗其各重要之民俗品，阅时将满一年"，发表《罗罗太上情境消灾经对译（罗罗文——汉文）》《罗罗族的文献发现》《罗罗族的巫师及其经典》《罗罗的语言、文字与经典》《罗罗文明源流探讨》《云南民族调查报告》等20多种著作。[①] "无论从调查的时间长度、调查的深入程度及调查内容的明确方向和专门化等方面，都显现出他的此次调查是学科发展历史中的重要事件。"[②]

小　结

19世纪末至20世纪初，云南少数民族地区的调查主要以传教士为主要力量，另外包括一部分外交官、探险旅行家等，他们的报告、回忆录等对西方了解云南少数民族产生了重要的影响。近代中国，帝国主义侵入，造成中国长期的混乱，这个特定历史背景下，伴随着民族、民族主义等意识的出现，加上西方和日本学者对中国西南地区的调查激发了一些民族主义意识较强的中国学者的自尊心。外国人在对云南各民族实地调查后，出版了大量的著作，中国人要了解本国民族的情况反而要查阅外国人的著述。此刻学界人士也在大声疾呼中国青年应以自己的行动加入到西南民族调查的行列中。另外，外国人的著述为国人提供了一种研究范式，一些中国学者最初对少数民族的兴趣和认识，就是由研读这些田野调查论著开始走向研究之路的。除此之外，通过翻译外国著作，介绍学科理论和研究方法，建立学科体系，也是中国学界借鉴西方理论的一种手

---

① 杨成志：《我与中山大学人类学系》，载中山大学人类学系编《梁钊韬与人类学》，中山大学出版社1991年版。

② 王建民：《中国民族学史》（上卷），云南教育出版社1997年版，第116—117页。

段。1927年杨成志到中山大学后加入民俗学会，就希望以此方法来建构中国民俗学的理论体系和研究方法。但同时也认识到对外国理论的应用，还需到田野中去印证。他写道，"有一点要说明，就是这本《民俗学问题格》的取材，是偏重于外国方面的；我们暂时只能借助其方法和方案，来做调查上的参考而已。至于我们要开掘中国民俗的金矿，要完成'中国民俗学运动'，非我们自己努力调查搜集整理研究，以求得精审的发现不可"。① 在中国民俗学创始之初，大量的译著是中国人了解国外学术理论和方法的重要途径，既开阔眼界，又可借鉴其方法。

1935年冬，杨成志获得巴黎大学民族学博士学位回到中国，到中山大学人类学部担任主任，复办《民俗》刊物，恢复中山大学民俗学会。以前我国民俗学"以民间文艺为主，而风俗习尚居其次焉"，"盖此运动之倡导者多为文学家、史学家、缺乏民俗学、人类学、民俗学、人类学、民族学、社会学之理论基础，眼光较为狭隘，其结果事实多而理论少，琐屑之材料多而能作比较研究者少。"而杨成志"留欧归来，于民俗学民族学之造诣益深"，故所编《民俗》之内容之丰富、质量之高远远超过了往日该校出版之《民间文艺》《民俗周刊》。② 在引入西方民俗学理论的同时，民俗学研究由传统的文史倾向转向为民族学和人类学的研究。此时借民俗学之名，获得发展的却是民族学和人类学，民俗学慢慢成为点缀和附庸。周大鸣认为，"许多民族学家、人类学家都是从民俗学研究入手的，逐渐转入民族学和人类学的研究，最后从民俗学独立出来。这样一方面将民族学、人类学的方法引入了民俗学的研究，另一方面也为人类学学科的建立打下了基础"。③ 这种研究范式与中国国情有关，20世纪之初的新一代知识分子以改革为己任，把中国的落后归结为儒家文化和封建礼

---

① 杨成志：《民俗学问题格》，载《杨成志民俗学译述与研究》，高等教育出版社1989年版，第31页。
② 古今通：《民俗学复刊号第一卷第一期——兼评我国民俗学运动》，转引自毛巧晖《20世纪下半叶中国民间文艺学思想史论》，上海文化出版社2010年版，第54页。
③ 周大鸣：《二三十年代广东民俗学、人类学史略》，《民俗研究》1997年第1期。

教，因此，要走向民间，到群众中去听取他们的心声，要从民间文化寻找救国救民的药方。农村、民众成为知识分子的聚焦点，民俗研究最先是由歌谣运动开始的，随着范围的扩展，建立了民俗学，并被逐渐纳入教学和研究中。而来到少数民族地区的学者面对的是一群陌生的人，要认识一个民族，他们的语言和体质状况也同民俗一样会受到重视，这就必须扩大调查内容范围，这种由民俗到民族的研究范式在杨成志的滇川少数民族调查中表现得尤其明显。

第三章　西南联大学者的民俗调查

　　1937年7月7日，卢沟桥事变后，抗日战争全面爆发，日本先后占领我国东北、华北和东南沿海的各大城市，中华民族的半壁江山被日本侵略者占领，国民政府被迫从南京迁移到武汉，不久再迁往重庆。中国原有的文化中心——平津等相继沦陷，中国陷入危机之中。为了保存中华民族的文化血脉，内地大批的高等学府和一些科研院所纷纷迁往云南省。此时，北京大学、清华大学和南开大学迁到长沙，成立了临时大学，不久，长沙面临敌机轰炸，临时复迁到云南昆明，成立西南联合大学。1938年秋中央研究院迁至昆明北郊的龙泉镇，1940年冬，由昆明迁至四川南溪县李庄。据史料记载"此期间迁往云南的高校有北京大学、清华大学、南开大学，三校组建为西南联合大学，上海医学院、国立艺术专科学校、同济大学、中法大学文、理学院、中山大学、武昌华中大学、广州协合神学院等10所"。[①] 同时大批的民族学者、社会学者、语言学者、艺术学者来到云南，为人们所熟知的有吴文藻、吴泽霖、费孝通、李景汉、陶云逵、岑家梧、林耀华、田汝康、许烺光、李方桂、罗常培、马学良、李霖灿等。西南联合大学可以说是全国人才最为集中地，教授们大多留学欧美和日本，美国学者费正清在谈到西南联大的情况时也说过："战时在昆明成立的由北京大学、清华、南开三校合办的西南联大，在其二百名受过国外高等教育的教育队伍中，有一百七十余名是教授。这一百七十

[①] 唐正芒：《抗战期间的高校西迁述论》，《云梦学刊》2002年第5期。

余名教授中有一百名以上是在美国得过博士学位的。"① 当时西南联大教授群体即是世界主义者的体现,在校的 179 名教授和副教授中,仅 23 位未曾留洋。有些人赴欧洲留学,有些人在北美深造,取得美国大学学位相当普遍。当时来到云南的文化界人士,他们使云南聚集了雄厚的学术力量,成为全国的学术中心之一。由此可见,当时研究者,既有世界性的背景,又有国家情怀。他们掌握了当代最为前沿的学科理论,但缺乏长期的田野调查机会。云南少数民族文化资源丰富,对他们说,来到云南诚然是如入宝山,情不自禁地把研究领域延伸到少数民族的民俗文化领域。社会学者、人类学者和语言学者等从自己的研究领域出发开展民俗文化调查研究,如罗常培从民间信仰分析其姓氏来源;马学良以礼俗解释其经书等。这一时期,民俗研究成为各个学科田野调查中关注的重点。

第一节　湘黔滇旅行团的采风问俗

1937 年七七事变发生后,平、津相继沦陷,国民政府决定由国立北京大学、国立清华大学和私立南开大学三校在长沙成立临时大学。1937 年 8 月 28 日,教育部高等教育司给梅贻琦等人的一封公函说,"奉部长密谕:指定张委员伯苓、梅委员贻琦、蒋委员梦麟为长沙临时大学筹备委员会常务委员。杨委员振声为长沙临时大学筹备委员会秘书主任"。② 经筹备委员会人员的努力,就读于三校的学生于 10 月 18 日开始报到,11 月 1 日开始上课。1937 年 12 月 13 日南京沦陷,日军向长江流域逼近,不久武汉告急,长沙遭到空袭,为了让学校能够正常上课,常委会准备寻找一个相对安全的地方,经研究决定迁往云南省会昆明。"对于这一方案,教育部也不敢定夺,常委蒋梦麟到武汉直接向蒋介石提出。经过反复磋商,终于 1938 年 1 月上旬

---

① 费正清:《美国与中国》,商务印书馆 1989 年版,第 238 页。
② 西南联合大学北京校友编:《国立西南联合大学校史——一九三七至一九四六年的北大、清华、南开》,北京大学出版社 2006 年版,第 11 页。

得到最高当局的批准。"① "关于迁校路线，常委会事先指定军训教官雷树滋研究并提出方案。雷树滋是云南元谋人，以前经常往返于云南与京沪间，对交通、地理情况比较熟悉，他提出水陆两条路线。前者经粤汉路到广州转香港，乘海船到安南（今越南）海防，由滇越路经河口入昆明。后者由湘西经贵州直赴昆明。走陆路可以组织步行，沿途还可以采集标本，了解当地民俗风情，做社会调查。"② 常委会接受了他的方案。由参加步行入滇的人员组成"湘黔滇旅行团"，参加步行团的老师 11 位，他们分别是黄钰生、李继侗、曾昭抡、袁复礼、闻一多、许维遹、李嘉言、王钟山、毛应斗、郭海峰、吴征镒。黄钰生、李继侗、曾昭抡、袁复礼四位为湘黔滇旅行团指导委员会，保证师生的路途安全。经学校向国民政府要求，由湖南省主席张治中派黄师岳担任旅行团团长。旅行团于 2 月 20 日出发，4 月 28 日到达昆明，历时 68 天。1938 年 4 月 2 日，长沙临时大学正式更名为"国立西南联合大学"，5 月 4 日正式开课。

成立湘黔滇旅行团，一方面是由于当时的交通运输不便，另一方面迁校路线的设计者雷树滋提出，"走陆路可以组织步行，沿途还可以采集标本，了解当地民俗风情，做社会调查"。同时，长沙临时大学为了鼓励师生沿途调查的积极性，为此专门发文《长沙临时大学关于迁校步行计划的布告》规定，"查本校迁滇原拟有步行计划，藉以多习民情，考查风土，采集标本，锻炼体魄，务使迁移之举本身即是教育……步行队到昆明后得将沿途调查或采集所得作成旅行报告书，其成绩特佳者学校予以奖励"。③ 学校的激励，对于青年学子很有吸引力，再加上参加步行团的诸位老师首先作了表率，曾昭抡全程完全沿公路行走，遇到小路的地方，也要沿着公路走绕路，绝不抄近路，

---

① 西南联合大学北京校友编：《国立西南联合大学校史——一九三七至一九四六年的北大、清华、南开》，北京大学出版社 2006 年版，第 16 页。
② 西南联合大学北京校友编：《国立西南联合大学校史——一九三七至一九四六年的北大、清华、南开》，北京大学出版社 2006 年版，第 17 页。
③ 《长沙临时大学关于迁校步行计划的布告》，载北京大学、清华大学、南开大学、云南师范大学编《国立西南联合大学史料（一）总览卷》，云南教育出版社 1998 年版，第 63—64 页。

其目的是考察沿途公路的路线和实际情况,在中途的休息或宿营时,经常会从行李里取出防毒面具戴在头上,为当地群众介绍一些基本的防毒知识。袁复礼有记日记的习惯,他鼓励同学们坚持每天写日记。在旅行团老师的带动下,学生根据自己所学专业成立了各种沿途考察的社团。

一 闻一多在湘黔滇途中的采风活动

闻一多是湘黔滇旅行团四位教授之一,他不顾一路的疲惫,沿途与老乡攀谈,了解当地的风土人情。路途中目睹民众的苦难深深地刺痛着他的心灵,激发了他的爱国情怀,是他后来学术研究具有时代感和民族责任感的源泉。据当时与他同行的学生马学良后来回忆,"记得在湘西的一个苗寨,我们发现路旁一座与汉族相似的土地庙中,有一个人首蛇身的神秘像。闻先生见后,久久在石像前徘徊,非常兴奋,《从人首蛇身像谈到龙与图腾》等论文,就是根据他在湘西见到的原始宗教神像结合民间流传的神话写成的"[①]。

湘黔滇旅行团在抗战史和教育史上都是一个伟大的壮举,同时在文化史上也具有其特殊的价值。从闻一多及指导的学生在日后的学术研究方面都可见这次特殊的旅行对他们的影响。对闻一多而言,这是他首次近距离地与大众文化接触。他原来的学术研究是文学、诗歌,生活圈大多局限于学校,与下层劳动人民打交道的机会很少。闻一多作为教授本可以乘坐交通工具前往昆明,他却抱着两个目的参加湘黔滇旅行团,"一则可以得经验,二则可以省钱"[②]。他所说的经验,更具体一点就是对民间、民众的认识和了解。"国难期间,走几千里路算不了受罪,再者我在十五岁以前,受着古老的家族的束缚,以后在清华读书,出国留学,回国后一直在各大城市教书,过的是假洋鬼子的生活,和广大的农村隔绝了。虽然是一个中国人,对于中国社会及

[①] 马学良:《记闻一多先生在湘西采风二三事》,载《素园集》,中国民间文艺出版社1989年版,第197页。

[②] 闻黎明、侯菊坤:《闻一多年谱长编》,湖北人民出版社1994年版,第520页。

人民生活，知道的很少，真是醉生梦死呀！现在应该认识认识祖国了！"① 对于当时的学者而言，大多不知生活在底层的老百姓是什么样子，更谈不上对有西南地区众多少数民族的了解。作为教授的闻一多身体力行地关注老百姓的生活，收集记录民间文化，引导学生认识到圣贤文化之外，民众文化也是中国传统文化的一部分，打破了以"中国文化一元"的传统认识，使他们认识到民间文化也是有价值的。

闻一多在近距离地观察到老百姓的生活状态后，不但在思想上发生了巨大的变化，而且在学术上对民间文化也有了新的认识。闻一多在《西南采风录·序》中透露，湘黔滇旅行团是他新生命的起点，他曾说："我相信自己的生命是从战争之后开始的。"② 当国家处于忧患时，祖国的命运时刻牵动着每个知识分子的心。同时，也会从政治腐败、科学技术、学术僵化等方面找原因。学术僵化是由于中国长时间把正统文化作为文化精华，人们的思想被传统文化禁锢了，闻一多认为，中国人之所以被侵略，是因为"我们文明得太久了"，没有还击的勇气和力量了，需要重新寻找中国文化整体的价值观，建构起中华民族的勇往直前的勇猛精神。闻一多通过与民间的接触后，认为那些看上去无知朴实的农民身上有不少真知灼见，特别是生活中具有鲜明特色的民间文学可能成为传导新思想、解决中国现实问题的利器。可见，闻一多对民间的深刻认识是从抗战开始的，如果没有从长沙步行到昆明的这段经历，他就没有机会与民众广泛接触，也就不可能对普通百姓有如此深入的了解，更不会对民间文化有如此大的兴趣。当时西南联大《边疆人文》期刊编辑部的成员邢公畹也认为，"闻先生参加了部分师生的'湘黔滇旅行团'，步行到达昆明。一路上见到了苗、瑶、傣等许许多多的兄弟民族，听到了广布于辽阔西南土地上的民歌、民谣和传说、神话。千里旅途的见闻和采风活动，更丰富了他对古典文学、神话、诗歌研究的内容。10 年后的 40 年代撰写《说鱼》一文时的思

---

① 闻黎明、侯菊坤：《闻一多年谱长编》，湖北人民出版社 1994 年版，第 523 页。
② 高真口述，闻铭整理：《一多牺牲前后纪实》，载闻一多《闻一多纪念文集》，生活·读书·新知三联书店 1980 年版，第 59 页。

路，跟这一段经历是有关系的"①。闻一多的神话研究始于30年代中期，正是基于在《诗经》《楚辞》等古籍中发现了大量神话资料，开始整理、考证，并追寻神话中所包含的民族本源性。1936年闻一多曾在清华大学开设专题课《中国古代神话研究》，他所讲授的《中国文学史》也是以神话为起点开讲的，他认为神话是文学的"根苗"②。这与他后来通过神话研究来探寻中华民族源头的理念相关。如果说，30年代的神话学研究依靠的是文献典籍，那么，40年代的神话研究更多则是运用民俗学的学科理念，探寻中国文化源头，挖掘中国文化中蕴含的共同民族精神，表现出强烈的使命感和对现实的关怀。

闻一多学术观念的转变，与抗战时期被称为"小长征"的湘黔滇旅行团密不可分，从长沙步行到昆明，一路上，少数民族的民情风俗、生动的民间歌谣、优美的神话传说等，不仅丰富了他的神话、古典文学研究，也引起了他对民俗学方面的兴趣。一路上的长途跋涉，使他有机会目睹下层老百姓贫困的生活状态。怀着对水深火热中挣扎的民众由衷的热爱和同情，他带领学生收集整理民歌民谣，从民歌中去感受深藏于民间的那种"原始的野蛮的力"。闻一多在为刘兆吉《西南采风录》作的序中，热情地歌颂了农民的浑厚、粗犷，赞赏那"斯文滔滔讨人厌，庄稼老粗汉，不是白脸假斯文"的民歌，他推崇民歌所表现出的生活气息和生命力，在1939年3月5日他为《西南采风录》所作的序中提到："我惭愧对这部分材料在采集工作上毫未尽力，但事后却对它发生了极大兴趣。一年以来，总想下番工夫把它好好整理一下，但因种种关系，终未实行。这回书将出版，本拟将个人对材料的意见先详尽的写出来，作为整理工作的开端，结果又一再因事耽延，不能实现。"③到云南后，闻一多由于时局的不稳定等种

---

① 邢公畹：《抗战时期的南开大学边疆人文研究室——兼忆关心边疆人文研究的几位师友》，载南开大学校史研究室编《联大岁月与边疆人文》，南开大学出版社2004年版，第366页。
② 闻一多：《闻一多全集》第10卷，湖北人民出版社1993年版，第43页。
③ 闻一多：《西南采风录·序》，载刘兆吉《西南采风录》，上海商务印书馆1946年版，第2—3页。

种原因没有及时完成对民歌的整理,但从他的古代文学方面的研究可见对民歌内容的应用,如运用民俗学的知识考证《楚辞》,使他的研究另辟蹊径取得了重大突破。

在湘黔滇的路途中,闻一多指导民间歌谣组的成员,了解当地风俗习惯,记录当地民间文学。北京大学中文系大四学生马学良在闻一多的邀请下加入了沿途的采风问俗调查活动,这次活动对他后来走上了少数民族民间文学研究的道路具有重要影响。多年后他仍然清楚地记得先生对他的教导。"由于民族语言的隔阂,调查时语言障碍很多。我当时是随旅行团步行的一个学生,闻先生得知我在北大中文系学语言专业,就约我同他一起去调查。他对我们这些年青人,从来都是满腔热忱,诲人不倦。每次调查前,他都谆谆叮嘱我,在调查语言的同时,千万不要忽视宗教、民俗、民谣、神话传说方面的资料,它们与民族语言、民族文学都是息息相关的。"① 到了昆明后,马学良把沿途收集到的材料整理出来,写成了《湘黔夷语掇拾》一文发表于1938年第3期的《西南边疆》期刊。闻一多指导的原南开大学心理学系学生刘兆吉沿途采集民间歌谣,到昆明后整理出《西南采风录》出版,使中国知识分子意识到中国民间丰富多彩的地域文化和民族文化的价值和魅力。

二 《西南采风录》的采编

《西南采风录》是民间文学史上直接从老百姓口头上记录民歌的典范。湘黔滇旅行团途中,原南开大学心理学系学生刘兆吉积极加入了闻一多组织的民间歌谣组,一路上在闻一多支持和鼓励下采集民歌民谣,到昆明后把采集到的二千多首歌谣整理命名为《西南采风录》,于1946年由商务印书馆出版。书出版后得到了多位著名专家的肯定,被誉为,"现代的三百篇"和"研究西南民俗及方音的良好资料"。②

朱自清在序中写道:"他以一人之力量来作采风的工作,可以说

---

① 马学良:《记闻一多先生在湘西采风二三事》,载《素园集》,中国民间文艺出版社1989年版,第196页。

② 刘兆吉:《西南采风录》,商务印书馆1946年版,第1页。

前无古人。他将采集的歌谣分为六类。其中七言四句的'情歌'最多，这就是西南各省流行的山歌。四百多首里有三分之一可以说是好诗，这中间不缺少新鲜的语句和特殊的地方色彩，读了都可以增扩我们自己。还有'抗战歌谣'和'民怨'两类，虽然没有什么技艺但却可以看出民众的敌忾和他们对于政治的态度；这真可以'观风俗'了。历来各家采集的歌谣，大概都流传已久，新唱出来的时事歌谣，非像刘先生这样亲历民间，是不容易得到的。……总之这是一本有意义的民俗记录，刘先生的力量是不会白费的。"① 朱自清肯定了歌谣来自民间的重要性，真实地表达出民众的心声，是观风俗的一个好办法，也是一本有意义的民俗学书籍。

据《闻一多全集》记载，闻一多一生中只为五本书作过序，分别是刘兆吉的《西南采风录》、薛沉之的《三盘鼓》、彭丽天的《晨夜诗庋》、臧克家的《烙印》和费鉴照的《现代英国诗人》，可见闻一多对《西南采风录》一书是比较满意的，而且还给予了高度的评价，把《西南采风录》称作"新《诗经》"。② 他在序中写道，"你说这是原始，是野蛮。对了，如今我们需要的正是它。我们文明得太久了，如今人家逼得我们没有路走，我们该拿出人性中最后最神圣的一张牌来，让我们那在人性的幽暗角落里蛰伏了数千年的兽性跳出来反噬一口"。③ 抗日战争时期正需要中国人民具有"原始""野蛮"的民族精神，而在中国正统文化中"我们文明得太久了"，闻一多深感抗战不是讲文明的时候，《西南采风录》中的很多民间歌谣正好体现了中华民族所具有反抗精神和鲜活的生命力。中国民俗学是以1918年成立歌谣征集处为肇始，继而在刘半农主持的《北京大学日刊》开辟专栏，发表征集来自全国各地的歌谣。歌谣征集在全国产生了很大的

---

① 朱自清：《西南采风录·序》，载刘兆吉《西南采风录》，商务印书馆1946年版，第2页。
② 闻黎明：《抗日战争与中国知识分子：西南联合大学的抗战轨迹》，社会科学文献出版社2009年版，第281页。
③ 闻一多：《西南采风录·序》，载刘兆吉《西南采风录》，商务印书馆1946年版，第4页。

第三章　西南联大学者的民俗调查

反响，发表歌谣的《日刊》更名为由常惠主持的《歌谣周刊》。1923年在此基础上成立了"风俗调查会"，自此，歌谣学的收集迅速波及民俗学的调查，并在知识界引起广泛的关注。《西南采风录》在当时之所以得到高度认可，与"五四"前期的歌谣学运动对知识界的影响有关，知识分子开始重新估价中国文化的整个面貌，不再仅仅把正统文化作为中国文化的唯一，开始寻求民间文化应有的地位。从当时知识界对民间文化的收集整理来看，他们的目光已逐渐转向平民生活，但却少有机会真正走入民间去感受民众的生活，而在闻一多指导下的民歌采集活动开启了走向田野调查的先例。

民间文化的认识和理解都来源于生活，湘黔滇旅行团取得的成就不仅在于材料的搜集，更重要的是让更多的学者体会到民间文艺是如此真实地贴近生活：

> 有一次，我和几个挑棉纱的人同行。他们的担子，都是在百斤以上。我跟他们走了一天，他们整整唱了一天他们所唱的，是情歌。又记得，在将近盘江的荒山中，遇到一群驮铁锅的人。山路难行，一步一喘，但是喘嘘之中，还断断续续地唱些情歌。这些人是在调情么？是在讴歌恋爱么？是在渲泄男女之情么？肩上的担子太重了，唱一唱，似乎可以减轻筋骨的痛苦。再听人一唱，也觉得绵绵长途上，还有同伴，还一样辛苦的人。他们所唱的歌，与其说是情歌，毋宁说是劳苦的呼声。①

南开大学教育学教授兼任旅行团的主要负责人黄钰生以自己的亲身经历告诉我们，情歌是民众生活的一部分，路途中随处可遇，并不仅是男女青年情爱的绵柔之曲，而是对现实苦难生活的反抗，对现实的批判，在反映现实的同时，也可以用来当作拯救国家的武器。

迁徙的路途中采集民歌是一项非常艰巨的任务，能有毅力坚持下

---

① 易社强：《战争与革命中的西南联大》，传记文学出版社股份有限公司2010年，第58页。

来的只是凤毛麟角。在采集过程中，首先让很多人望而却步的是语言关，沿途经过不同的地区，相遇不同的民族。"言语不通——我国领土广大，交通不便，各省言语差异很大，尤其北方人初到南方来，时时会感到言语不能的困难。当我采集民歌的工作开始时，第一步便受到这种痛苦，因为民歌童谣不像载诸书册的诗词，它是村妇野老以土言土语吟咏出来的。听他们歌唱也很悦耳，但有时不懂歌的意思，要把歌词记下来，而没有相当的字能恰巧符合它的音意。求他们解释，但问答有时不能互相了解。再者一般的农夫牧童，虽然能唱歌谣，但多不识字，请他们把歌词写出来更不可能。往往为了仅仅四五句的短歌，费了不少的话和时间。"对于刘兆吉来说，歌谣的收集过程只能看作采风，为了赶路，没有更多的时间用在与当地人沟通上，也在情理之中。即便应用了国际音标进行记音，但西南方言唱的歌，有时也很难准确地找到相应的书面语一一对应进行转译。再加上沿途少数民族众多，民族语言各异，"在这次采集民歌的工作中，抱着最大的希望，而结果最感失望的，就是搜集苗歌的工作，在湘黔滇三省的旅程中，自湖南晃县，一直到昆明再至蒙自，到处都看见苗家同胞，经过了许多住有苗家的城镇村落，并且在黄平的皎沙村，在炉山县城，都曾与苗家举行过联欢，请他们歌舞多次，再者一路山坡田畔间也常听到一声两声的苗歌。可是因为语言不通，不易探访采录，所以在三千多里的旅途中，仅得苗歌两首。但是这并不能说苗歌根本就少。苗家唱歌是很普遍的。可说苗胞男女没有一个不会唱歌的，除非他是哑子。因为唱歌是他们男女恋爱的媒介。他们的'跳月'，即足以证明他们以歌舞择配佳偶的风气"[①]。虽然路途中经过不少民族村寨，但由于语言障碍，记录下来的少数民族歌谣却很少，采录到的大多是出自汉人之口的歌谣。从他们的调查过程来看，可见其悲喜交加的复杂心理，喜的是沿途中丰富多彩的民歌民谣，悲的是由于赶路时间紧迫和语言不通等原因，不能记录下这些民歌。刘兆吉坚持完成沿途的采集活动与闻一多对他的鼓励密不可分，当时的闻一多由于自己也参与

---

① 刘兆吉：《西南采风录》，商务印书馆1946年版，第192页。

民歌的采集活动，因此，能提出有针对性的建议，同时肯定民间歌谣的采集是非常重要和有意义的活动。刘兆吉回忆，"晚上在沿途山村农舍，临时住宿地，与他观赏、讨论搜集的民歌。闻先生与学生们同样席地而坐，在如豆的菜油灯下，他忘了一天走80多里山路的劳累，高兴地审阅我搜集的民歌"，称赞这些民歌"不但在民间文学方面有欣赏和研究价值，在语言学、社会学、民俗等方面也有参考价值。要编辑成书出版呀！不然就辜负了这些宝贵的材料"。[①] 正是有机会时时受到闻先生的指导和精神上的鼓励，刘兆吉才能完成数千首歌谣的采集。

《西南采风录》一书的价值也从多次的出版中得以体现，1976年，该书编入台湾著名民俗学家娄子匡主编的国立北京大学中国民俗学会民俗丛书第42册，由台湾东方文化书局出版。1991年台湾商务印书馆再版此书。在大陆，2000年上海商务印书馆再版，2003年编入《西南民族文献》第14卷由兰州大学出版社出版。

图 3-1　刘兆吉：《西南采风录》（商务印书馆1946年版）

[①] 闻黎明：《抗日战争与中国知识分子：西南联合大学的抗战轨迹》，社会科学文献出版社2009年版，第181页。

三 闻一多对民俗学知识的运用

闻一多在湘黔滇旅行团途中搜集的民俗学材料，虽然没有见到相关论著整理出版，但在《楚辞》及相关的研究，用民俗学材料进行论证的研究却比较普遍。

闻一多把对民歌的兴趣进一步扩大到了民俗领域，对民俗文化的关注，使他在楚辞方面的研究取得了重大的突破。他在《什么是〈九歌〉》的提纲中写道，"戏剧的起源/从生活中求/宗教生活"。① 戏剧起源于生活，宗教是人们生活中重要的一部分，也就是说，文学的研究离不开对生活的体验。《东皇太一考》则是利用神话传说、民族历史等知识相联，对伏羲的身世进行考证，得出中华民族同源性的结论。"不管是化生万物，或创造宇宙，总归得有一个先决条件，那便是，他必需是最首先出世的一个人。而伏羲，照真正原始的传说，应该是人类历史最初一页上的最初一个人物，人皇即伏羲。伏羲楚人为什么祭他呢？这是因为楚地本是苗族的原住地，楚人自北方移植到南方，征服了苗族，同时也征服了他们的宗教，因此伏羲是苗族传说中全人类共同的始祖。"② 闻一多以追溯上古文学来研究神话，到从故纸堆、从书斋中走出来，去探寻民间文学中的民族精神。

1945年，闻一多在《边疆人文》上发表了《说鱼》一文，以民歌民谣中的"隐语"为论证，指出"鱼"在民众生活中的功能及流行的地域与时间。据当时"边疆人文研究室"成员邢公畹回忆，"由于他对人类学、民俗学等社会科学怀有深厚的兴趣，所以，对南开大学边疆人文研究室一事，非常关心。日常见面，他总要对社会调查的内容、方法问长问短，极力主张出版刊物。他与研究室主任陶云逵教

---

① 闻一多：《什么是九歌提纲》，载《闻一多年谱长编》，湖北人民出版社1994年版，第623页。

② 闻一多：《东皇太一考》，载《神话与诗》，天津古籍出版社2008年版，第174—179页。

授成为过甚密的知交。当《边疆人文》向他约稿时，他欣然应允"①。基于对民俗学等学科的兴趣而写的这篇文章，民俗事项与民歌的结合论证是其特色，文中也对应用的材料进行了说明，"时代至少从周到今天，地域从黄河流域到珠江流域，民族至少包括汉、苗、傜、僮，作品的种类有筮辞、故事、民间的歌曲，和文人的诗词"。② 为了说明"鲤鱼"指书函，论证书函刻成鱼的形状以象征爱情，他列举安南情歌、黑苗情歌、昆明民歌、会泽民歌、寻甸民歌等不同地域不同民族的近三十多首民歌，最终出现在全文中的民歌达到近六十多首，而且不少的民歌都是闻一多采录于昆明周边的民族和地区。闻一多曾在《西南采风录》的序中提到，"总想下番工夫把民歌好好整理一下，但由于一再因事耽延，不能实现"。写这篇序的时间是1939年，到发表《说鱼》一文时差不多有六年的时间，也就是说，他到昆明后一直都在关注民间文学，并身体力行地收集整理相关资料。闻一多引用古典文献材料和大量的近世歌谣来说明，鱼是象征配偶，这与人们的婚俗观有关。"在原始人的观念里，婚姻是人生第一大事，而传种是婚姻的唯一目的，而鱼是一种繁殖能力较强的一种生物，把人比作鱼是等于恭维他是最好的人，青年男女称对方为鱼，那等于说：'你是我最理想的配偶！'现在浙东婚俗，新妇出轿门时，以铜钱撒地，谓之'鲤鱼撒子'，便是这观念最好的说明。《寻甸民歌》'鲤鱼摆子'，也暴露了同样的意识。"③ 这篇文章中对各地民俗的应用，也可见闻一多对民俗文化的认可和学术研究上的转变。易社强认为，"闻一多抵达昆明后，由20世纪20年代的浪漫诗人，转变成30年代的古典学者，在昆明他把大部分精力用于文字学研究。在研究《诗经》《楚辞》《易经》《庄子》和《管子集校》等中国古代诗歌、散文和哲学著作时，他别出心裁，新见迭出。后来，对古诗的兴趣引导

---

① 邢公畹：《抗战时期的南开大学边疆人文研究室——兼忆关心边疆人文研究的几位师友》，载南开大学校史研究室编《联大岁月与边疆人文》，南开大学出版社2004年版，第366页。
② 闻一多：《说鱼》，《边疆人文》1945年第2卷第3、4期合刊。
③ 闻一多：《说鱼》，《边疆人文》1945年第2卷第3、4期合刊。

转向研究社会、风俗和神话。战时的经历促使他从更广阔的历史学、文字学和社会学的角度解释古代传说,尤其是屈原的传说。"① 虽然"五四"以来,在走向民间的呼声下,北京大学开展了歌谣运动,但对古典文学顶礼膜拜的闻一多,能够对民间文学如此看重,实在是抗战时期他思想的一大转变。《说鱼》一文以中国古代文献和各少数民族民歌相结合的研究,是闻一多关注民间倾向的标志之一。

中华文明源远流长,但有系统性的神话却不多,其原因,鲁迅的《中国小说史略》一书中认为,"中国神话之所以仅存零星者,说者谓有二故:一者华土之民,先居黄河流域,颇乏天惠,其生也勤,故重实际而黜玄想,不更能集古传而成大文。二者孔子出,以修身齐家治国平天下等实用为教,不欲言鬼神,太古荒唐之说,俱为儒者所不道,故其后不特无所光大,而又有散亡"。② 因此,在神话研究方面没有引起当时知识分子的重视。闻一多以伏羲女娲神话开启了中国神话的研究,他知识渊博,具有深厚的古文功底,无论参照古籍文献进行族源追溯,还是以少数民族活态神话为基础,对比较神话研究都具有开创性。朱自清先生曾说:"闻先生研究伏羲的故事或神话,是将这神话跟人们的生活打成一片;神话不是空想,不是娱乐,而是人民的生命欲和生活力的表现。这是生死存亡的消息,是人与自然斗争的记录,非同小可。"③ 闻一多力图用民俗学的眼光来研究神话,从神话叙述中让中国各少数民族知其同源性,以达到激发民众的民族主义情怀。

中国自古以来,龙在我国民众的心理意识上,起到不可估量的影响。在西南地区的许多民族的口头文学作品中龙的形象多姿多彩,对龙的祭拜仪式也多种多样,这是一种巧合,还是文化交流的原因。从古老的风俗中保存了大量的神话传说来看,端午节一般民众都认为是

---

① 易社强:《战争与革命中的西南联大》,传记文学出版社股份有限公司2010年版,第145页。
② 鲁迅:《中国小说史略》,东方出版社1996年版,第12页。
③ 朱自清:《中国学术的大损失——悼闻一多先生》,载《闻一多纪念文集》,生活·读书·新知三联书店1980年版,第65页。

纪念屈原，闻一多在对龙图腾考证的基础上，发现端午节的渊源比屈原要古老得多。作为中国传统节日的端午节，它的起源、发展和演变，为何与屈原有关，这些民众关心的疑问，闻一多通过《端午考》一文进行了论述。端午的习俗主要有两项活动，一是赛龙舟，二是吃粽子。通过文献考据，闻一多认为端午与龙神话传说有关，甚至可以看成是龙的节日，这又与图腾的崇拜相联。在《伏羲考》中，他对龙图腾崇拜方式作了详细的考证，认为"图腾是那一图腾团族的老祖宗，为了引起老祖宗的注意，最好是不时在老祖宗面前演习本图腾的特殊姿态、动作与声调，以便提醒老祖宗的记忆。另一种提醒老祖宗记忆的方式是在装饰上表现出本图腾的特殊形相，古越人断发纹身的古俗就是为了表明自己是龙之子孙的身份"。[①] 与断发纹身相类似的端午风俗彩丝系臂，已代代相传至今，但对龙舟，只是由身体的装饰转变为仪式形式。闻一多首次提出的端午节日习俗与图腾崇拜的关系，改变了国人对端午节来源的看法，开创了节日与图腾研究的先河，这种研究思路引起后来节日研究者的效仿。

民俗学能引起闻一多关注的一个重要原因，是他具有的民族意识和爱国主义热情，并确信从民歌、神话、民间习俗中可以找到民族凝聚力。闻一多的神话研究不单纯是一项学术研究，更多地体现了通过神话来寻找民族共同的记忆。在研究方法上，他吸收了考古学和民俗学等学科的理论成果，与传统文献相结合实现对神话学研究的新突破。《伏羲考》体现闻一多思想和运用综合研究最为典型的著述。1942年5月，也就是闻一多潜心写作《伏羲考》的那段日子，他应邀为云南省地方行政干部训练团作了一场题为"神话及中国文化"的讲演。现存闻氏手稿中，有一份题为"神话与古代文化"的提纲，从内容上看，很可能与这次讲演有关[②]。演讲题目虽然是"神话与古代文化"，但在"导言"却重点介绍了历史教育与民族意识。1942年

---

① 闻一多：《伏羲考》，载《神话与诗》，天津古籍出版社2008年版，第22页。
② 闻黎明、侯菊坤：《闻一多年谱长编》，湖北人民出版社1994年版，第634—637页。

11月6日，西南联合大学国文学会和历史学会联合举办的文史讲座，第一讲为闻一多《伏羲的传说》。① 1942年12月在昆明《人文科学学报》发表了《从人首蛇身像谈到龙与图腾》。以上这些都是闻一多对《伏羲考》前期的思考，可见闻一多通过龙图腾建构出龙与中国历史、文化、民族认同，民族情感的关联。《伏羲考》开篇就是"关于二人关系的种种说法"，从文献记载来看，有兄弟说、兄妹说，出现得最晚的夫妻说。闻一多从西南少数民族的传说中，认为"兄妹配偶"便是伏羲、女娲故事的最原始的轮廓，他从神话传说中得到线索，复原这一神话。他写道，"二人究竟是兄妹，或是夫妇，在旧式学者的观念里，还是一个可以争辩的问题，直至最近，人类学报告了一个惊人的消息，说到许多边疆和邻近民族的传说中，伏羲、女娲原是兄妹为夫妇的一对人类的始祖，于是上面所谓可以争辩的问题，才因根本失却争辩价值而告解决了"。总之，"兄妹配偶"是伏羲、女娲传说的最基本的轮廓，而这轮廓在文献中早被拆毁，它的复原是靠新兴的考古学，尤其是人类学的努力才得完成。② 从以上论述可以看出，闻一多对伏羲女娲亲属关系的研究，前期主要依据古典文献，后转变为重视考古学和民俗学的材料研究。无论参照古籍文献进行族源追溯，还是以少数民族活态神话为基础取古证今，其目的是希望在治学的过程中能寻找到新的方法。文中对采集于少数民族地区的49个兄妹洪水神话进行比较分析，关注境外民族的神话，虽然他是引用芮逸夫的资料，但这种研究方法，特别是神话的比较研究是非常值得借鉴的，因为中国西南民族大多都是跨境民族，如云南的傣族、德昂族、傈僳族、怒族等也居住在东南亚或其他的国家，所以跨境民族的神话或其他民间文学体裁也应该作为研究的材料。同时在文献和活态神话的基础上，还引用了考古发掘而来的民间艺术方面的资料，如汉代画像石、唐代绢画、传统的插图等。从西南各少数民族流行的洪水

---

① 西南联合大学北京校友会编：《国立西南联合大学校史（修订本）——一九三七至一九四六年的北大、清华、南开》，北京大学出版社2006年版，第399页。

② 闻一多：《伏羲考》，载《神话与诗》，天津古籍出版社2008年版，第2页。

神话考证，伏羲女娲不仅是汉民族的祖先，更是中国少数民族的祖先，甚至是整个人类的先祖。运用古籍文献、考古资料、外文资料、民俗调查材料等综合研究，开创了神话研究的新境界，努力去实现古今材料的互证与结合，他说，"我走的不是那些名流学者、国学权威底路子。他们死咬定一个字、一个词大做文章。我是把古书放在古代人类的生活范围里去研究，站在民俗学的立场，用历史神话去解释古籍"。① 可见，闻一多的神话研究是一种实事求是的态度，运用民俗学的学科理念，探寻中国文化源头，挖掘中国文化中蕴含的共同民族精神，表现出强烈的使命感和对现实的关怀。

闻一多凭借深厚的国学功底，从先秦诸子到《楚辞》，从《山海经》到《汉书》《后汉书》等文献中寻找图腾崇拜物在古人心中的痕迹，并提出"神话是荒古时代的图腾主义的遗迹"。这种图腾遗迹，不是进入文明社会后，它便完全销声匿迹，而是通过一系列的演变，在人们生活中以更加煊赫的身份表现出来，闻一多对图腾作了充分的论述和分析。"龙是一种图腾，并且是只存在于图腾中而不存在于生物界的一种虚拟的生物，因为它是由许多不同的图腾糅合成一种综合体。图腾有动物，有植物，也有无生物，但最习见的还是动物。同一图腾的分子都自认为这图腾的子孙。凡图腾都是那一图腾团族的老祖宗，也是他们的监护神和防卫者。它给他们代给食物，驱除灾祸，给他们预言以指导他们趋吉避凶。并通过断发纹身等宗教行为得到图腾的保护。龙图腾兼并了许多旁的图腾，形成一个综合式的虚构的生物。这综合式的龙图腾团族所包括的单位，大概就是古代所谓"诸夏，和至少与他们同姓的若干夷狄。"② 闻一多认为不仅原古风姓的伏羲氏族，而且与夏同姓的共工、祝融、黄帝、苗族、匈奴，都与夏具有同源性，是龙的子孙。高丙中认为，"民俗学与民族主义思潮之间的联系与互动根本就是与生俱来的：一方面，民族意识促使人们去弘扬民间文化；另一方面，对民间文化的广泛认同又促进了民族认同。在民俗学诞生

---

① 陈凝：《闻一多传》，民享出版社1947年版，第3页。
② 闻一多：《伏羲考》，载《神话与诗》，天津古籍出版社2008年版，第12—26页。

之初，这一点体现得尤其明显，在德国、在芬兰、在英国莫不如此"①。闻一多《伏羲考》一文明显体现出了强烈的民族主义情怀，也就是抗日战争背景下的民族团结意识和图腾主义建构下的民族凝聚力。

闻一多对民间文艺方面的重视不仅体现在自己的研究，并且还希望引起更多的人来关注，参与到民俗资料的收集整理工作中来。1941年春季，闻一多给西南联大文学院中国文学系文学组四年级讲授"古代神话"。② 1942年5月6日，闻一多应邀为云南省地方行政干部训练团讲"神话及中国文化"，③ 从闻一多所授的课程和讲座内容来看，他对神话学的发展起到了促进的作用。在《神话与中国文化》演讲提纲中，提出"用考古学和民俗学两种新旧材料融合的研究方法去发现事实"。对于"神话与古代民俗"的关系，他倡导把神话研究纳入民俗生活，从中国文化中寻求民族意识的统一性。神话是活态的文化传承，自然不能只注重古典文献而无视生活。在抗战的大背景下，闻一多从神话中寻找民族记忆，希望更多的学者去发现身边的活态神话，把神话与生活中的民俗相连，从西南各少数民族神话中探求中华民族的同源性。

1946年5月，闻一多在昆明亲自参与指导了一台彝族歌舞演出，把不被外人所识的少数民族民间艺术搬上了大众的舞台，让更多的人认识、了解少数民族的民间歌舞。起因是联大剧艺社负责人王松声和中山中学学生毕恒光到路南县圭山乡去服务，看到热情奔放的彝族歌舞，产生了组织彝族演出队到昆明演出的想法，二人去拜访闻一多想得到他的支持，基于对民间文化的重视，他认真听了二人建议后大为赞同，并积极去争取文化界人士的支持。5月19日晚第一次招待演出在昆明，出席的有新闻、教育文化、艺术等各界三千余人。演出团带来了二十多个节目，有象征战争的《跳叉》《跳鳞甲》《霸王鞭》

---

① 高丙中：《民俗文化与民俗生活》，中国社会科学出版社1994年版，第118—122页。
② 北京大学、清华大学、南开大学、云南师范大学编：《国立西南联合大学史料（三）教学、科研卷》，云南教育出版社1998年版，第205页。
③ 闻黎明、侯菊坤：《闻一多年谱长编》，湖北人民出版社1994年版，第643页。

等，有表现爱情的《阿细跳月》《阿细先鸡》《大箫》《一窝蜂》等，有哀悼战士的《葫芦笙》，有反映娱乐的《架子锣》《三串花》《猴子搬包谷》《拜堂乐》等。演出完毕后闻一多提出了许多宝贵的意见。24日，正式演出时，他更是带领全家去观看。演出非常成功，昆明各大报纸纷纷报道演出情况，《时代评论》出版了评论专集，刊登了闻一多的演出题词："从这些艺术形象中，我们认识了这民族的无限丰富的生命力。为什么要用生活的折磨来消耗它？为什么不让它给我们的文化增加更多样的光辉？评论专集上还刊登了楚图南的《劳动民族的健壮的乐歌和舞蹈》、徐嘉瑞的《圭山的彝族歌舞》、费孝通的《让艺术在人民中成长》等。他们为彝族民间音乐舞蹈有史以来第一次登上大雅之堂，给予热情的赞扬。演出期间，先生还参加了联大文艺社在北门书屋组织的一次文艺问题讨论会，实际上是学习毛泽东的《在延安文艺座谈会上的讲话》。"① 在闻一多的努力下，文化界对这台歌舞给予了高度的重视和极好的评价，起到宣传少数民族民间艺术的目的。他亲自指导土著歌舞，也再一次受到了来自少数民族民间艺术的滋养，并提出让这些来自少数民族地区的民间艺术保留下来，以丰富中华民族文化。运用民俗学使闻一多的文献考据取得重大的突破，他从各民族的民间文艺中看到相通之处，把这种相通运用于古代神话和文学研究中。他从彝族歌舞中领悟到的是两千多年前楚国演出《九歌》的盛况，据文献考证，《九歌》是楚人祭祀天神时表演的宗教歌舞，他对《九歌》的研究早有涉及，发表了《什么是九歌》《怎样读九歌》《九歌的结构》等论文。从民俗学视角去解释民间信仰，从神话中去研究民间信仰的神，写出了《东皇太一考》《司命考》等文。之前他想把《九歌》祭天仪式还原为歌舞剧的愿望一直萦绕心头，是彝族歌舞给他带来了灵感，彝族歌舞中，闻一多看到了古人的生活习俗。在演出结束后的几天内，他就完成了《〈九歌〉古歌舞剧悬解》的剧本。彝族民歌大多是歌唱恋情的，形式是一男一女对唱，这也是《悬解》的剧本的基本结构。彝族歌舞中表现战争的

---

① 闻黎明、侯菊坤：《闻一多年谱长编》，湖北人民出版社1994年版，第1029—1031页。

《跳叉》《跳鳞甲》《霸王鞭》等歌舞场面，也在《悬解》剧本中找到痕迹，如，为庆祝胜利并哀悼国殇，手拿着武器和钲鼓，环绕着死者尸体，举行与撒尼人跳鼓似的舞蹈。在闻一多看来，少数民族艺术不仅有审美价值，还有助于中国古代文学的研究。

在抗战时期，闻一多的研究走出书斋和故纸堆，走进广阔的田野，湘黔滇之行的采风问俗经历引起了他对民俗学的兴趣，使他的学术研究内容远远超出了一般训诂考据的陈规局限。同时，在这个特殊的时期，他对民俗文化的运用是为了向国人强调中华各民族的同源性，强调共同的血缘性，以倡导全民一心共同抗日。

第二节 边疆人文研究室的民俗调查

边疆人文研究室是西南联合大学对云南少数民族民俗调查的一个重要机构，研究室成员走进偏远的少数民族村落开展广泛的调查，并发行了具有影响力的《边疆人文》期刊。

一 边疆人文研究室的创建过程

边疆人文研究室的全称为南开大学文科研究所边疆人文研究室，边疆人文研究室是时代孕育下的产物。抗战以前，北京大学和南开大学都未设有社会学系，只有清华大学设有社会学系，长沙临时大学时期，社会学系与历史学系合并为历史社会学系，属文学院。1940 年 6 月社会学系与历史学系分别独立成系，由陈达教授任社会学系系主任，仍属文学院；1941 年起改属法商学院。1943 年 8 月，陈达辞去系主任之职，由潘光旦教授继任，直到三校复员。其间仅 1945 年 9 月，因潘光旦赴渝，由吴泽霖暂代。①

20 世纪 40 年代初期，随着战争局势的不断恶化，除西北、西南地区外，中国的半壁江山成为沦陷区。西南地区，特别是西南边陲的

---

① 西南联合大学北京校友会编：《国立西南联合大学校史（修订本）——一九三七至一九四六年的北大、清华、南开》，北京大学出版社 2006 年版，第 239 页。

第三章　西南联大学者的民俗调查

云南，以拥有滇缅公路、滇越铁路而成为连接国际交通的主要区域。介于云南特殊的地理位置，云南政府计划再修筑一条由滇南的石屏通往佛海（今云南勐海）的省内铁路，以便连接滇越铁路。与此同时决定提供一笔专款，委托一个学术机构，调查铁路沿线的社会经济、民风民情、语言文化等方面的情况，以供修筑铁路过程中参考与应用。据研究室成员邢公畹回忆：

> 南开大学的黄钰生（子坚）教授和冯柳猗教授在云南社会贤达缪云台先生的支持下，取得了石佛铁路的委托与经费，便决定乘这个机会创办一个边疆人文研究室。一方面为石佛铁路的修筑做有益的工作，另一方面为南开大学创办一个人文科学的研究室，开辟一个科研阵地。①

1942年6月，在黄钰生和冯文潜等人的积极筹备下，南开大学边疆人文研究室成立，聘陶云逵教授为研究室主任，主持研究室的工作。成员有中央研究院历史语言研究所转入的邢公畹，相继加入的还有西南联大毕业生黎国彬、黎宗巘，北大文科研究所的毕业生高华年等人，几位年轻人的加入为边疆人文研究室注入了学术的活力。《南开大学文学院边疆人文研究室章程》②中规定，以实地调查为途径，分为边疆语言、人类学（包括社会人类学及体质人类学）、人文地理、边疆教育四组。研究室对研究计划与工作步骤做了周密的安排。参见《南开大学文学院边疆人文研究室研究计划与工作步骤》：③

一、根据已有之文献于边区中选择几个关键区域，作抽样

---

① 邢公畹：《抗战时期的南开大学边疆人文研究室——兼忆关心边疆人文研究室的几位师友》，载南开大学校史研究室编《联大岁月与边疆人文》，南开大学出版社2004年版，第384页。
② 北京大学、清华大学、南开大学、云南师范大学编：《国立西南联合大学史料（三）教学、科研卷》，云南教育出版社1998年版，第584页。
③ 北京大学、清华大学、南开大学、云南师范大学编：《国立西南联合大学史料（三）教学、科研卷》，云南教育出版社1998年版，第584—586页。

调查。

二、于选定之区域内作初步普遍调查，计有下列问题：

甲、本社区内之人口调查，及主要人群，及各种杂居人群之分布，及其各别人口。

乙、本社区之物质，或自然环境与社会，或人文环境之调查。

丙、本社区内主要人群之文化概况（包括亲族组织、社会团结形式、政治制度、经济与技术方式、法律机构、教育制度、宗教与语言并衣食住用等物质生活）。

丁、本社区内之主要人群与区内少数及区外邻近他语人群之社会关系及他语人群对主要人群在各方面之影响。

三、本社区内边疆教育之专门调查与研究，计有下列问题：

甲、本社区内主要人群及少数杂居人群之教育制度、内容、机构之调查（注重各人群教育制度彼此之影响及人格之过程）。

乙、本社区内主要人群之教育制度之特殊深入调查与研究，计有以下各问题：制度（理念，知识，传授与接受机构）

（1）场所：家庭、学校、各职业与宗教团体之所在地及娱乐场合。

（2）时期：年数、月数、日数、季候与期律。

（3）方式：个人、团体、公开、秘密、年龄、男女同学、男女分学等。

（4）媒介：口述、文字、行为、神示、梦悟等。

（5）仪式：入学、考试、升学、毕业及其社会功用。

（6）名分：各别知识、理念之传授与接受者名分与社会地位。

内容（即教材）

（1）狭义的或意识的教育内容。

（2）广义的或非意识的教育内容（按，自另一观点言之，即其社会的一切生活样法与文物制度）。

丙、本社区内之政府的或近代化的教育制度与概况（包括所设立的近代化之学校之数目、编制、学生、教师、经费、设备、

第三章 西南联大学者的民俗调查 121

课程、训导等），及其对本社区内原有之教育制度及个人人格并文化各方面之影响。

丁、本社区内主要人群中各类型人物对近代化之教育制度与内容在态度上及行为上之反应（包括消极的批评、抗拒，与积极的建议与力行）。

戊、在原有教育制度，或近代化教育制度，或兼在两种制度下所陶铸之各年龄、各阶级之分子，对宇宙及人生的态度上、行为上的反应或研究。

四、改进原有教育制度与内容之可能策略与途径，以及此改进策略施行后，对此边区人群之各人的思想态度、行为上并其整个文化上之可能发生之影响。

从这份调查计划来看，可以看作是民俗志的收集整理计划，涉及当地人们生活的各个方面。内容包括传统教育、民间口头传统、社会组织、民间信仰、民间手工艺等内容。

在研究室章程和计划的指导下，同仁们很快就进入到田野，开始了有计划的调查工作。从1942年7月至1945年，研究室成员对修路计划经过的沿途地区开展了走访调查，《边疆人文研究室调查工作表》对此次的工作作了详细的计划。①

表3-1　　　　　　　　　　工作计划

号次	地点	人员	调查范围	时期	报告名称
1	贵州定番（惠水）县	邢庆兰	仲家语言	1942年6—7月	远羊寨仲歌记音*
2	云南新平杨武坝	陶云逵 高华年 黎宗瓛	纳苏宗教与巫术 纳苏语言 窝尼语言 杨武街汉夷互市	1942年7—9月	大寨黑夷之宗教与巫术 鲁魁山纳苏语罗吕窝尼语 杨武街子研究

---

① 北京大学、清华大学、南开大学、云南师范大学编：《国立西南联合大学史料（三）教学、科研卷》，云南教育出版社1998年版，第587—588页。

续表

号次	地点	人员	调查范围	时期	报告名称
3	云南罗平	邢庆兰	仲家语言	1942年7—8月	罗平水户语
4	云南新平、元江县属红河上游摆夷区	黎国彬	红河上游摆夷地理环境	1942年7—10月	红河上游摆夷地理环境
5	云南新平、元江	邢庆兰	摆夷倮倮语言及文字	1943年1—7月	漠沙花腰摆夷语 元江水摆夷语 三码头红倮倮语言及文字 天宝山黑夷语
6	云南车里、佛海	黎国彬	车佛茶叶	1943年1—11月	车佛茶叶与各部族之经济关系
7	云南峨山	高华年 袁家骅	峨山苗语 峨山窝尼语	1943年8—10月	莫石村青苗语 峨山窝尼语
8	云南路南	高华年	路南白倮倮	1945年7—9月	路南白倮倮语
9	昆明核桃箐村	高华年	昆明附近核桃箐村黑夷语	1940年9—12月	黑夷语法* 黑夷语中汉语借词研究* 黑夷故事与词汇

（凡报告旁有＊号者，已在本室出版）

从以上调查报告来看，调查内容有宗教信仰、民间故事、地理环境、经济状态等各方面。

调查组成员从昆明出发，经玉溪、峨山、新平、元江、车里（景洪）、佛海（勐海）等地，对沿途的哈尼族、彝族、苗族、傣族等少数民族的语言民俗、民间信仰、社会经济、地理等进行调查。抗战时期的云南少数民族地区，调查工作危险艰苦，各种各样的热带病流行，民众对调查工作不理解，社会治安没有保障，路上还要准备跟土匪交手，甚至有丢失性命的危险。黎国彬描述在红河上游调查流行疾病扩散，人人自危，当时他自己已传染上了热带病，幸亏传教士相救，才得于保命。"在磨沙这个危险的地方，半个月中，就有35人死于斑疹伤寒，十多人死于霍乱和疟疾等疾病。人们怎能不受罪就离开那个地方？余记得，在嫩加时有一天晚上，余听说有一个六口之家，有父亲、母亲，女儿和儿子，还有姨妈和她的丈夫。他们家住在村子另一头，儿子在晚上8点死了，父亲2个小时后也去世，母亲在黎明时死了。姨妈第二天上午9点也死了。全村一片惶恐。姨妈的丈夫疯了，锁上门疯狂跑出村子，跳进红河，一去不复返。真是太可怕了！疟疾、霍乱、斑疹伤寒和痢疾在这些地区到处肆虐。"① 当时的调查困难重重，甚至威胁到生命，调查工作能按计划顺利进行，并产生了一批高质量的研究成果实属不易。

陶云逵调查新平县彝族的民间信仰和社会组织；邢公畹在新平、元江的傣族、彝族的地区搜集、记录、整理了大量口头故事和当地习俗；高华年在调查新平彝族的语言和文学的同时，还对民间信仰和人生礼俗进行深入的调查；袁家骅调查峨山窝尼语时收集了不少的民间故事；黎国彬在车里调查当地少数民族的生产、贸易、经济、人文和地理等。调查者除了收集丰富的调查材料外，还注重民俗文物的收集，在民间收集到的有宗教经书、宗教用品、生产生活用具品、少数民族服饰等。这次综合性的大调查，内容包括语言学、民俗学、地理学、社会学、经济学等学科，对石佛铁路沿线少数民族的风土人情、生活水平、语言文化做了较为全面和深入的调查。

最终为石佛铁路提供的资料主要有：石佛沿线少数民族分布状况图表；铁路员工应用的语言手册和石佛铁路沿线社会经济调查报告等。1942年以云南省石佛铁路筹备委员会和西南边疆人文研究名义出版了一辑油印本。其内容包括：黎国彬《峨、新、元三县的糖业》《漠沙社会经济调查》《青龙厂社会经济调查》和黎宗瓛《杨武社会

---

① 《黎国彬致陶云逵函》，载南开大学校史研究室编《联大岁月与边疆人文》，南开大学出版社2004年版，第493页。

经济概况》四篇调查报告。① 在研究室同仁的努力下，调查研究成果受到社会各界的好评。西南联大常务委员张伯苓称赞有关工作报告"内容详实，蔚为大观，望继续努力，俾能对于我国文化多有所贡献"。② 边疆人文研究室的成员以不怕困难的实干精神，出色地完成了文人学术报国的任务。

边疆人文研究室取得的成就，与西南联合大学为研究者提供研究的后备支持是分不开的。据邢公畹回忆："陶云逵是西南联大社会学系的教授。我虽然是由南开大学从中央研究院历史语言研究所聘约的，但是，西南联大同样给我颁发了聘书。我除去担任研究室的任务之外，也在中文系任教，由西南联大给我薪金、住房等。虽然西南联大对于开展科研工作没有什么明文规定，但是，科研与教学并重这种默契，确乎给予了三校开展科研的方便条件。如果当时南开大学研究人员没有联大的人事工薪关系，单靠石佛铁路筹委会提供的区区调查费，南开大学还是难以创办一个研究室的。"③

二 《边疆人文》期刊与民俗研究

边疆人文研究室成员不多，由陶云逵、邢公畹、黎宗瓛、赖才澄、高华年、黎国彬等组成，大多都是青年人，平均年龄不足三十岁，他们都来自研究所或大学。高华年是北大文科研究所的研究生，黎国彬是陶云逵的得意门生，攻习过社会学、经济地理和人类学等社会学科。他们都受过专业的学术训练，治学严谨，具有刻苦钻研的精神，在田野调查中很快就有新的体会和学术成果反馈。在物资匮乏的抗战时期，学术刊物的发行量有限，出版商大多都不愿接手专业性强的学术期刊，这类刊物一般都是不赚钱的买卖，研究室也没有更多的

---

① 李列：《民族想像与学术选择——彝族研究现代学术的建立》，人民出版社 2006 年版，第 237 页。

② 《张伯苓致冯文潜函》，载南开大学校史研究室编《联大岁月与边疆人文》，南开大学出版社 2004 年版，第 496 页。

③ 邢公畹：《抗战时期的南开大学边疆人文研究室——兼忆关心边疆人文研究的几位师友》，载南开大学校史研究室编《联大岁月与边疆人文》，南开大学出版社 2004 年版，第 359 页。

资金支持发行刊物,看着研究室成员来之不易具有学术价值的调查报告、文稿都一沓沓地搁置起来,研究室主任陶云逵决定带领成员们以油印书刊的方式出版研究成果。

  边疆人文研究室成员利用课余时间自己裁纸、调墨、动手油印,经过大家的努力,第一期《边疆人文》在1943年9月面世,原来打算只作为内部交流的材料,没想到受到学术界不少名家的重视。第一卷第一期只发表了研究室成员陶云逵和邢公畹的两篇文章,第一卷第三、四合刊时,刊物的影响力大增,在学术界有声望的学者开始向《边疆人文》投稿,先后发表了著名语言学家罗常培的《论藏缅族的父子连名制》、闻一多的《说鱼》、向达的《瞰青阁识小录》等。除此之外,还有来自青年学者的高质量论文,如马学良对彝族民间信仰的田野调查成果,张清常对边疆民歌的研究等。

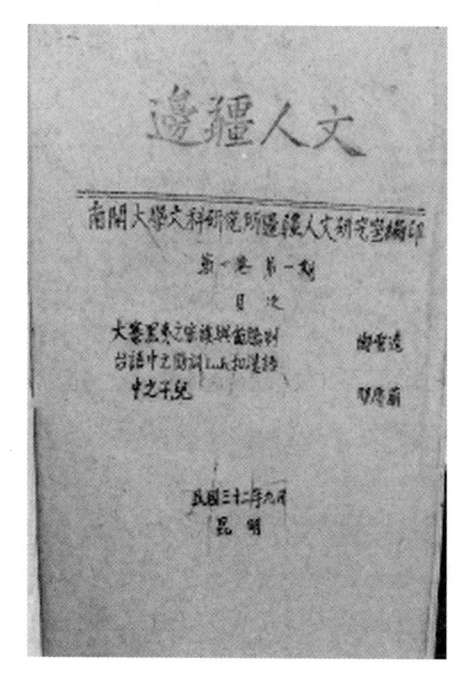

图3-2 《边疆人文》

云南民族众多，语言文化迥异，当年五六个学者，为了实现一番学术报国的理想，坚守一份学术志业，深入边陲，考察风土，记录边疆少数民族的风土人情、语言文化等。他们沿途搜集、记述、绘制、拍摄了丰富而又珍贵的图片，这些成绩足应在中国学术史上留下浓重的一笔。然而，由于研究室主任陶云逵逝世，抗战胜利后研究室随校返津后远离田野调查点等原因，边疆人文研究室对边疆的研究工作没有持续下去。从目前出版的材料来看，研究室成员有大量的调查资料被封存在了历史的记忆里，没有得到及时的整理，或已遗失，这不得不说是一种遗憾。

边疆人文研究室主任陶云逵殁后，由冯文潜兼任研究室主任，《边疆人文》按期出版。但急需聘请专业人士加入，1944年2月，在罗常培的推荐下，冯文潜和邢公畹商讨后决定去函聘约中央研究院历史语言研究所的芮逸夫为边疆人文研究室主任，并去函征求史语所所长傅斯年的意见，征得芮逸夫同意的前提下，傅斯年答应芮逸夫借聘到南开一年半。[①] 到1944年6月，傅斯年和芮逸夫都曾写信给罗常培和冯文潜，谈到由于种种原因芮逸夫不能来边疆人文研究室工作。[②] 对边疆人文研究室来说，无疑是非常遗憾的事。

这些学者的艰苦工作并非仅仅出于学术的热情，还体现了他们爱国救国的激情。在谈及其间调查工作的意义时，陶云逵曾在1942年8

---

① 《傅斯年致冯文潜、罗常培函》，载南开大学校史研究室编《联大岁月与边疆人文》，南开大学出版社2004年版，第499页。

② 傅斯年分述了芮逸夫不能来昆的原因：一、逸夫兄之家情形。逸夫家口众多（母、妻、三子女），如到联大，虽收入稍多，然亦增彼一人之用处，在此固荣子一文不用也，故算来感拮据。若在昆明更要一事，固不论在联大有无不便，其身份亦支持不住。若联大为私学校，此事即好办矣。彼之旅费若仍须扣，更无须自己也。二、逸夫兄近日身体极不好，他在弟赴重庆时，已闹痔疮脱肛之事（二月末），其神经衰弱则自去年始，今更加剧，时时觉头门刺痛。弟劝其完全休养一时，目下敝所闹此事有乐焕、李光涛并逸夫兄而三人矣。三人各不同，而神经衰弱、脑痛则一也。弟近觉此事甚可关心，已劝其赴成都就医，彼尚未允。三、他家口既众多，自须人照料，他若不在，固可以一部分托朋友，究非朋友尽办也。有此各种情形，弟觉如此时勉强逸夫兄上道，颇为不情。《傅斯年致冯文潜、罗常培函》，载南开大学校史研究室编《联大岁月与边疆人文》，南开大学出版社2004年版，第503页。

月给南开大学冯文潜教授的信中说:"不来边疆不知边疆问题之严重,磨沙至元江之摆夷村对泰国已有羡慕之思,而思茅已有摆夷自设傣语新式学校。无论从学术,从实际政治,边疆工作实不容缓。"[1] 这里表现出来的忧患意识和历史警醒意识正是知识分子把学术研究同国家、民族命运联系起来的真实写照。

《边疆人文》分为甲、乙两种。甲种为语言人类学专刊,先后出了三集,分别是邢庆兰(邢公畹)《远羊寨仲歌记音》、高华年《黑夷语中汉语借词研究》和《黑夷语法》。乙种是双月刊,从1943年到1947年共出版了四卷,在昆明出版了前三卷后,在《边疆人文》第三卷三四合期上刊登启事:"近以迁校反津,本刊在昆明所出者截止于第三卷第六期,自第四卷起,开始在天津出版。"1947年12月《边疆人文》第四卷也是最后一期在天津出版,这也是唯一用铅印出版的一期,在昆明出版的前三卷都是油印本。共发表文章41篇。其中有关民俗学研究的有25篇,占总数的61%。有关民俗调查的篇目见表3-2:

表3-2　　　　　　　　　有关民俗调查的篇目

论文名称	作者	发表时间
《大寨黑夷之宗教与图腾制》	陶云逵	第1卷第1期,1943年9月
《西南部族之鸡骨卜》	陶云逵	第1卷第2期,1943年11月
《论藏缅族的父子连名制》	罗常培	第1卷第3、4期合刊,1944年3月
《由我国内地民歌说到边疆歌谣调查》	张清常	第1卷第3、4期合刊,1944年3月
《茶山歌》	罗常培	第1卷第5、6期合刊,1944年7月
《黑夷作斋礼俗及其与祖筒之关系》	马学良	第1卷第5、6期合刊,1944年7月
《论汉语借词与汉文化之传播》	高华年	第1卷第5、6期合刊,1944年7月

---

[1] 《陶云逵致冯文潜函》,载南开大学校史研究室编《联大岁月与边疆人文》,南开大学出版社2004年版,第497页。

续表

论文名称	作者	发表时间
《三论藏缅族的父子连名制》	罗常培	第2卷第1、2期合刊，1944年11月
《大理民家情歌记谱》	张清常	第2卷第1、2期合刊，1944年11月
《古人与帛叠说》	邢庆兰	第2卷第1、2期合刊，1944年11月
《路南夷属音乐序》	罗常培	第2卷第1、2期合刊，1944年11月
《说鱼》	闻一多	第2卷第3、4期合刊，1945年3月
《释蛮》	游国恩	第2卷第5、6期合刊，1945年7月
《大理民家情歌之韵律》	张清常	第2卷第5、6期合刊，1945年7月
《青苗婚嫁丧葬之礼俗》	高华年	第2卷第5、6期合刊，1945年7月
《广西瑶民三百六十皇书》	陈志良	第3卷第1、2期合刊，1945年12月
《七夕牛女故事的分析》	范宁	第3卷第3、4期合刊，1946年3月
《鲁魁山倮倮的巫术》	高华年	第3卷第3、4期合刊，1946年3月
《阿细情歌及其语言》	袁家骅	第3卷第5、6期合刊，1946年7月
《大理民家唱曲子的唱法》	张清常	第3卷第5、6期合刊，1946年7月
《敦煌石室所见董永董仲歌与红河上游摆夷所传借钱葬父故事》	邢庆兰	第3卷第5、6期合刊，1946年7月
《云冈石窟与域外艺术》	戴蕃豫	第4卷合刊，1947年12月
《倮译太上感应篇序》	马学良	第4卷合刊，1947年12月
《大理民家情歌中所见民家语与汉语的关系》	张清常	第4卷合刊，1947年12月
《摆夷的人文地理》	黎国彬	第4卷合刊，1947年12月

　　从以上篇目可以看出，少数民族民俗是学者们田野调查的重点，民间信仰方面的有陶云逵的《大寨黑夷之宗教与图腾制》《西南部族之鸡骨卜》；马学良的《黑夷作斋礼俗及其与祖筒之关系》《倮译太上感应篇序》；高华年的《青苗婚嫁丧葬之礼俗》《鲁魁山倮倮的巫

术》。其中《西南部族之鸡骨卜》是陶云逵非常有名的一篇调查报告，考察了西南地区鸡骨卜的起源与传播状态。材料来自陶云逵的田野调查和参考他人的田野材料，田野调查地及民族分别是：云南新平县鲁魁山大寨一带纳苏部族（黑夷）、同县赵米克寨纳苏族、云南澜沧县酒房寨阿卡部族、四川栗波昭觉两县金□□□支阿庄支恩扎支布兹支之黑夷、云南新平县漠沙乡花腰摆夷、云南峨山县化念乡青苗、云南武定禄勒黑夷、云南元江大羊街车库寨查窝、云南耿马县和澜沧县的卡瓦山之卡瓦人。从地理上看鸡骨卜主要分布在川滇两省，从语系来看主要是西南的三大部族。语言学家罗常培对此文给予高度的评价，"综合堪究胜义殊多"。[1] 从学术价值的角度，现代学者对此文评价时认为，"是对主客二元关系的观念图式的研究，关注的是人的精神世界的本质问题，无论在当时还是在今日，其创新之处和研究水准都不可忽视。只是长期以来学界对将德国民族学简单等同于'传播论'的误解使我们未能充分发现其光彩"。[2] 从占卜习俗来看，此文也是较早对西南地区占卜习俗进行调查研究的力作。

《边疆人文》发表论文比较多的另一主题是民歌的调查与研究。云南彝族的一个支系叫阿细人，他们的歌唱题材十分广泛，从开天辟地、人类起源到社会的形成都融入歌唱内容中，无论在田间地头、山林，还是在"公房"里，男女相遇都会激发他们的灵感相互对唱。1942 年流亡缅甸的光未然回到云南，在路南县一所中学谋得教员的职位，他根据彝族青年毕荣亮的演述，记录整理了长期流传在阿细人民间的长篇叙事诗《阿细的先鸡》，1944 年由昆明北门出版社出版。1953 年再版时改名为《阿细人的歌》由人民文学出版社出版。当时北京大学文科研究所语音乐律实验室的语言学家袁家骅也流亡到昆明，1945 年受邀到路南修县志时，看到光未然出版的《阿细的先鸡》后，找到了光未然调查时的同一个演述人——毕荣亮，用国际音标记

---

[1] 罗常培：《悼陶云逵教授》，《边政公论》1944 年第 3 卷第 9 期。
[2] 陶云逵著，杨清媚编：《车里摆夷之生命环：陶云逵历史人类学文选》，生活·读书·新知三联书店 2017 年版，第 51 页。

录了全部内容，同时在阿细人居住的几个村落进行更深入的调查和记录。袁家骅通过整理后，1946年在《边疆人文》第3卷5、6合期发表了《阿细情歌及其语言》一文，对于没有文字的阿细人，这些缠绵的情歌记录了他们的历史、情感、生活和性格。1953年《阿细民歌及其语言》以语言学专刊第五种由科学社出版发行。

图 3-3　光未然：《阿细的先鸡》（昆明北门出版社 1944 年版）

民间故事方面有范宁的《七夕牛女故事的分析》和邢庆兰（邢公畹）《敦煌石室所见董永董仲歌及红河上游摆夷所传借钱葬父故事》两则民间故事。《七夕牛女故事的分析》一文以南朝梁代宗懔《荆楚岁时记》中的牛郎织女传说为原始母题，运用古典文献，如刘向编撰古孝子传中的《董永》、晋代干宝的《搜神记》中的《毛衣女》、段成式《酉阳杂俎》；引用当时的学者如赵景深、常任侠、钟敬文、陈志良等人的论文资料作为论证；查阅了英国学者柯克女士等记录的《天鹅处女型故事》的基础上，把这类故事分为毛衣女郎型、乌鹊填河、山伯英台三种类型去探寻其故事的源头和七夕的起源。通过分析范宁认为，"楚怀王初置七夕，牛女故事产生至少是完成在汉代，汉代农业最发达，也就是封建社会最稳定的阶段，婚姻制度是家庭的基石，男耕女织夫唱妇随的社会把对偶婚认为是不能改变的。牛郎织女这则传说是维持对偶婚制的精神牧师"。[①] 从研究方法上来看，范宁受到当时历史地理学派的影响，力图广泛搜集故事异文，比较研究故事情节之差异，从地理上来确定故事最初的发源地和传播路线，探寻其原型。从材料的运用可见其知识渊博，运用古籍文献、考古资料、外文资料、民俗调查材料等进行综合性研究，开创了民间故事研究的新境界，实现古今材料的互证与结合。

第三节 陶云逵在滇的民俗调查

边疆人文研究室主任陶云逵，中国现代著名社会学家、人类学家，云南民俗文化研究的开拓者。江苏武进人，早年就读于天津南开中学高中部，1924年考入南开大学文科，1927年赴德国柏林大学和汉堡大学，师从欧洲人类学大师欧根·费雪尔（Eugen Fisher）攻读人类学，获博士学位。

一 抗战前的民族调查

1933年陶云逵学成回国，1934年在中央研究院历史语言研究所任编辑员。陶云逵不满于当时社会学研究空泛之论辩多于翔实之叙述，社会事实之引证又多取之舶来材料的现状，决心采用实地调查方法。正巧，同年10月，中央研究院历史语言研究所与云南省政府合作，组织滇缅边界未界定民族考察，中央研究院派陶云逵与同事凌纯声，研究员、技术员赵至诚、勇士衡到云南作民族调查。五年前杨成志立下的调查云南少数民族的宏愿，由陶云逵和凌纯声从滇南、滇北两路展开。陶云逵与赵至诚为一路，凌纯声和勇士衡搭档，自1934年秋至1936年春。东南及河口、麻栗坡、蒙自、金平，南至普洱、

---

① 范宁：《七夕牛女故事分析》，《边疆人文》1946年第3卷第3、4合期。

澜沧、西至大理、腾冲、泸水、北至贡山、兰坪、鹤庆、丽江、维西等地，主要考察边民之生活习俗与社会，调查对象包括摆夷（傣族）、民家（白族）、麽些（纳西族）、倮倮（彝族）、倮黑（拉祜族）、傈僳、卡多和窝民（哈尼族）、扑拉（彝族支系）、茶山（景颇族）、崩龙（德昂族）、阿佤（佤族）等民族。调查中使用了照相机等先进仪器设备，调查者经过专业的学术训练，使这次调查有别于传统的采风活动。两组调查者都携带一些进口设备，陶云逵等则准备了人体、面部、头部测量尺、眼色表、皮色表、发色表、照相机、录音机等。① 这是他首次进入少数民族地区的田野调查，调查时间长达二年之久。为了调查独龙族纹面习俗，用细如线的溜索渡过澜沧江、怒江，来到贡山一带独龙族聚居地。他学的是体质人类学，自然这次调查是为研究少数民族的体质，但从他调查内容及出版的成果来看，似乎更注重调查当地少数民族的生活习俗：

> 在一渔家得观察其渔具并（询问）制造原料与方法。归与袁某等商拟购置。询价，大敲竹杠，一麻索网，一五爪钓钩，索新币十元。后以五元购之。
>
> 我因俗欲知其宴会仪式，前日已嘱袁某请村长择期，由吾出资宴请村人，俅江无牛，而往汉藏处购买又非易事，决以猪代之，村长偕袁来，称二十九日酒可酿好，届时当邀各村来吃。吾乃付资买猪一只。又前日属觅之巫师，云今日可到。三四村共一巫师。
>
> 午后巫师来，请其"作法"，并询其传授方法，法术种类，及其他相关问题，摄影。购其法鼓及铃。
>
> 八十五岁老甲来会，当约老者饮酒，佐以火腿，晚请其讲故事，娓娓而谈，至深夜，其洪水传说，及俅及族来源尤值研究，特别是后一个，与南诏野史中哀牢九龙传说，有许多相同处，过于兴奋，深夜始睡去。

---

① 王建民：《中国民族学史》（上卷），云南教育出版社1997年版，第181页。

第三章　西南联大学者的民俗调查

邀通事及所且村长谈天，记录风俗，调查纹面方法、礼节，并花纹、意义，请村长为我物色纹面工具一付，拟购置。惜在此数日无人纹面，否则可亲眼看怎样施术。①

从其调查日志和调查报告中可见，陶云逵在调查中非常重视少数民族民俗文物的收集，并利用各种机会采集民间故事，参与当地民间仪式并记录其过程。陶云逵当时的调查虽然是以官方身份进入少数民族群体中，但从其相关材料中看不出其高高在上的身份优越感，反而试图与当地少数民族建立良好的关系，如出资购猪宴请当地民众等。他在调查中做到用"他者"的眼光，去看待"他者"的文化。认识到了少数民族民俗文化的价值，并作为研究对象进行考察。正因为他对少数民族民俗文化的重视，在此调查基础上才能呈现出丰硕学术成果，如《几个藏缅语系土族的创世故事》《云南怒山上的傈僳人》《碧罗雪山之傈僳族》《麽些族之羊骨卜及贝卜》《俅江纪程》《十六世纪车里宣慰使司与缅王室之礼聘往还》等十余篇调查报告和论著。

《几个藏缅语系土族的创世故事》是1936年来云南调查时采集的民间故事，故事来自于丽江的麽些人（纳西族）；怒江贡山县茨开村、澜沧江维西县维西罗锅村和岩瓦村的傈僳族；怒江贡山县所且村、孔丁村和新蕊村的俅子（独龙族）；澜沧县酒房和班中的阿卡人（哈尼族）等民族，内容有人类、鬼怪、虫鱼、米谷、烟酒等来源。陶云逵在搜集这些神话时发现，"神话故事在简单社会中不只是茶饭后说一说的消遣品，乃是认为在以往真发生过的事实。他们看神话也就像中国人的相信三皇五帝的黄金时代一样。神话是活在他们生活之中，从神话，我们不难窥见其人群信仰、道德和规范着社会行为。神话中有不少情景曲折引人入胜的描写，如缠绵的恋爱故事，惊险刺激的探险故事。这却又是简单社会中打破单调生活的一种不可少的消遣品，就是我们听了，也感觉它娓娓动人，为之神往。从比较民族学观

---

① 陶云逵：《俅江纪程》，《西南边疆》1942年第14期。

点来研究文化的传播，演变，以及诸民族的亲疏关系问题，神话自亦为重要的研究对象"①。只有真正走入民众的生活，才能感受到民间故事的魅力。陶云逵对神话的价值认识非常清楚，他在故事采集中了解到，云南各少数民族中神话被认为是真实可信的，同时神话内容还指导着他们的信仰，规范着他们的道德和行为方式。陶云逵提到，神话的研究非常重要，但由于缺乏比较材料，此文只是采集到当地人的口述，没有对材料进行分析。对于没有文字的民族而言，正是一则则神话故事记录了他们的历史和生活。

20世纪初，人类学派的理论和方法被介绍到中国，对中国神话的研究产生久远的影响，陶云逵所学专业为人类学，自然会用人类学派的理论探讨少数民族神话。神话学者杨利慧认为"直到今天，运用'取今以证古'方法，即通过对存在所谓'原始'民族（部落）神话、信仰及风俗的搜集和考察，去了解并恢复古代神话物面貌，力图由此探寻并重建人类思想和文化的历史的做法，在神话研究领域也并不鲜见"。②"取今以证古"也是陶云逵调查研究神话的初衷。但在文中他也谈到，因为缺乏比较材料，这些故事，只是作为研究资料，没有作进一步的分析，强调记录民俗文化不仅是为自己的学术研究，还可为其他调查者提供一些参考，他对学术的无私奉献从他发表的《俅江日记》也可以窥见一斑。

  自一九三四至一九三六两年之间，我走了不少的路，单先把这段日记发表，是因为：自叶枝往西，走北路渡澜沧江越碧罗雪山、怒江，高黎贡山至毒龙河（独龙江），然后走南路向东渡越同名的山江之南段而达小维西这条路线，及其所包括的区域，很少有人到过。而到过俅子地（就是毒龙河流域）的，尤其少。……因此社会上对于此一带的情形很隔膜。我把这段日记写出来，也许有点实际的用处，就是给预备到那区域的人，一个途纹

---

① 陶云逵：《几个藏缅语系土族的创世故事》，《边疆研究论丛》1945年第2期。
② 杨利慧：《神话与神话学》，北京师范大学出版社2009年版，第212页。

上的参考。①

怒江地区地理复杂，少数民族生活封闭，与外界隔绝，调查者进入当地困难重重，陶云逵对沿途地理地形、风俗人情的记录，成为当时外界了解怒江大峡谷原住民的重要渠道，时人对于傈僳族的了解在这之前的文献只有零星的记载，1935年8月至9月，他来到澜沧江和怒江上游碧罗雪山傈僳居住区进行田野调查后发表了《碧罗雪山之傈僳族》，是国内较早的一篇傈僳族民俗志，内容包括傈僳族生活的方方面面，用图文并茂的方式介绍了傈僳族的生产民俗、生活民俗、社会组织民俗、人生礼俗、岁时节日、民间信仰、民间文学等。

二 红河流域的民俗调查

抗战爆发后，陶云逵再次来到云南，就任云南大学教授，1940年年底又兼任社会学系主任。刚到昆明的生活十分艰苦，他甚至在昆明租不起房子，只得和太太把家安置在呈贡古庙里，每周赶乘滇越小火车到昆明上课，这座古庙也是抗战时期在昆有名的社会学办公地——"魁星阁"。瞿同祖《悼云逵》一文中对陶云逵在"魁阁"所作的贡献给予了很高的评价："先生的治事的精神也足述者，他任云南大学社会学系主任时，学系开办总一年，一切都在草创中，吴文藻先生虽已创立了一个新基，但后继的工作仍极艰巨，云大社会系得有今日的规模和成绩，自不得归功于云逵的努力，他对行政工作并不擅长，但凡是曾与他共事的人都对他的办事热诚和对人的诚恳所感动的。云大社会系这个幼稚的新生命就由于这个热诚和诚恳而生长起来以有今日。"②

1942年陶云逵由云南大学转入西南联合大学任职。从西南联大的课程表来看，"从1939年10月起，陶云逵开始兼职于国立西南联合大学历史社会学系，每周授课3小时，开设的课程为《体质人类

---

① 陶云逵：《俅江纪程》，《西南边疆》1941年第12期。
② 瞿同祖：《悼云逵》，《边政公论》1944年第9期。

学》。任职于西南联大后，他在中文系和地质地理气象学系开设选修课《西南边疆社会》"①。陶云逵由云南大学转入西南联合大学的原因，在李树青的《悼云逵——关于陶云逵先生的二三事中》提道："在前年暑假前的一天云逵到我的寓所来了，他很诚恳地对我讲：'说他有一做研究工作的机会，并将脱离云大，加入联大，问我对此有何意见。'因为我还不知内部详情，当然无从加以可否。不过对作研究工作的机会一项，我们一向总是认为能取得时便要取得的。"②这里所提到的研究工作机会，从相关文献可知，应该是为了修筑石佛铁路而成立的南开大学边疆人文研究室，这也是陶先生离开云大到联大的主要原因。

边疆人文研究室于1942年6月成立，聘陶云逵为研究室主任，当时制定的调查计划为：

> 工作分为两个步骤：一、该各县社会经济概况之调查。二、选样之深入研究。在本期中，该四县之一般概况调查业已竣事。第二步之选择深入研究，则以以下为工作区域：甲、自峨山县之化念街至新平县之阳武镇；乙、自新平县之漠沙街至元江县之普漂村。盖以上两地带占有经济上及人文上之重要性，与铁路前途发展、商业文化推进甚关重要也。至玉溪未作深入研究。因该地业经济各方详细调查，有报告可供参考，无需重复。峨山县北部及西北部则因时期与经费限制，未克作选样研究。③

根据计划陶云逵带领研究室成员高华年、黎宗瓛、黎国彬等青年学者对为玉溪、峨山、新平、元江四县各区域内之物产贸易、社会习俗与方言展开为期65天的调查。

---

① 北京大学、清华大学、南开大学、云南师范大学编：《国立西南联合大学史料（三）教学、科研卷》，云南教育出版社1988年版，第559页。
② 李树青：《悼云逵——关于陶云逵先生的二三事中》，《边政公论》1944年第9期。
③ 北京大学、清华大学、南开大学、云南师范大学编：《国立西南联合大学史料（三）教学、科研卷》，云南教育出版社1988年版，第734—735页。

第三章　西南联大学者的民俗调查

当时云南地区条件艰苦，田野调查不仅要有克服困难的精神，还要有甘冒风险的勇气，甚至可能付出生命代价。气候湿热，热带病流行，初到此地的外人极容易传染而致命，邢公畹和黎国彬到罗平、新平、元江等地调查时，都曾染上疟疾，差一点丢了性命。交通不便，土匪猖獗，黎国彬到西双版纳调查傣族，一到那里就被国民党军队逮捕，说他是汉奸，给他们看护照和证件都不行，敲诈不出钱财就要枪毙。后经陶云逵、邢公畹等人的多方营救，才得以脱险。但研究室成员并没有被这些困难吓倒，克服了身体上和心理上的困难，顽强地工作，取得了大量珍贵的社会调查资料。

陶云逵从昆明来到新平县扬武坝后，本打算和黎国彬一同去元江，由于去元江无夫马（当地老百姓因怕被征兵役而逃避一空），而步行道路崎岖而遥远，故不得已只能暂留在新平县调查，《大寨黑夷之宗族与图腾》一文就是在此地的调查成果。大寨黑夷（今纳西族），考察的内容为姓氏与宗教图腾之关系。本文分为两个部分，一部分是对大寨黑夷宗族考察，以祭祀和族长人选来分析其信仰民俗；另一部分是在宗族的调查过程中，发现存在宗族社会组织中的图腾现象。通过西方图腾理论与大寨黑夷动植物崇拜的比较分析，发现"第一，鲁魁山一带黑夷，除以动植物为族称之外，服装、发饰、用具、房屋装饰均看见有象征宗族姓物之图案或形状；第二，宗族对于姓物守有若干禁忌，类如禁吃、杀、触、用等，并以神话传说的形式表现犯禁的后果；第三，族人是其姓物的后代或姓物是其祖先的保护者。这些表现方式说明图腾的存在以及图腾与人们生活的关系"。[①] 大寨黑夷用神话来解释图腾为何会与姓氏宗谱相联。这些神圣图腾物共性之处就在于有大致相同的故事来源。一般讲述的内容为某宗族的祖先遇难时，受到了某物相助化险为夷，以后某物就成为宗族的姓氏，对于姓氏也有若干禁忌，如犯禁带来的后果，大多会在神话中给予严厉的警示，宗族的姓氏是老祖宗变的，也是宗族的保护神。陶云逵认为与泰勒的"万物有灵观"有所不同，鲁魁山一带的黑夷是没有显明

---

① 陶云逵：《大寨黑夷之宗教与图腾》，《边疆人文》1943年第1卷第1期。

的灵魂信仰的,他们崇拜的是一种能表现在物体之外,无形的、不可见东西,陶云逵译为"精灵"。这种精灵以老祖的身体表现,于是就有了祖先神话,借着姓氏表现时,出现了宗族型的社会组织,逐渐形成一整套社会制度与社会组织,同时产生了禁忌,体现在对姓氏的禁忌、族外婚等方面。姓是宗族团体的标志,以往汉人对帝王及尊长的名在日常生活中都有避讳,大寨黑夷视姓氏为图腾的情感表现,与汉人对自己的姓名所表现避讳有相似之处。对大寨黑夷为何以动植物为姓,并视为有特殊关系,除了他们神话中的解释,陶云逵也鼓励更多的研究者参与到中国田野调查中来,去解释中国众多民族的图腾崇拜。

但他对于目前图腾崇拜现象,是喜忧参半,喜的是能够看到图腾崇拜仍然存在民众生活中,忧的是由于黑夷与汉人交往日趋繁多,对他们的行为方式与价值观念有着剧烈的变化,他们认为图腾崇拜会被汉人笑话,因此大多黑夷对此都守口如瓶。他在论文结语中写道:"图腾崇拜虽然目前尚有余音可寻,但不久的将来势必完全消逝而由另一种符号与团体形式继替下去。"他对少数民族民俗文化的搜集与整理表现出紧迫感的同时,也呼吁更多的学者来关注少数民族民俗文化。

对于这一次的调查,在信函中他还谈到有如下收获:"弟个人作鲁魁山倮倮之社会组织与宗教。(本拟写氏族体系,会将题目放广改为社会组织)。除本论外,附占卜四十则,神话与故事十九则。全文约五六万字。综观杨武部分之工作,尚称有点成绩,加上邢庆兰先生的语言调查,共可得六篇论文,字数当在三十万字,因方法尚慎重,精密,内容不致太坏,待回昆明后详加讨论整理,希望能于寒假以前写峻印行。"① 但在目前已出版的情况来看,信函中提到的占卜、神话和故事的材料他还未来得及整理,因此可以推测已出版的论文和调查报告只是他调查材料的"冰山一角"。有的资料已经湮没不闻,有

---

① 《陶云逵致冯文潜函》,载南开大学校史研究室编《联大岁月与边疆人文》,南开大学出版社 2004 年版,第 491 页。

的文字还有待后人整理。

1943年边疆人文研究室制定了更为周密的二期调查计划。其中《南开大学文学院边疆人文研究室三十二年度（即1943年度）石佛铁路沿线社会经济调查大纲》中第四部分，提出对少数民族民俗文化的调查：

  肆　摆夷语言与文字之研究（按滇省西南摆夷之语言与泰国及缅掸人之语言同属台语系，泰国当局借此为口实，宣传种族一体之谬论，实则摆夷自古即为我国之国民，只以居处辽远故尚操其土语。石佛铁路自元江而南，即进入广大之摆夷区域，在均须与此辈边胞发生接触。其地今虽设流，但未改土，故土司势力仍强。以是拟对语言作详细之调查而明其究竟。一方面编译简明日用词汇手册，以备本路员工之实际应用；一方面将研究结果提供政府参考，以为设教施政之张本。）
  甲、区域：
  一、红河流域——研究元江及其上下游之摆夷语言。
  二、车里宣慰使司属之车里、佛海、南峤等地之语言与文字（本年度拟在两区域中择一以为研究范围）。
  乙、调查大纲：
  一、语音系统；
  二、故事、歌谣、传说等之记音；
  三、文字之搜集与研究；
  四、语法之研究；
  五、字典及实用手册之编纂。
  伍、摆夷社会组织之调查
  甲、区域：于元江、思茅、车里、佛海等地择一关键之摆夷社区研究之
  乙、调查大纲：
  一、亲属制度（包括家庭及婚制）；
  二、政治机构（包括"社会阶级"与法律）；

三、社会结团形式（包括各职业团体及社区公共活动）；

四、两性之社会地位；

五、礼俗。

陆 摆夷宗教与手工艺之研究

甲、区域：于元江、车里、佛海等地中择一著名摆夷社区研究之。

乙、调查大纲：

一、宗教

a、占卜；

b、巫术；

c、"灵"；

d、"神"；

e、宇宙观与人生观；

f、宗教在其生活各方面之影响；

g、宗教历史。

二、手工艺术

a、织锦；

b、金银雕镂钴品；

c、陶器；

d、漆品；

e、竹品。

本年度在上列各项中择两三项名贵者研究之，研究其形态、色泽、花纹、意义、原料来源、制度之技术、传统之方式、产量价值、推销。①

陶云逵按研究室 1943 年的调查计划，又带领研究室同仁用 8 个月时间对石佛铁路沿线做进一步的调查。内容涉及彝族、傣族的口头

---

① 北京大学、清华大学、南开大学、云南师范大学编：《国立西南联合大学史料（三）教学、科研卷》，云南教育出版社 1988 年版，第 738 页。

文学、社会组织及民间信仰手工艺术等。正当他准备为云南少数民族民俗文化再大干一场时，无情的疾病夺去了他的生命，年仅 40 岁。

三 民族救亡与学术取向

近代中国处于半殖民地半封建社会的状态，在民族生死存亡的危急关头，为民族争取生存是迫切的任务，学术取向也倾向于以民族国家为中心，知识分子在国家命运面前大多会将个人学术研究纳入国家话语体系中。陶云逵 1927—1933 年留学德国柏林大学，跟随体质人类学家欧根·费舍尔（Eugen Fischer），主要方向为生物遗传学，毕业论文为《华欧混合血种——一个人类遗传学的研究》。回国后陶云逵抱着"科学救国"的思想，他希望所学的体质人类学知识能为被西方视为"东亚病夫"的民族寻找到改造的方法。在中央研究院任职期间，赴云南考察滇缅边界未界定民族时，携带了头部、面部、人体的测量尺，眼色表，皮色表，照相机，录音机等设备，以备对云南少数民族进行体质测量。但在近两年的田野调查中，他发现对少数民族的认识仅从人体特征来研究是远远不够的，还应从文化内部去认识观念体系的变化，从而寻求文化与精神的关系。

1940 年他陆续发表了《几个云南土族的现代地理分布及人口之估计》《关于麼些之名称分布与迁移》和《碧罗雪山之傈僳族》三篇论文，体现出民族与历史及生存环境的关系，具有历史地理传播的学术研究倾向。《碧罗雪山之傈僳族》是一篇典型的傈僳族民俗志，对生活在碧罗雪山上傈僳族的自然环境、语言及信仰、生产生活习俗等方面进行了全面的记录。关注现实成为当时知识分子的共识，两年田野经验给予陶云逵更多思索的空间，促使他重新思考和定位自己的学术研究取向。抗战时期来到云南的陶云逵曾表示对体质人类学没有太多的兴趣，而希望把更多精力投入宗教研究和文化理论两个方面。据瞿同祖回忆："三年来我和云逵讨论的机会很多，相知很深，所以我对于他学问上的转变看得很清楚，他来年很少提到体质人类学上的问题，反之，对于文化人类学和社会学则日感兴趣，研究方面也转入新的途径，最近他写的三篇文章：一篇关于端午节的（未见发表），另两篇是大寨黑夷家庭与图腾及黑夷的鸡骨卜。从题材上就可以看出他治学的转变不但趋向于社会文化方面，并且着重于礼俗及巫术宗教方面。由于极端的物质方面转变到极端的形而上学方面实足令人惊讶。最初我还以为是偶然的，去年夏天我请他为云大担任体质人类学的课程，他坚持不肯，说他对于体质人类学已经感到疲倦了，不愿再弹老调，我再三劝他，他终于不肯，最后还是只得由他担任西南边疆社会学一课，我从这天起，由于他的自白，相信他的治学果真由体质方面转到社会文化方面，以前的猜测并不错误。"[1] 国家处于危亡之际，学术研究与现实政治出现分歧时，面对现实救亡的需要，知识分子很难单纯只为个人学术爱好而做学问，大多会以务实的态度来实现学术救国。陶云逵的学术转向可见其民族主义的情怀。

20世纪40年代陶云逵先后完成了《文化的本质》《文化的属性》《个人在文化中的参与》等论文，他认为对一个族群文化的了解需从成年人的行为习惯方面进行调查，但是知道其行为还远远不够，还要了解其行为的意义，个人价值观是决定行为的动因。[2] 从陶云逵对"文化"的思考来看，并不是仅仅为了给"文化"下个定义，或是单纯对某一族群的"文化"进行讨论。从他一系列关于"边政"的文章，如《边疆与边疆社会》《开化边民问题》《论边地汉人及其与边疆建设之关系》《论边政人员专门训练之必需》等，可见边政问题是他当时关注的重点。他提出，"边政问题的两大核心是文化的统一化和教育制度，所谓文化的统一化并不是说主观的以固有的中原文化标准而把其他的同化，也不是说取某一边社文化为标准而把中原文化与其他边社文化同化起来。……换言之，就是全国近代化的统一化！这里包括教育的近代化，经济的近代化，政治的近代化，军事的近代化，交通的近代化等等"[3]。在该文中，他认为对边疆的治理需要了解边疆文化的特点，才能做团结边民，实现国家复兴。对于边民的文

---

[1] 瞿同祖：《悼云逵》，《边政公论》1944年第3卷第9期。
[2] 陶云逵：《文化的属性》，《自由论坛》1944年第2卷第1期。
[3] 陶云逵：《论边政人员专门训练之必需》，《边政公论》1943年第2卷第3、4合期。

化，陶云逵认为我们对于改变边民文化，应当探索其原有文化各方面功能，设如认为原有习惯不好，我们不能突然把它禁止，他们须给我们找条出路，去满足他们的需要；换言之，就是以另外一种方式形态去表现同样的功能；这种方法我们可称之为"替代法"。如何能够实现对边民的开化，不应一味地取缔"奇风怪俗"，禁止宗教信仰，应做深入的调查与研究，真正了解他们社会体系的性质，认识不同民族文化的特色，才能使边民开化，做到事半功倍。陶云逵师承德奥学派，深受"文化论"的影响，但又与德奥学派强调殖民式的"文化传播"不同，他主张尊重各民族文化的差异。当时政府为了"开化边民"，推行出一系列的举措，如，派学者及官员到边地调查、制定针对边民教化的方案等，但结果却不尽如人意。陶云逵通过田野调查后认为，推行以政府为主导的"开化"，忽略了云南各民族现有的文化状态和社会体系。应调查本土文化的功能，运用"代替法"，实现新的文化取代旧有习俗，通过新的习俗代替旧的习俗，让其发挥社会功能。通过"开化"实现国族统一，同时也尊重云南各族文化的差异性。①

基于少数民族民俗文化与边政的密切关系，陶云逵对每次的田野调查都倍感珍惜，他的同事高华年回忆，"1943 年春，学界共十人到大理讲学，在几天的休息期间，大家大多都利用此机会，游览滇西名胜，只有他始终不忘学问，他一人跑到一处渔村住下，考察渔人捕鱼和过年习俗，本想住在渔家过年，可惜为风俗习惯所限未能实现。另外先生没有生病的时候，我们曾经计划今年暑假到苗族的大本营贵州去工作，先生要研究铜鼓，我们研究苗语"②。正是学者的历史使命感，促使他去认识各民族，设法消除民族之间的矛盾，增强团结，加强民族内部的凝聚力。

云南是少数民族的聚居地，也是陶云逵的田野根据地，出于学术报国的情怀，他甚至放弃能改善自己与家人生活条件的工作机会。

---

① 陶云逵：《开化边民问题》，《西南边疆》1940 年第 10 期。
② 高华年：《悼云逵》，《边政公论》1944 年第 3 卷第 9 期。

1943年9月，杨成志致函邀请他到广东工作，并提到工作环境和待遇比昆明更好，最终他还是选择留下来继续完成他的云南少数民族调查研究。① 陶云逵对于民族文化的调查研究，不仅是为单纯的学术行为，而是希望通过实地的田野调查为实现民族团结寻找出路。

陶云逵对待学术极其严谨，没有成熟的思想绝不轻易发表。曾昭抡回忆，"前年年底有一次在开会碰到，谈起云南边疆部族情形，散会以后，他受云逵邀家中，将其十余年来所搜集关于这方面的材料和照片，都拿给我看，那些材料，只有一部分发表过。至于照片，还未发表，当时曾劝他，何不置点功夫，将其整理，以公诸学术界同人，云逵的回答是，暂时还不预备这样做，一来因为抗战时期，印刷太贵，无人可以担任，而且在后方情形下，照片也印不好，不如俟之战后。二来材料虽多，颇嫌片段零碎，价值不大"②。随着故人的离去，材料大多下落不明，这无疑是学术界的一大损失。

陶云逵的英年早逝，是中国民族学、人类学、民俗学界的重大损失，引起学术界的极大震动，中国社会学学会、南开大学边疆人文研究室、西南联大社会学系、云南大学社会学系、西南联大文科研究所和南开大学校友会六团体在联大图书馆召开追悼会，由黄钰生主持，罗常培、潘光旦讲话。《云南日报》出版了悼念专栏，《边政公论》第三卷第九期刊出了纪念陶云逵专号，罗常培、高年华、曾昭抡等发文悼念，沉痛悼念这位英年早逝的学者。他在学术研究上极重视实地调查，是努力抢救民族文化的"活化石"，如果不是旧社会的重重重压，生活陷于贫困，精神陷于苦闷使他过早逝世，他必将为民族文化研究做出更多的贡献。他作为外地学者而献身于云南，他的学术精神和成就将永载云南史册。

---

① 南开大学校史研究室编：《联大岁月与边疆人文》，南开大学出版社2004年版，第497页。

② 曾昭抡：《悼云逵》，《边政公论》1944年第3卷第9期。

第四节　语言学者的民俗调查

　　语言反映出民族深层的文化底蕴，不同的民族由于地理环境、生产生活条件不尽相同，自然会存在价值取向的差异，尤其在风俗习惯和口头文学等文化现象上表现得尤其突出，民族语言是民族文化传承的重要媒介。1928 年，中央研究院历史语言研究所成立之初，最先成立了汉语、民间文艺等七组。20 世纪以前对西方学科而言，语言学被认为是社会学科的组成部分，甚至一段时期语言学被认为是人类学（民族学）的一个分支学科。

　　抗战时期语言学家把民族语言与民俗文化调查研究相结合，调查民族语言以民间口头传统为材料源。罗常培《语言与文化》一书，是把语言与少数民族文化相结合来讨论的例证，特别是他的三篇《论藏缅族的父子连名制》，是亲属称谓研究的典范之作。除此之外，张清常的《由我国内地民歌说到边疆歌谣调查》《大理民家情歌记谱》《大理民家唱曲子的唱法》，袁家骅的《阿细情歌及其语言》等，都是抗战时期语言与文化相结合的经典研究。

一　语言到文化

　　罗常培曾就读于北京大学国文系，从师于刘师培、黄侃、钱玄同等著名语言学家，对传统的音韵、训诂、文字之学功力深厚，1927 年在广州中山大学任教授，后加入中央研究院历史语言研究所，1934 年受聘于北京大学任教授。1937 以前在音韵学和训诂学方面用力最勤，发表了《厦门音系》《临川音系》《唐五代西北方音》《徽州方言调查》等有关方言的著作。

　　抗战爆发后，罗常培随校迁到云南。来到多民族多种语言并存的少数民族聚居地。他以激动的心情写道："假使有几个受过训练的语言学家在这个区域里花上他们的半生精力，也会有取之不尽、用之不竭的材料，自从 1938 年春天国立中央研究院历史语言研究所和国立北京大学文科研究所相继搬到昆明，一部分研究语言的人，一方面想尽量发掘这块语言学的黄金地,一方面感觉图书仪器缺乏别项工作不易进行,都打算利用当前环境作一点垦荒。"① 他充分利用环境优势,在艰苦的条件下,尽量收集少数民族语言材料,为语言比较研究奠定基石,是罗常培研究语言的初衷。从他对抗战以来在云南所作的少数民族语言研究的总结可见,由于环境改变使得他从汉语研究转向少数民族语言研究,田野调查是这时期的重要方法,调查经历如下:

> 1940年春天,在昆明找到云南大学学生来自丽江的周汝冕发音人,记录故事十几则,歌谣几首,遗憾的是周汝冕返回丽江而中断了记录。
> 1942年罗常培与同仁到大理讲学的机会,在国立大理师范学校找到腾冲的傣族、福贡的傈僳族、贡山的独龙族、贡山的怒族、大理白族等学生作为发音人,记录到多则故事、民歌,在此材料的基础上相继发表了《莲山摆夷语文初探》《福贡傈僳语初探》《贡山俅语初采》等论著。
> 1943年1月受滇西战时干部训练团邀请到大理讲学,回昆明时带来了两位茶山的朋友,二人在密支那受过中等教育,而且他们会讲茶山、浪速、山头三种土语,兼通缅文,略懂英语。二位在昆明住了两个半月,对他们的调查获得材料颇丰。记录30几则故事,30课会话,4000多个词汇。同时对他们歌谣也加以记录和研究。1944年发表在《边疆人文》第1卷第5、6期合刊上的《茶山歌》就是这次的歌谣调查成果。②

这一时期他采集到大量的少数民族语言材料。这些语料包括多则故事、歌谣等。随着语料的日益丰富,以及在调查中对少数民族习俗的了解,他开始用民俗文化的相关研究来解释语言现象,其成果结集为《语言与文化》一书。他在书的开篇就引用了美国语言学大师爱

---

① 罗常培:《语言学在云南》,《边政公论》1943年第9、10期合刊。
② 罗常培:《语言与文化》,语文出版社1996年版,第166—172页。

德华·萨丕尔（Edward Sapir）的话："语言的背后是有东西的。而且语言不能离开文化而存在，所谓文化就是社会遗传下来的习惯和信仰的总和，由它可以决定我们的生活组织。"[①] 他对少数民族语言的研究兴趣不仅表现在语言结构的描写方面，而且把语言学研究扩展到民间习俗的研究。

1942年至1944年在教学和科研繁忙的情况下，他曾三次到大理进行少数民族语言的调查。1943年在西南联合大学主办的文史学讲演会上，曾以"语言与文化"为题发表演说，他认为语言学的研究不是一种孤立的现象，他主张将语言学与社会学科结合起来进行研究。让更多的学生认识到语言研究时，不要忽略与语言相关的民俗文化。后来出版的《语言与文化》就是在这次演讲内容基础上整理的，内容有从词的语源和演变看过去文化的遗迹，从造词心理看民族文化，借字和文化接触，从地名看民族迁徙踪迹，从姓氏别号看民族来源和信仰，从亲属称谓看婚姻制度，这些文章都是把语言与民族文化相联系来进行论述的。特别是关于三论藏缅父子连名制堪称社会语言学的开山之作。

二 邢公畹的民间故事研究

邢公畹是中央研究院历史语言研究所的高才生，师从李方桂学习语言，1942年在李方桂和罗常培的介绍下，加入南开大学边疆人文研究室，并在西南联大中文系授课。根据边疆人文研究室第一期调查计划，1942年邢公畹对云南罗平县境内台语和贵州定番仲家语言进行调查。所得材料有词汇三千多，长篇谈话共有《生活谭》两篇，《风俗谭》三篇，亲属制度一篇，故事和传说三篇，《远羊寨仲歌记音》《台语中之助词 luk 和汉语中之子儿》这两篇文章为故事的分析，发表于《边疆人文》。

1943年2月，按边疆人文研究的第二期计划，邢公畹从昆明出发至滇西南部的红河地区调查少数民族语言。从当时的调查来看，主要

[①] 罗常培：《语言与文化》，语文出版社1996年版，第1页。

的调查方法是采集民间口头传统,"语言调查是以记录当地的口头传统为主,因此对外宣称是采集故事,我独自住在磨盘山普诚家里已经有五天了。前四天头上,曾经托他们家的人替我在当地人中物色一个会说故事的老人。他讲我记并给工钱。大家在各有所事的前提下,更不明白我这个'生客'的意思,自从洪水滔天、重有人类以来,还没有听说过花钱雇人'摆古'的事"①。当地由于躲避征兵加上大家对此的不了解,找故事讲述人非常困难。为了避免只记单字单句,破坏语言材料的完整和真实性,讲述人需要会讲故事,或会唱民谣和唱山歌等。几经周折在新平县漠沙仙鹤街才结识到一位58岁白成章傣族老人,由于这个地区人均寿命都比较短,这个岁数已经是高寿了。当时邢公畹与其说是寻找语言报料人,不如说他在寻找故事讲述家。"当时的想法是把这个方言点的词汇和表现在谈话、传说、故事、神话和歌谣里的语言结构模式详细地记录下来。……我们知道,语言是人民知识的百科全书,它反映了人民对周围世界了解的程度,传达了人类经验的细致影响;分析某种语言的民间文学资料作品,可以深刻地认识这一语言的特性。"②邢公畹认识到,语言研究需要民间文学资料作为材料支撑,从这些作品中反映出的心理与情感,可以帮助研究者认识语言的特性。

《红河之月》是邢公畹在红河流域采集故事的日记,文中记录了旅途中的艰辛,到异地受到疾病困扰时的无助,甚至有可能为此丢掉性命的担忧。本书还讲述了傣族地区的风土人情,采集到的故事内容,反映出官民之间矛盾、彝汉之间的隔阂等社会问题。元江一带民间有谚语说:"元江河底,干柴白米,有命来吃,无命来死。"从谚语中可见,外地人来到元江都难以适应当地的气候,甚至葬送了性命。邢公畹到元江后也一度受疾病的折磨,"我一入谷地,就被疟疾所缠,终日不能离奎宁。一度脚心沁出蓝点,其蓝如靛,后来背部也有,染在白背心上,如溅墨点,浣洗不去,至今我

---

① 邢公畹:《红河之月》,云南人民出版社2002年版,第28页。
② 邢公畹:《红河上游傣雅语》,语文出版社1989年版,第4页。

第三章 西南联大学者的民俗调查

也不知道是什么缘故"①。在如此困难重重下能坚持调查实属不易。

红河流域的调查历时五个月，同年7月9日返回，这期间的调查成果有《红河上游傣雅语》。②全书分绪论、傣雅语语音系统、语言记录（漠沙坝风土杂谈，傣雅民间故事、传说和歌谣，古代故事傣雅语译）、傣雅汉语例解词典四个部分，近50万字。全书共有416页，语料部分就有173页，占了全书的42%，记录了民间故事38则，歌谣1首。在风土杂谈部分报料人讲述了生产生活习俗，如《种棉》《种蔗和制糖》《酿酒》《祭龙》《捕鱼的方法和禁忌》《婚俗》《丧俗》等。

邢公畹采集的民间故事具有明显的地域特色和民族风格，为故事类型比较研究提供了丰富的材料。《罗三和娥娘的故事》从内容来看，就是汉族《梁祝》的异文，同时还融合了傣族叙事长诗《娥并与桑洛》。《阿叶哈毫姑娘》和《叶卡娇和玉娘》两个故事中可以看到汉族的《灰姑娘》和《蛇郎》两个故事的影子，只不过具有魔力的鱼，在傣族人民的故事中变成了牛。另外《驸马》《水獭》《蛤蟆儿子故事》《洪水传说》等故事现在仍然在傣族民间广泛流传。在故事编辑时邢公畹采用三步译法，第一步是国际音标，第二步是傣雅语的直译，第三步是汉语直译，做到了民间故事采集的忠实记录，保持故事原汁原味的状态。

1946年《敦煌石室所见董永董仲歌与红河上游摆夷所传借钱葬父故事》一文发表于《边疆人文》期刊第3卷第5、6合期。此文是以1942云南新平县漠沙乡调查花腰摆夷（今傣族）采录的《借钱葬父故事》为材料，与查阅到的敦煌石室所记录下的《董永董仲歌》和刘向记载的《孝子传》进行对比，通过故事的核心母题、传承原因等分析汉文化对少数民族口头传统的影响。

邢公畹认为《董永董仲歌》的故事题旨在于宣扬孝道，但他的

---

① 邢公畹：《抗战时期的南开大学边疆人文研究室——兼忆关心边疆人文研究的几位师友》，载南开大学校史研究室编《联大岁月与边疆人文》，南开大学出版社2004年版，第383页。

② 邢公畹：《红河上游傣雅语》，语文出版社1989年版。

类型却跟《借钱葬父故事》相同，假若我们把类型看作神话或故事的躯骨，把题旨看成灵魂，那么就可以看到当一篇神话冲破了语言界限而流行到另一社区的时候往往只剩了躯骨，随着附着的和累积的成分逐渐增加，可能改变原来的题旨，通过《董永董仲歌》《孝子传》与《借钱葬父故事》相比较，可见其相同类型故事的演变。①

董永董仲歌

全歌分为 ABC 三大段，长段再分 abc 小组，

A 人生在世当思量，暂时吵闹有何方。大众老小须静听，先须孝敬阿耶娘，好事恶事皆抄录。

Ba 孝感先贤说董永，年登十五二亲亡，自唉福薄无兄弟，眼中流泪数千行。无姊妹，亦无知信及亲房，家里贫穷无钱物，可卖当身葬耶娘。……

Bb 路逢女人来相问："此个郎君住何方？何姓何名依实说，从头表白说一场。"娘子记言再三问，一一具说莫慌张。家缘本住眠山下，知姓称名董永郎，忽然慈母身得患，不经数日早身亡。慈耶得患先身故，后乃便至阿娘亡。殡葬之日无钱物，所卖当身葬耶娘。……

郎君如今行孝义，见君行孝感天堂，数内一人归下界……不弃人微同千载，便与相随事郎。

Bc 董永向前便跪拜，少丧父母大牺惶。"所卖一身商量了，是何女人立于傍？""女人住在阴山乡。""女人身上解何艺？""明机妙解识文章。"……阿郎见此箱中物，念引女人织文章，女人不见凡间有，生长多应住天堂。但织绫罗数已毕，却放二归本乡。二人辞了便归路，更行十路到永庄，却到来时相逢处，辞君去到本天堂。

---

① 邢公畹：《敦煌石室所见董永董仲歌与红河上游摆夷所传借钱葬父故事》，《边疆人文》1946 年第 3 卷第 5、6 期合刊。

Ca 娘子即便乘云去，临别分付小儿郎。但言好看小孩子！董永相别泪千行。

Cb 董仲长年到七岁，小儿走到街头道傍被毁骂，尽道董仲没阿娘。逐走家中报慈父。"汝等因何没阿娘？""当时卖身葬父母，感得天女下凡。"如今即便思忆母，眼中流泪数千行。董永带儿行直至孙宾傍。夫子将身来誓卜，"此人多应觅阿娘"。

Cc 阿娘池边澡浴来，先于树下隐潜藏，三个女人同作伴，奔波直到水边傍。脱却天衣便入水，中心抱取紫衣裳。此者便是董仲母，此时继见小儿郎。"我儿如何知处？孙宾必有好阴阳，阿娘想收孩儿养，我儿不宜住此方。"

Cd 将取金瓶归下界，捻取金瓶孙宾傍。天火忽然前头现，先生央却走忙忙。将为当时物忽烧却，检寻却得六十张，此固不知天上事。

《孝子传》

有董永者，千乘人也。小失其母，独养老父，家贫困苦。其父亡，无物葬送。遂往主人家典田，贷钱十万文，语主人曰："后无钱还主人时，求与主人卖身为奴，一世偿力。葬父已了，欲向主人家去。"

在路逢一女，愿与永为妻，永曰："孤穷如此，身复兴他人为奴，恐屈娘子。"女曰："不嫌君贫，心相愿矣。"

共到主人家，主人曰："本期一人，今二人来何也？"主人曰："女有何技能？"女曰："我解织。"主人曰："与我织绢三百匹，汝放夫妻归家。"女织绢一旬，得绢三百匹。主人惊怪，随放夫妻归还。行至相见之处，女辞永"我是天女，见君行孝，天遣我借君还债，今既偿了，不得久住。"语止，随飞上天。

《借钱葬父》

有一个人，他父亲死了，甚至也没有得发送，上大天佬处去，去借银子，给来五十两发送他的父亲，得五天去还这五十两银子，大天佬说过着："路上无论遇到什么都不要来！"

遇到一个人，是女人，去不成，又转回来，又去遇到一个人，是女人，又转回来。又去，去得成，又是这女人赶来跟他去，要做他的妻子，他不要，看见有人打石磨，"你要做我的妻子，让上面一扇去赶，互相合一合，我们两人下去看瞧相合不相合。"他们两人下去看，还是相合，说不过女人，女人得做他的妻子了，丈夫不要，说："你要做我的妻子，要有媒人。"女人说："我在路上，拿谁来做我们的媒？拿棵杨柳树来做我们的媒人。拿棵羊皮树做我们媒人。"不能说过女人，又跟去，去到大天佬的地方，去到他的家——大天佬的家。

他上大天佬的家去，留着妻子在底下，狗叫得很，大天佬问那丈夫，"什么跟了你来，什么跟来都不给在底下，喊上来"。他妻子上去，美丽得很，大天佬爱上了，要和她睡觉，睡一夜，五十两银子也不要还了，相伴回去来到路上，他的妻子走（了），他的妻子上她的家里去（妻子回自己家了），不要他做丈夫。

"你自己回去！"说给她丈夫，他妻说，"我生娃娃给你，你听着我喊，来搂你的娃娃"。他的妻子生了娃娃，她的丈夫去搂他的小娃娃，拿小娃娃来养，养着。

养得二年，去读书，读得很快，到学堂去，同学欺负，同学打头那里，说"你没有娘"，那个娃娃哭，哭对老师："我母亲在那一处，你老师告诉我，老师便瞧书，你母亲在天上，到有一天，你母亲要来。"

得七天，他母亲来赶路街，他去街脚那里去拦，他母亲骑马来，来七十多匹马，去扯那一匹马也不是他的母亲，七十多匹马扯完，又去扯，扯着他母亲的马了，他母亲跳下马来："我的儿子这样大了，读书么，读书为娘的给三个小箱子，拿回去到你父亲处慢慢地开看。"

拿来到学堂，同学压迫他开小箱，他打不得他们，他们抢他开，开一个，开出火来，学堂烧了。"老师，火着来！老师拿砚瓦盖，盖到八个字，回到他父亲的屋，拿来开两个小箱，开出一箱银子来，开出一箱金子来。"①

邢公畹在分析这三个（敦煌、刘向、摆夷）故事时，认为他们都属于同一类型，并把情节单元归纳如下：

A、母题的点明（敦煌）。

Ba、年幼亲亡，张罗银钱（卖身或借贷）以埋葬或发送其亲。

Bb、道遇仙女，愿嫁为妻。

Bc、同偕往债主，以某种交换条件，还债。

Ca、仙女别去，而以子托付。

Cb、儿长大，同伴欺负无母，回问其师以母居何许。

Cc、往访得母

Cd、母赐宝物，拿其回，开视而火出。②

他分析该类型的起源时，认为《孝子传》是该类型故事的较早原型。《董永董仲歌》是在《孝子传》的基础上，加上了"仙女离去，以子托付"这个母题。但两则故事都是对孝的赞扬。他进一步分析丧葬习俗作为社会文化重要标志，这一观念在历史上的演变过程。"儒家的所谓的'孝'我们不知道是哪一种信仰的理性化。不过战国期间，已有何谓孝不孝的品评。'孝'只是看能养不能养，本义，也只是指'畜养''爱好'。从语音上也可推知'孝''好''畜'三字的同源性。从儒家看起来，这是不够的，他们把孝从养扩展到送，把纯任自然的'畜''好'的行为加以形式的礼法的规定。孟子更强调说，养生者不足以当大事，唯送死足以当大事。墓葬之俗不知起于何时，但上世亲死而委之于壑，当亦是一种葬法，不应称为'不葬'，

---

① 邢公畹：《敦煌石室所见董永董仲歌与红河上游摆夷所传借钱葬父故事》，《边疆人文》1946年第3卷第5、6期合刊。

② 邢公畹：《敦煌石室所见董永董仲歌与红河上游摆夷所传借钱葬父故事》，《边疆人文》1946年第3卷第5、6期合刊。

因为葬只是'收藏'的意思。儒家所给予孝字的新意义，到了汉朝便正式有了法律上的价值。那么董永故事在题旨上可说是自发的（非由其他世族传入的），在类型上因此也可以推知是不能早过于汉朝的（此与董永是否为汉朝人无关）。可是我们如果从《董永董仲歌》的累积成分看，像'女浴于河'之俗，'金瓶贮火'的说法似皆非汉民族所原有。"①邢公畹从字义上对"孝"的解释来看该类型起源于汉族，这个结论还有待商榷。尽管如此，从对故事文本的分析来看，邢公畹已经开始触及类型学的方法来解析故事，这无疑对故事的研究具有学术开拓性。比较故事学的开创者刘守华教授，倡导挖掘国内不同民族之间的故事研究。"故事的比较研究不应局限于不同国家之间的故事比较，由于许多国家是由多民族构成的，因此就一国之内不同民族拥有的民间故事作比较研究，也是比较故事学的一个重要方面，这类研究在中国尤有广阔天地。基于民间故事不同于书面叙事文学的特殊性，上述比较就不应单纯局限于故事文本研究，还应充分重视故事口头传承特点及其社会功能的考察。"②比较遗憾的是作为语言学家的邢公畹没有继续走挖掘民间文学宝藏的研究之路。

1943年3月8日邢公畹在云南新平县漠沙乡调查花腰摆夷语言的时候，从丙冒寨58岁白成章老人口中记录到《借钱葬父》这则故事。在研究中他把这则故事与《董永董仲歌》和《孝子传》按其形态归纳其亚型，在此基础上展开比较研究，认为故事发生了三个方面的演变：1. 滚磨以卜婚姻成败是傣族洪水故事中分化出来的；2. 杨柳树为媒是傣族罗三与难阿故事中分化出来的；3. 仙女既与此人结婚，却与大天佬发生肉体关系，而生一子，仙女既以子与此人，此人亦自认为已子，这是傣族风俗的侧影。通过比较把故事演变与社会风俗和社会制度相关联进行分析，邢公畹推测董永故事传入傣族，可能不是很晚近的。因为傣族讲述较晚近传入的汉族故事，其中人物仍沿用汉

---

① 邢公畹：《敦煌石室所见董永董仲歌与红河上游摆夷所传借钱葬父故事》，《边疆人文》1946年第3卷第5、6期合刊。
② 刘守华：《比较故事学论考》，黑龙江人民出版社2003年版，第3页。

名，借钱葬父中不称董仲舒，但称为爱，爱为傣族名，故事中所陈述"孝"义傣语无专词，若译汉语"孝"为傣语，只是"喜欢"而已，汉族视葬亲为尽孝道，而傣族的"发送"有除祟意，傣族社会无奴隶制，故无卖身之说。这些都是从风俗上看同一类型故事在不同民族之间的差异。

德国的格林兄弟曾从语言学研究引申到神话研究，他们认为通过对风俗习俗、称谓语、民间信仰等平行材料的比较，可找到语言、神话的最古老成分。邢公畹应用类型学研究法，对民间故事进行研究，从中国丰富典籍文献到少数民族口头发掘到的第一手资料，以同一类型故事探索它在不同文化背景下的演化轨迹；通过汉傣民族同类型民间故事的比较研究，反映出不同的孝道文化、婚姻观念等。此文无论从资料的整理还是研究都具有重要的学术价值。

三　高华年对彝区习俗的考察

高华年 1943 年毕业于北京大学文科研究所，获硕士学位，曾师从李芳桂、罗常培等著名学者，1943 年至 1946 年任西南联合大学中文系讲师。1942 年经罗常培推荐尚未毕业的北大文科研究所研究生高华年加入边疆人文研究室。他曾在 1940 年对昆明近郊的核桃箐村的彝族语言进行调查，写有《黑夷语法》《黑夷语中汉语借词研究》《黑夷故事与词汇》等调查报告。《昆明核桃箐村土语研究》调查报告曾获教育部学术三等奖，这些成果反映出高华年具备了一定的田野调查基础和学术研究的能力。

1943 年至 1946 年，高华年先后调查过路南和昆明近郊彝语，新平县纳苏语、哈尼语，峨山县青苗语，路南县白彝语等。1943 年夏天根据边疆人文研究的安排，高华年在峨山莫石村苗寨进行语言调查。当时除了记载苗人的神话、故事、山歌和词汇作语言上的研究之外，对当地的风俗习惯也进行了深入调查。《青苗婚嫁丧葬之礼俗》一文就是在这一带的调查成果，该文分为引言、云南的苗、青苗婚嫁的礼俗、青苗丧葬之礼俗、结论五个部分。在婚礼礼俗上，为我们介绍婚礼的整个过程，从说媒到婚礼仪式过程都是由歌谣和占卜相伴。

说亲过程中媒人会用唱词表达占卜习俗的重要性。如：

> 老鹰来，老鹰来找鸡。
> 鸡害怕，鸡躲在蕨菜下。
> 客人来，我们杀鸡客人吃。
> 客人回，我们还要算鸡卜。
> 老鹰来，老鹰来捉鸡。
> 鸡害怕，鸡躲在刺麻下，客人来我们杀鸡客人吃。
> 客人回我们又要算鸡卜。
> 算得四个小孔是一样。
> 抽出金舌头银舌头，描得像个水牛角。
> 抽出银舌头给长辈看，抽出金舌头让六亲瞧。①

决定苗人婚事成功与否的关键在于鸡骨卜。鸡骨卜通过鸡的两根股骨来算卜，若亲事相合，每个股骨便有两个小孔，可以插两根细篾，两支股骨子里共有四个小孔，可以插四根细篾，若两根股骨不敷四个小孔，或多过四个小孔，或两支股骨的小孔数目不均，亲事皆不合，遇到此种情形媒人就不能去说亲。订婚过程中重要的一件事是商量男方家对女方家的礼金，这可能是苗族历史上存在过买卖婚姻的遗迹。在整个仪式上父母双方的亲戚是参与者有时甚至还担当决策者的角色，男方家除了要担负女方家礼金外，还要担负亲戚礼金，给女方家的六亲，数目亦只限于两块六和一块六两种，这些表现出苗族社会具有较强的族群意识。

1943年高华年在新平县杨武坝鲁魁山和峨山莫石村对当地少数民族的民间信仰作了深入调查，《鲁魁山倮倮的巫术》是其成果。他对巫术理解不是只停留在迷信的解释上，而是在文中多次引用马林诺夫斯基的《文化论》来对巫术进行分析，可以看出他对民间信仰的认识具有一定的理论基础，并结合田野调查材料，对巫术在少

---

① 高华年：《青苗婚嫁丧葬之礼俗》，《边疆人文》1945年卷第5、6期合刊。

数民族中存在给予了充分的理解。"巫术就人们用知识不能控制处境及机遇的时候,才能发生,同样也可以说,巫术是解决用科学方法所不能达到的某种目的或欲望的工具。特别在缺医少药的少数民族地区,不管巫术的效果是怎样的,可是他们的心理上已经靠着巫术得到了一个安慰和寄托。"① 根据马林诺夫斯基对巫术的分类,即一类为模仿或相似巫术,另一类为接触或感染巫术。以田野调查中所见到的巫术行为对这两类的理论原理来进行阐释。最后他认为民间信仰的研究,"并不是单单要知道这个民族的生活方式,我们应当进一步找出各民族间彼此有关的材料,探究它们的来源,追寻人类原始的心理,找出他们历史的背景出来,这是文化人类学家和民俗学者的职责"。②

抗战爆发后,国立中央研究院历史语言研究所和国立北京大学文科研究所相继来到昆明,与此同时,一批著名的语言学家也纷纷来到这个语言学的黄金地。由于图书仪器方面的缺乏,他们把更多的时间和精力用在田野调查上,他们克服种种困难走进少数民族村寨,罗常培曾用马林诺夫斯基的经历来鼓励不辞劳苦的语言学者们。"费孝通先生在'关于功能派文化论'里说他老师马凌诺斯基教授当第一次'欧洲战起正在新几尼亚之北,所罗门岛之西的一个叫做 Trobriand 小岛上工作。他既是波兰籍,是协约国敌人中的朋友,所以除了不能自由离境外,他在土人中仍可继续工作下去。这个战事无意中促成了他实地研究的素志,而 Trobriand 小岛也就成了功能派人类学的发祥地',自然我们现在的处境有许多地方还和马教授不同。可是,自从抗战以来留在后方的云南,一住六年,因为道义、人情、交通、经济种种约束,不能或不肯'自由离境',却是真的。那么,我们何妨仿效马教授在 Trobriand 岛上的精神,充分利用现在的环境,尽量搜集这块土地上所有的语言材料,给汉藏语

---

① 高华年:《鲁魁山倮倮的巫术》,《边疆人文》1946 年第 3 卷第 3、4 期合刊。
② 高华年:《鲁魁山倮倮的巫术》,《边疆人文》1946 年第 3 卷第 3、4 期合刊。

系的比较研究奠定了基石，岂不给中国语言学史添了一张新页吗？"① 来到云南的学者大多具有务实的精神，在学术研究上走向田野也是大多数学者的选择。

抗战时期少数民族语言调查最明显的特点是语言调查的同时，结合民族学、民俗学等理论深入民族文化研究。王建民认为，"他们在研究中注意到民族语言研究与民族学的结合，涉猎了民族学问题，将民族学的理论与民族语言的调查研究结合起来。一方面从民族学理论出发，研究民族语言问题；一方面由民族语言材料入手，探究民族学问题。民族学理论的引入，帮助民族语言学家更好地去认识语言发展变化的社会文化因素，使民族语言的研究领域拓宽了；民族语言学的研究又为民族学问题的解决在理论和事实两方面提供了有益的帮助"。② 语言学家与民俗学的关系何尝不是如此，二者的结合研究，为新中国成立后的少数民族语言文学发展奠定了基础。

第五节　社会学者的民俗调查

社会学系的教授大多有过留学经历，受到过系统的学科教育，国难当头之时，他们对国家、民族的情感，激励他们的学术研究，希望把国外的理论与少数民族地区的实际情况相结合，探索出一条富国强兵之路。战时的昆明生活条件艰苦，田野调查困难重重，但社会学者在教学和科研方面都取得重要的成就，有的把前期的研究成果整理出版，有的因地制宜地开展田野调查。

一　吴泽霖的民俗调查活动
（一）滇黔苗族民俗调查

云南和贵州地区是苗族的大本营，抗战时期在吴泽霖带领下的一批社会学者对苗族的民俗文化进行了详细的调查与研究，取得了颇丰

---

① 罗常培：《语言与文化》，语文出版社1996年版，第176页。
② 王建民：《中国民族学史》（上卷），云南教育出版社1997年版，第243页。

第三章 西南联大学者的民俗调查

的成果。吴泽霖于1913年考取北京清华学堂，1922年赴美留学。在美国的五年里，他主修社会学，获得博士学位，回国后，吴泽霖谢绝清华大学的邀请，选择了正在艰苦创业的私立大夏大学。来到上海后，1928年与孙文本、吴景超等人发起建立了东南社会学会，两年后，又与沪宁一带的社会学者，会同北京的陈达、吴文藻等人组建了中国社会学社。"抗战前夕，首都南京到云南昆明的公路通车，国民政府行政院主持了一次乘汽车的京滇公路周览团。吴泽霖作为中国社会学的唯一代表参加，他沿途了解边疆民族的实际情况，同时在皖、赣、湘、黔、滇、川等省搜集各种文物，并拍摄风光习俗照片百余幅，回上海后，举办一次公开展览，为师生和当地民众介绍西南民族情况及风光"[1] 这是他第一次看到和接触到西南少数民族，通过沿途的调查对这些少数民族有了一些初步的印象。

抗日战争爆发后，他随大夏大学来到贵州的省会贵阳，随后组建了社会经济调查室，调查的重点是社会状况、少数民族的民俗、神话和歌谣的研究。"编辑了以《贵州晨报》副刊出版的《社会旬刊》，每旬出版，共出40期，因日本空袭报社被毁而停刊。继而又借《贵州日报》出版《社会研究》半月刊，出55期之后，又转到《时事导报》出版。"[2] 还将有关论文编成《民族学论文集》第一辑出版，其中包括吴泽霖《贵州短裙黑苗的概况》《苗族中祖先来源的传说》《贵州苗族婚姻概述》《水家的妇女生活》等。吴泽霖和陈国钧著的《贵州苗夷社会研究》1943年由贵阳文通书局出版。

大夏大学到贵阳后不久，就受到当地政府的委托调查当地民俗文化，"1939年年初，贵州省教育厅民俗研究会委托大夏大学社会经济研究部收集各县的苗族、彝族等民族民俗资料，吴泽霖组织研究部成员，用半年时间分赴各地收集资料、汇齐后呈送民俗研究会。他还组织和参与了'西南边区考察团'，国民党内政部委托大夏大学对安

---

[1] 王建民、唐肖彬、勉丽萍、张婕编著：《中国人类学民族学百年纪事》，知识产权出版社2009年版，第178页。

[2] 王建民、唐肖彬、勉丽萍、张婕编著：《中国人类学民族学百年纪事》，知识产权出版社2009年版，第185页。

顺、定番、炉山等的实地调查,将调查结果编成了《安顺县苗夷调查报告书》《炉山县苗夷调查报告书》《定番县苗夷调查报告书》三书呈报,每种约 20 万字。"① 在贵阳的几年时间里,他带领同事和学生跋山涉水,深入到少数民族地区,对民族分布、民俗、社会经济状况进行调查,先后在《社会研究》《社会旬刊》《边政公论》上发表了《贵州短裙黑苗的概况》《水家的妇女生活》《苗族中祖先来源的传说》《贵州仲家的生活一角——食俗》《贵阳苗族的跳花场》《海㮿苗中的斗牛》《贵州苗夷族婚姻的概述》《贵阳青苗中求婚》等几十篇论文。

吴泽霖在论文中倡导民族之间平等团结,"在法律上、经济上、社会上决不允许有差别歧视的态度。大家应享的权利,丝毫不能剥夺他们;但大家应尽的义务也不应随便躲避"。② 彻底批判了以大汉族为中心的错误的政治理念,认为各民族之间冷漠、互不关心的局面应给予打破,提倡民族平等,共同来建设国家,各民族共同承担义务,同时共同分享权利的体制。

通过田野调查却发现民族之间的隔阂、不信任等在边疆民族地区随处可听可见,少数民族对国家的观念极为模糊,缺乏团结心、向心力,这对边政建设极为不利。少数民族地区民族意识和观念的淡漠,让他忧心忡忡,他决定通过了解民族来倡导消除民族歧视,实现民族之间的团结。他强调"应把各民族的历史进行系统的整理;在民族地区进行广泛的田野调查;把整理调查所得公之于世;尤其应把材料扼要编入各种教科书中,对青少年进行系统的正确的民族教育。此外,还应尽量利用报刊、通俗读物及博物馆进行文字和影像的宣传,以加深广大群众对兄弟民族的了解"。③ 他抱着学术为国服务的精神,在贵阳大夏大学期间,对当地民族民俗文化进行了深入的调查,并尽自己所能,收集一些富有代表性的民族民俗文物。正当他计划对贵州少

---

① 王建民、唐肖彬、勉丽萍、张婕编著:《中国人类学民族学百年纪事》,知识产权出版社 2009 年版,第 197 页。
② 吴泽霖:《对边疆问题的一种看法》,《边政公论》1947 年第 6 卷第 4 期。
③ 吴泽霖:《吴泽霖民族研究文集》,民族出版社 1995 年版,第 6 页。

数民族作全面调查时，在贵阳的家却遭日军空袭炸毁，他只得在郊外租用茅草房，更不幸的这时他的夫人患病，得不到及时治疗而过世。他不得以接受了清华大学的邀请，1941 年 2 月，到西南联大任社会学系教授。在教学之余，他希望在贵州对苗族的研究能够在云南得以继续下去。同年，11 月，他向国立西南联合大学提交了《黔滇苗族调查计划》。

黔滇苗族调查计划

滇黔民族种族繁复，生活习俗尤与汉人迥异。在民族文献中尚无详尽之叙述，如能加以系统之调查，对于民族学之贡献当非浅鲜。吾校社会学系过去在斯族中曾举行社会调查，成绩显著。溯自西迁入滇，倏逾三载。而地滇黔民族问题研究尚乏其人，良可惋惜。泽霖前在大夏大学任教时，曾在贵州东南部作苗族社会组织及生活状况调查，历时二载，局部整理出版者已有数种。至贵州西南部及云南东部散布苗族亦甚多，惜为时间及经济所限未及进行，殊感怅憾。兹拟藉教学之暇，延聘助手继续调查研究，若有所得，亦足供民族学之补充资料。爰特拟就二年研究计划一份。呈核，并予指正是幸。

研究计划大纲

一、研究对象：

甲、贵州西南部之夷族及苗族；

乙、云南东部、中部之苗族及倮倮。

二、研究内容：

甲、族系分布；

乙、生活背景；

丙、家庭生活；

丁、经济生活；

戊、日常生活；

己、婚姻；

庚、丧葬。

三、研究期间：

暂定二年，自民国卅一年一月至卅二年十二月底止。

四、研究步骤：

甲、文献整理工作约三月；

乙、实际调查约一年；

丙、整理资料约半年；

丁、缮写报告约三月。

五、研究费用：

甲、助手薪金（每月薪金以 300 元计）7200 元；

乙、调查费（调查员二人每日以 20 元计）7200 元；

丙、旅费 2000 元；

丁、照相、纸张、文具 1000 元；

戊、杂费（交际费）1000 元；

已、预备费 1000 元；

庚、抄写费 600 元。

共计贰万元整。

六、已出版之民族研究刊物；

甲、民族学论文集；

乙、炉山黑苗的生活；

丙、安顺苗族的生活；

丁、苗胞影荟；

戊、贞丰仲家字汇；

已、威宁大花苗字汇。①

从这份调查计划来看，他希望从民俗志方面对黔滇苗族作全面调查。但是由于种种原因，计划被搁浅。

---

① 北京大学、清华大学、南开大学、云南师范大学编：《国立西南联合大学史料（三）教学、科研卷》，云南教育出版社 1998 年版，第 557 页。

（二）"边胞服务站"的活动

吴泽霖虽然在滇对苗族的调查计划没有按时实施，但他对边疆的担忧，边民的关切之心却丝毫未减。1942 年，抗战进入非常艰难的时期，滇西部的一些地方受到日本帝国主义的严重威胁，边疆的安危关系到中国的命运，如何开发边疆和促使边疆少数民族参与抗战迫在眉睫。是驯化、汉化还是尊重他们的文化，帮助提高他们的生活水平，来达到团结一致统一抗战。吴泽霖认为建立"边胞服务站"既能为边民生活提供便利又有利于深入了解他们的生活，是最便捷途径。他在《民族复兴的几个条件》一文中提出，民族复兴的最基本工作，在于物质资源的开发和善于利用。他指出中国的物质环境是不太理想的，"不过物质环境，并不是绝对不能改造的"。当然这种改造又是非一日之功的，"政府应抱有最大决心，彻底的按部就班做下去，脚踏实地地进行工作才能有所收获"。同时必须打破区域上的界限，发展以铁路为主及公路空运为辅的交通建设。他还提出边疆福利事业的推行，原则上应由边民自己来承担。但在初期，边民不能担任全部这类的工作，我们应当选派一些富有同情心、富有牺牲精神，及有服务经验的人士，前往主持一切，学习当地的方言，参加他们共同的生活，同时尽量提携当地有志的人们，给他们以技术上、方法上的训练。一直培植他们，使他们能够自发、自动地担任全部工作为最后目标。[①] 他希望以切实可行的办法来推行边民的福利事业，为战区的边民提供力所能及的服务。为了获得资金和政策的支持，他积极与各方联系，终于在重庆"新生活运动促进会"和"清华大学研究院"的资助下，从云南省卫生部门申请到部分疾病防疫和治疗的药物。他推荐社会学系的毕业生张正东、邝文宝，教育学系毕业生李觉民和一位纳西族女教师赵银棠，以及其他的几位青年，作为丽江边胞服务站的工作人员。不久，在他的指导下，又在云南省墨江县建立了第二边胞服务站。

---

① 吴泽霖：《从么些人的研究谈到推进边政的几条原则》，《边政公论》1946 年第 2 期。

边胞服务站成员在从事医疗卫生、国民教育、抗战宣传等工作的前提下，吴泽霖还指导工作人员收集当地的民俗物和进行摄影记录，并取得了很大的收获。"该站工作人员经过半年的努力，先后在纳西族、傈僳族和藏族聚居地区收集到200多件文物和照片。根据吴教授的指示，上述文物于1943年2月从丽江抵重庆，并于同年2月中旬至3月上旬在重庆夫子池展出。前来参观展览的有重庆《新华日报》社的主要负责同志，还有不少在重庆工作的文化教育界人士。20世纪50年代院系调整时，这批文物现存部分由清华大学移交给中央民族学院收藏、利用。"① 这次的展览会向社会各界和城市居民展示了云南少数民族的生产生活状况，希望大家在了解的基础上，更加关心边疆的建设。

吴泽霖除了课堂上鼓励同学走向田野，他自己的研究也是建立在田野调查基础之上的，1943年8月到丽江纳西族聚居地进行调查后，他撰写了《么些人之社会组织与宗教信仰》《么些人的婚丧习俗》《从么些人的研究谈到推进几条原则》和《边疆问题的一种看法》等论文。在纳西族地区的调查除了为政府提供一些积极的边政政策外，吴泽霖认为："我们要了解一个民族，一定要知道他们整个人的生活形态。"② 基于了解民族，需知道个人生活形态的观点，他在丽江时主要从纳西族的民间信仰、家庭组织和人生仪礼方面展开调查。

纳西人的家庭组织是以父系为血缘的世系，因此父亲的地位在纳西人中是很高的。"他的床是在房子的正屋内，吃饭的时候，他坐在正位，儿子依次陪着，媳妇则根本不入座。子女的管理，多少也根据严父慈母的原则，故子女们大都畏惧父亲。子女的大事，连婚姻在内，父亲是最后的决定者。"③ 但在纳西族中妇女的经济地位并不比男子低，其原因是女子是家庭中主要的经济生产者，她们大多掌管家里的经济大权，母亲的主张和意志，子女同样也要听从。年轻的媳妇

---

① 潘乃穆、潘乃谷：《艰苦岁月中的社会学先驱》，云南教育出版社2011年版，第83页。
② 吴泽霖：《么些人的婚丧习俗》，《社会科学》1948年第3期。
③ 吴泽霖：《么些人之社会组织》，《边政公论》1945年第4卷第4、5、6期合刊。

的地位却很低,"全家吃饭时,唯有她不上桌,只能在屋角里或灶旁独自分食。到了晚上,劳动了一天,全家的人都围着火取暖谈笑,但是在这个火边的亲属圈中,没有媳妇的地位,她只得悄然留在圈外,去从事白天没有做完的工作,虽然一切谈论,她仍还听得到"①。

纳西族地区的土司专制削弱了家族的职能,族长除了联合起来祭天和处理一些族内纠纷外,没有更多的特权和特别高的尊严。甚至认为担任族长只是为了消除一年的灾难,"男子年龄在三十六、四十九、六十一岁者,可向族人请求尽先当值,因为这些年龄一向视为不吉,易遭厄运,倘担任一次值年可解凶延寿"。随着政治权力的加强,以族群为主的权力中心却在削弱。

纳西人除了对祖灵崇拜外,还是一个多神信仰的民族,在乡村的庙宇中,多半置有观音、财神等菩萨,这似乎与汉人无异。东巴教是纳西人的原始宗教,吴泽霖对此进行了详细的阐述,从"东巴"的来历、传承到东巴在超度灵魂、驱鬼祭神等仪式上的过程都进行了详细调查。对于原始信仰的东巴教为何逐渐衰落,吴泽霖经过调查后寻找到一些原因。他认为"受到喇嘛教的冲击,作为原始信仰的东巴教表现出了衰弱。两者相比较而言,多巴由于在生活中和其他民众无异,他同样参加劳动,可以像凡人娶妻生子,喇嘛则与平常人不同,除了三年三月余常人难以达到的静坐外,还不能娶妻,再加上喇嘛寺里有庙产,不依赖为人诵经的报酬生活。因此,喇嘛的地位比东巴崇高。虽然如此,但在人们生活中的婚丧嫁娶及消灾接福等,还是以东巴受欢迎。喇嘛教不能深入纳西人的生活,其原因是:喇嘛教是外来宗教,不能尽合他们的味,喇嘛集中的寺院内,远离乡人的村庄,而东巴是生活在他们其中的"②。吴泽霖分析有关东巴教衰弱的原因,受到调查资料的限制不一定很翔实,但通过田野调查记录的纳西族民间信仰仪式,却是真实再现了当时民众的信仰习俗。

---

① 吴泽霖:《么些人之社会组织与宗教信仰》(上),《边政公论》1945 年第 4 卷第 4、5、6 期合刊。
② 吴泽霖:《么些人之社会组织与宗教信仰》(下),《边政公论》1945 年第 4 卷第 7、8 期合刊。

东巴经典是传承民间故事的纽带，吴泽霖通过东巴经典译述了《"是瞭"传说》《三多神的传说》《创世祖先的传说》等。《创世祖先的传说》是纳西族开天辟地的神话，由天地之气生万物。在主要情节单元中也有兄妹婚的出现，但与其他民族兄妹婚不同的是由于兄妹婚秽亵天地与星辰，给大地带来毁灭的灾难。唯一幸存男性，与天女婚配后一胎生三子，但不能言语，在天神的指引下进行了祭天仪式，三子开口说话，分别说的是古宗话、么些话、民家话，长子后为藏族之祖，次子为么些人之祖，季子为民家之祖。吴泽霖没有在文本中表述自己的见解，但从中还是可见这则神话所表现出的族源性，"三兄弟"的情节在神话中出现，长子或幼子为外族人，而次子为外族人，在兄弟中也没有汉人出现。那么，是否可推测这则神话的讲述时与汉文化没有过密切的接触，不会刻意强调与汉人的共同血缘性。从另一个侧面反映出神话中的地域性和民族性。

吴泽霖从"放蛊"和"征兆迷信"两个方面调查了纳西族民间信仰。在云南少数民族地区，人们谈蛊色变，吴泽霖的解释是："蛊之为物，纯系猜度而来的心理作用，在乡间卫生环境极度恶劣，医药常识缺乏的生活中，染病为毒，当然常会发生，尤其在童年时代病痛，向较成人为多。得病之后，无法解释，遂笼统称之曰中蛊。"[①] 在人们的生活中征兆无处不在，甚至左右着人们的生产生活。吴泽霖根据田野调查，分别以生物活动、梦兆、相貌、日常生活四类详细地列举了纳西人的121种征兆。吴泽霖倡导在丽江建立边胞服务站，其目的在于发起风俗改良运动。科学救国是当时大多知识分子的选择，迷信作为当时一种负面的社会现象，其神秘性成为落后、愚昧的象征。吴泽霖对此现象没有发表太多否定观点。对此如实记录的目的，是希望有针对性地制定改良风俗，以科学常识来破除迷信。

纳西族的殉情习俗引起外界人士关注，而对其内情大多不得而知。吴泽霖对纳西青年婚姻情况进行调查后，认为这类事件之所以在

---

① 吴泽霖：《么些人之社会组织与宗教信仰》（下），《边政公论》1945年第4卷第7、8期合刊。

纳西族中流行，甚至一度惊动官方，是与纳西族婚恋观有关。纳西族的传统婚姻是相对自由的，很可能由于汉化的因素约束了婚姻，建立了一夫一妻制，婚姻讲究父母之命，媒妁之言、门当户对等。但同时仍然保持男女青年婚前自由恋爱和交往的习俗，在他们的歌词和故事中，常常有传述青年们热恋的事情。在生产劳动中，收割稻子由女子担任，常常联合几家在月夜工作，他们一面割稻一面高唱山歌，青年男子即来附和，深夜不息。遇到节日和晚上，青年男女相约，在广场中生一堆火，全体牵手绕火而歌，歌词大多和歌颂爱情有关。庙宇或一些定点烧香的场合，也为未婚青年的相识提供了契机。在纳西人的社会里，除了日常生产活动是交往的重要时机外，人生仪礼时也是人们情感交流和亲疏关系重建的场合。他们的婚丧嫁娶不但是当事人的一件大事，更可以看成一种重要的社区活动，调节人们枯燥的生活，增加相互交往的机会。任何一家遇有婚丧事件，非但本家亲戚前来贺吊，全村的人都参加活动。各种司事掌管往往自动前来投效服务。宾客所带来的东西，名义上虽说是送礼，事实上全是供给自己的酒食。遇到了这种的时机，日常的机械生活，至少可以暂时放弃一下，平常难得享受到的饮食也可以痛快地尝到几顿，久离分散的亲友也可以乘此机会会晤团聚。尤为重要的，在唱歌跳舞的节目中，青年男女可以获得一个互相接近的机会。① 正是因为婚前有充分自由的恋爱关系，在长期的交往中建立深厚的情感，并渴望把这份情感保持下来，成家立业，建立幸福美满的家庭。但绝大多人的婚姻是由父母做主，媒妁的撮合，订了终身，青年男女没有婚姻的自主权利。包办的婚姻双方互不了解，有的人因住的距离相隔遥远连对方的长相都没有见过。包办婚姻引起了青年们的不满，相爱至深的男女怀着宁死不分的决心，双双殉情自杀。官方曾试图禁止与殉情相关的宗教活动，如对殉情者灵魂的超度，以期望殉情行为能得到遏制，但其收效不大。吴泽霖通过调查发现殉情存在的原因，有利于指导政府和当地官员制定合理的婚姻制度。

---

① 吴泽霖：《么些人的婚丧习俗》，《社会科学》1948 年第 3 卷。

丽江一带的纳西族在吴泽霖调查时已是父系继承制，但他认为，纳西族早期应是存在过相当长的母系社会。因为从目前的婚俗来看，夫妇虽已正式结婚，但表面上并不同床，一个娶了亲的青年在家中没有正式的卧房，房事只能随处秘密进行。就是在汉化甚深的丽江坝子中，夫妇于新婚后的一月中可以同床，有子嗣后即分房而居。这种礼俗在世界上虽然不是独一无二的例子，但是很难理解的。可能的解释或许是母系制度过程中未能完全调适的一种破绽。在原来的母系社会中，男子长大后，总要随他的妻子居住。在宗教上他是老家的一分子，在经济上及工作上他与妻家是一个集团。他可以偶然回来，尤其遇到与妻党发生纠纷时，可以回来躲避掩护，但在老家中没有他固定的地位。形式上，他永远是家中的一位客人。这种制度逐渐转变到父系的方向，媳妇代替了女儿，而儿子的地位反而发生问题。妻子定居夫家，他无须再到妻家去，但传统上他在家里漂流无定的地位仍然没有大改，在形式上弄得他仍无着落。对于这种现象，吴泽霖认为，"在社会制度嬗变的过程中常会有这种脱节现象，有时可能是暂时的，不久就会调适改变。但有时了会因积重难返，某些部分，始终不变，形成一种依常理看来似乎不协调不合理的安排"。①虽然婚姻制度由母系过渡到父系，但女子在纳西家庭中的地位相对于汉人社会却很高，一般人家一切的经济权大都在女子的掌握中。在婚姻的仪式中也可见其女性在家中的地位，婚礼上东巴以树箭以秤交新郎，以树塔、树梯及铜锁交予新娘，秤表示称钱进门，锁象征钱财保管。

分析纳西族丧葬礼节，也可发现其母系制的遗迹。舅父的地位极为重要，在埋葬及断孝的仪式中，舅父都要全程参加。丧葬在具深厚情绪的礼俗中，比较不容易改变，所以从丧葬仪式上我们常能追溯以前社会状态的线索。"在母权社会里，男子就居妻家，一遇母家有事，即回来主持一切。么些人的家庭早已演成父系制度。舅父的地位早已消失，但在较为守旧的丧葬礼俗中，舅父仍照例来参

---

① 吴泽霖：《么些人的婚丧习俗》，《社会科学》1948年第3卷。

加。这虽是间接的推考,但也是母系制度确曾存在的一种旁证。"①吴泽霖以婚丧礼俗的调查,试图去解释生活中的礼俗与历史上母系社会的关联性,其目的是为更好地提出确实可行的政策为"边胞"服务,这与他建"边胞服务站"的初衷是一致的。

(三) 收集民俗物

吴泽霖的另一个贡献是对民族民俗物的收藏,筹建了民族博物馆。1937年在参加"京滇公路周览团"考察的路途中,他开始收集戒指、手镯等民俗物。在抗战时期他开启了最初的民族文物收集工作,这为1949年后民族博物馆的建立奠定了基础。民俗物的收集需要田野调查和学科理论的指导,首先要正确认识什么是民俗物,吴泽霖认为:"凡能反映各少数民族在生产上、生活上的基本情况的一切实物,都是少数民族文物。"② 他对民俗文物的收集也是在这一原则的指导下进行的,他认为在文物收集时对能反映一个民族生产生活的物品,不论是粗糙的生产和日常器具,还是精美高贵的物品,都同样具有文物价值。民俗物是反映生产生活的实物,它留下了民族历史和风俗的烙印。

贵阳大夏大学时期,他在田野调查时就尽自己所能征集民族文物,并在贵阳举办了多次民族文物展览,为外界人士了解少数民族起到搭建桥梁的作用。在西南联大时吴泽霖深入云南少数民族地区进行调查,把征集到民族文物,在清华大学驻昆明办事处展览。他指导边胞服务站进行抗战宣传、边胞服务的同时,亦鼓励工作人员征集当地民俗物,且以身作则。他强调民俗物是与人的生活相联系的,在收集时,不仅是对物品的收集,还要了解它的生产过程。"每件文物都有它的历史;它和人结合在一起,从它的制作起一直到它的消灭,在人们的生活上都发生事实上的作用和一定的影响。所以,虽然一般文物个别孤立的都是死的东西、静的东西,但从全面的或发展来看,都有

---

① 吴泽霖:《么些人的婚丧习俗》,《社会科学》1948年第3卷。
② 吴泽霖:《关于少数民族文物的一点认识》,载《吴泽霖民族研究文集》,民族出版社1991年版,第239页。

它活的一面。"① 民俗物承载民族生活历史,对理解当代民族生活也有重要意义。

吴泽霖的调查和著作中,表现出民族文化调查对现实的关怀,即关注边民,服务现实。当时,官方和大多学者提出对少数民族的汉化政策,而他则认为,政府应通盘考虑如何解决少数民族的疾苦,边民与内地汉人一视同仁,不应强求改变他们的生活习惯,全部汉化,因为在"文化领域中,不论是语言、文字、习俗、信仰等方面,本无所谓优劣之分"。② 正因为他认识到少数民族文化作为中国文化中不可缺乏的一部分,所以他希望通过学术研究让政府部门更多的重视少数民族的生活,让民众了解更多的少数民族情况,消除民族之间的隔阂。

吴泽霖对西南边疆民族进行详尽的田野调查,即有配合现行国家建构,同时也希冀消除民族偏见、统一民族认同之目标。他认为"在法律上、经济上、社会上决不允许有差别歧视的态度。大家应享的权利,丝毫不能剥夺他们,但大家应尽的义务也不应随便躲避。藉口少数民族而免其应有的负担,从长时间看,是最不聪明的政策"。③ 如果说,这时的西方田野调查对象是"异族",即致力于区别"自我"与"他者"间的差异性,那么从吴泽霖的认识上可见的是"求同存异",一方面在政治上一体,倡导中国民族是一个的理念,另一方面,主张各民族在平等的前提下,既尊重差异,也包容其多样。

二 其他社会学者参与的民俗调查

抗战时期,李景汉随清华大学来到昆明,任社会学系教授,讲授《初级社会调查》《高级社会调查》等课程,并任为清华大学国情普查研究所调查组主任,在此期间进行了昆明1市3县农业人口调查、

---

① 吴泽霖:《关于少数民族文物的一点认识》,载《吴泽霖民族研究文集》,民族出版社1991年版,第239页。
② 吴泽霖:《自序》,载《吴泽霖民族研究文集》,民族出版社1991年版,第5页。
③ 吴泽霖:《边疆问题的一种看法》,《边政公论》1947年第6卷第4期。

呈贡县人口普查，并发表了《呈贡县动态人口调查的实验》等。1938年冬季，在滇缅路尚未正式通车的时候，他受邀参加滇西边地考察团，在两个月的考察期内，对芒市、蔗放等摆夷（现为傣族）社会进行了细致调查，撰写了《摆夷人民之生活程度与社会组织》，为我们展现傣族平静安宁的生活状态。他通过对傣族日常生活的描述，揭示了傣族社会中与世无争的原因。在傣族日常生活里几乎看不见不欢的事件，听不见口角的声音，这简直就是人间的乐园，主要原因有：摆夷社会内每家既均有大致相同的耕地与房屋，生活易于维持。故财产上之重大纠纷无由发生，再以家庭而论，各家多系小家庭，则汉人家庭内婆媳间种种之不和，也就不会有。不但如此，夫妇离婚也容易，在女子方面尤无不便之处。不但社会不注意贞操，既在生活方面男子亦多依靠女子，故男子不能对女子吹毛求疵也。傣族谚语说"男无女，三年变为乞；女无男，三年可作摆"[1]。对于傣族社会中的和谐现象，他认为自己的调查分析还不够全面，当他读到田汝康的《摆夷的摆》时，认为这是一篇了解傣族社会极好的调查报告，并撰写了一篇长文来进行强烈推荐。[2]

他注重社会调查，更讲究科学的调查方法。他曾撰文《边疆社会调查研究应行注意之点》。认为一个合格的社会调查者首先对这项工作需有热情，其次是从事实出发。在调查过程中要掌握以下方法：

　　1、实地观察，无论是否通晓当地语言，亦应多用实地观察法，不但对于衣食住行日常生活各方面具体的事物要细心观察。对于一切风俗习惯、社会制度、精神生活所表现出的行为，也要有实地观察法。例如遇到一种群体的实际活动时，要自活动开始起到活动终止，都要亲自在场，集中精神，实地观察，并在可能的范围内，和不致引起轰动怀疑的情形下，详细的随时观察，随时记录，不要放过任何以为是无足轻重的细节。当然，若能以摄

---

[1] 李景汉：《摆夷人民之生活程度与社会组织》，《西南边疆》1941年第11期。
[2] 李景汉：《摆夷的摆》，《边政公论》1942年第7、8期合刊。

影或绘画辅助记录之不足,尤善。

2、记录,不但要随时记录,也要在观察某种活动时,立刻整理笔记,因为时间越久,记忆就越模糊。

3、访问。在访问时,要选择访问人选,并了解其中方面的情形,如其社会的地位,人缘,性格、思想等。如此可以针对他的背景,调整访问内容和方法。同时,还要注意选择访问的时间。访问法的成功决定于三方面。第一,要会问,即能在适当的时间,以适当的问法,发出适当的问题。第二,要会记,既能在对方散漫的谈话中,找出与问题有关的材料。第三,要会谈,即在对方继续互相谈话间,让对方感到你在认真听。另外,调查者的态度也至关重要,任何引起疑忌的行为都须避免。我们不但要得到事实的材料,而也要得到当地人民的好感。何况若不能始终维持对方的好感,完备的材料是得不到的。对于他们特殊风俗习惯,不要少见多怪。一切言行举动,都要来得自然,逐渐于本地人民的生活方式打成一片。①

他的这篇文章,对田野调查方法进行详细的指导,是当时学人的田野手册,甚至到目前仍然具有重要的借鉴价值。

1942年胡庆钧毕业于西南联大社会学系,毕业后受罗常培和向达两位教授的影响,报考了北京大学文科研究所人类学专业。录取后,导师为凌纯声,开学不久,在凌纯声的安排下,与同组研究员芮逸夫一道,前往李庄东南相距约有二百华里的叙永县地区和滇北的威信,从事苗族社会历史的调查研究。调查时间从1942年12月至1943年5月,于同年年底写成了《四川叙永苗族调查报告》一稿。② 原稿在解放后的搬迁中散佚,目前所见的是在1944至1948年发表于重庆、昆明的五个单篇,分别是《川南苗乡纪行》《叙永

---

① 李景汉:《边疆社会调查研究应行注意之点》,《边政公论》1941年创刊号。
② 胡庆钧:《汉村与苗乡——从20世纪前期滇东汉村与川南苗乡看传统中国》,天津古籍出版社2006年版,第188页。

苗族的生活程度》《不容忽视的边区土地问题》《叙永西南相邻地区苗佃的深重负担》《苗族人口品质的商榷》，文中描述当时调查区苗族的婚丧嫁娶、饮食习俗、生活经济状况、人口情况等。1944年硕士研究生毕业后，留任于中央研究院历史语言研究所，1945年应聘于云南大学社会学系。这期间对昆明周边两个县城进行调查，这两个村落是当时呈贡县龙街乡的大河口村（现今大渔乡）与中卫乡的安江村（现属晋宁县）。《滇东汉村》[①]为了我们呈现了20世纪40年代呈贡的生产、生活民俗，乡村社会制度、婚姻习俗、丧葬习俗等。

小 结

抗战时期，国民政府转移到重庆后，国民政府迫切需要掌握更多有关云南少数民族的生活状况，国民党中央在边疆施政纲要中就提出："设置边政研究机关，敦请专家，搜集资料，研究计划边疆建设问题，以贡献政府参考，并以提倡边疆建设之兴趣。"[②] 国民政府基于对边疆的建设，需要了解边疆民众的情况，实地的田野调查就必不可少，当时研究机构和地方院校就成了主持调查的主力军。民俗调查在民族调查中具有重要的地位，具体体现在：云南民族众多，文化各异，不同研究领域的学者要了解一个民族，首先要了解他们的风俗习惯，做到入乡随俗，对少数民族的各项调查才能顺利进行。另外，从地理位置来看，云南位于西南边陲，民国时期，云南东与贵州、广西连界，南接法属安南（越南），西南部与英属缅甸相邻，北连四川，西北与大凉山接壤。复杂多样的地理环境，形态各异的民族文化，从而保留了多元的民俗文化，吸引了学者的关注。

早在《礼记·王制》中就有记载："岁二月，东巡守，至于岱

[①] 胡庆钧：《汉村与苗乡——从20世纪前期滇东汉村与川南苗乡看传统中国》，天津古籍出版社2006年版，第189页。

[②] 国民党五届八中全会主席团：《关于加强国内外民族及宗族之间之融洽团结以达成抗战胜利建国成功目的之施政纲要》，《边政公论》1942年第1卷第1期。

宗，柴而望祀山川，觐诸侯，问百年者就见之。命太师陈诗，以观民风。"帝王为了解民情，命令采诗官采集民歌民谣。可见古人就已认识到民俗与国情的关系。闻一多在"湘黔滇旅行团"路途中指导刘兆吉采集歌谣以及马学良调查民族语言的活动，其目的也是希望以此来了解民众的心声。

云南丰富的民俗文化资源吸引了语言学、民族学、社会学不同领域的学者，他们在自己所从事的领域里，对云南少数民族习俗、民间文学、民间信仰、典籍文献的搜集和专门研究，并发表大量的学术论著。综观这一时期西南联大对民俗的研究具有以下特征。

（一）多学科交融研究

多学科交融研究包括方法的多角度和来自不同学科领域的参与者。人类学、社会学、民族学、民俗学之间有着深厚的学术渊源。"中国民俗学运动的发端，仅仅是歌谣的采集与研究，到了 20 年代末以及整个 30 年代，逐渐与民族学、人类学、社学等学科建立了亲密的联系，在方法论上吸取了这些学科的方法。"[①] 在抗战的特殊历史条件下，西南联大学者对当时少数民族的民间文学、民间信仰、风俗习惯等民俗事象实施的实地调查，不仅是从本学科研究的角度出发，而且是把少数民族文化作为华夏文化的一部分来进行关注研究。西南联大学者大多具有在欧美和国内高等院校深造的学术背景，接受过系统全面的西方社会学、人类学、语言学等理论的学习和训练，拥有深厚的专业功底，同时通过田野调查尝试将理论与云南边疆少数民族的调查材料紧密地结合起来进行全面系统的考察。运用科学的调查方法，基本摒弃了大汉民族主义思想和文化中心论观念，这标志着用现代学术理论方法对云南少数民族进行研究的开端。抗战时期虽然在云南报纸杂志上介绍国外民俗学理论的著述并不多见，但在对云南民俗文化进行田野调查研究的过程中，大多学者都在有意或无意地介绍和运用到了西方的理论来对云南民俗文化进行阐释。

---

① 刘锡诚：《20 世纪中国民间文学学术史》，河南大学出版社 2006 年版，第 580 页。

(二) 民族凝聚力的体现

中国民俗学的兴起与民主主义密切相关，"五四"前后，整个知识界眼光开始向下去关注民众的生活。1922年在《歌谣》周刊的"发刊词"中说道，歌谣加以选择，可以"编成一部国民心声的选集"。从歌谣的征集活动的目的可以看出，知识精英们从口头传统入手认识和了解民众思想，从而唤起民众的民主意识。早期的民俗学参与者，大都富于深厚的国学功底和文学修养，这很容易使他们把自己的治学功力和兴趣，与民间文学、民俗学相结合。随着中西学术的交流，中国学者受到外来冲击的时候，激发了民族的自尊心，怀有对民族的忧患意识，激发他们走向民间去寻找民族精神之路。抗战时期，云南地接英、法控制下的缅甸、越南，边地不断遭到英、法等国的侵略，片马悬案未决，江心坡又被强占。学者虽然处境窘迫，但对关涉国家、民族利益之事表示出极大关心和忧虑。介于云南多民族聚集区和边防战线的特殊地理位置，民族关系是当时最迫切需要解决的一个现实问题。一方面，日本等帝国主义国家企图利用民族关系进行侵略，提出云南一带的彝族、傣族与泰国人同族源的关系，意图煽动泰国人向中国云南各地发动扩张领土的野心。此时，民族同源性，是联合少数民族地区抵御外来侵略者的思想武器，西南联大教授闻一多先生从神话、民间信仰习俗等角度阐释云南各少数民族与汉族的同源关系，唤起了少数民族地区人们的爱国主义热情。另一方面，汉族与各少数民族之间，甚至是各民族支系之间，由于缺乏交流，对各民族日常生活不了解，以观念自分，由隔阂而生误会，由误会而至仇视或斗杀。这都是由于彼此的不了解和猜疑所致，学者们进入少数民族地区进行田野调查，增强了人与人之间沟通，开启各民族交流的首把钥匙，增强了民族的凝聚力。在民族和国家处于危亡之际，平日被掩盖着的，不被人们注意的少数民族民俗文化，受到了人们的关注。

(三) 有计划、有组织的科学调查

如果说，抗战前民俗研究更多的是学者个人兴趣爱好的体现，那么，抗战时期的调查，已经转入以有计划调查为主的阶段。从吴泽霖提交的《黔滇苗族调查计划》和边疆人文研究室提交《南开大学文学院边疆人文研究计划与工作步骤》[①]等计划中可以看出，调查前都需对调查地点、参与者、调查范围、经费、预期成果，做出详细的计划安排。调查都是在有计划、充分准备的前提下进行的，调查人员都具备田野调查的基本素质，配备了仪器设备，这就保证了调查资料收集的真实性和科学性。各领域的学者都把民俗研究作为了解少数民族的重要组成部分，在田野调查中，十分关注民间习俗。有意识地收集口头文学和相关的民俗风情，突破国人以文献来认识少数民族民俗的局限，从而能立体、真实地反映云南不同民族的生活状态。

[①] 北京大学、清华大学、南开大学、云南师范大学编：《国立西南联合大学史料（三）教学、科研卷》，云南教育出版社1988年版，第557页。

第四章　云南大学学者的民俗调查活动

抗战爆发以前，中国的民族学研究主要集中在东部沿海及相邻地区——北京、广州、南京、厦门、上海。抗日战争使得中国的学术中心向西移。大学的教职员工和研究院学者都迁往战火没有蔓延到的西南地区，昆明更是成为民族学研究机构和研究人员最为集中的城市。

1937年之前，社会学和民族学这两个姊妹学科在中国的分工情况和西方一样。社会学研究汉族，而民族学研究少数民族，战时期间来到云南少数民族地区的学者，研究领域也发生了变化，民族学家、社会学家和其他社会科学家几乎人人投身民族志研究。如果说抗战前各学科各地域代表不同的理论学派的话，那么到1937年之后，随着人员的流动，各学派的学者不得不一同共事，这种合作在"魁阁"工作室具有代表性。陶云逵留学德国，受德奥学派的影响，主张历史、形式、文化的传播，从各方面的相异之处入手。费孝通留学英国，受英国功能学派的影响，主张通过实地调查，以不同地区的相同处入手进行比较。"费孝通承认他们之间由于师承不同，时常会发生争论，但是正是因为两者的出发点不同，所以讨论时也更显得有趣味，而陶云逵则认为辩论使他们产生了更深的交情。"[1] 尽管他们有着各自不同的文化理论背景，却同在一个研究室工作，这说明当时社会科学家之间已经打破了学科隔阂。

---

[1] 费孝通：《忆魁阁》，载潘乃谷、王铭铭主编《重归"魁阁"》，社会科学文献出版社2005年版，第9页。

第一节 "魁阁"研究室的民族调查活动

1938年秋天,吴文藻受熊庆来之邀,来到云南大学执教,任云南大学教授,次年受云南大学的委托建立社会学系。1940年,吴文藻创办了云南大学—燕京大学社会学研究室,但不久后吴文藻就离开云南到重庆任职。吴文藻走后,刚从伦敦回国的费孝通接替了他的工作。"从伦敦回国受聘于云南大学,立即投入云大新建的社会学系,并取得吴文藻的同意在云大社会学系附设一个研究工作站。使我可以继续进行实地农村调查。这个研究工作站在敌机滥炸下迁居昆明附近的呈贡魁星阁,'魁阁'因而成了这个研究工作站当时的通用名称。"[1] 当时为了躲避敌机的轰炸,把"魁阁"研究室设在昆明的郊区呈贡的一座破庙里。

颠沛流离的生活,间或也有相对平静时期得以进行学术研究,费孝通的经历代表了抗日战争时期许多中国学者的经历。费孝通在英国伦敦大学经济政治学院获得博士学位后,从越南西贡辗转来到昆明。到达昆明两周后,在姨母杨季威和同学王武科的介绍下,到离昆明一百公里的禄丰县的一个村子作实地调查,1940年1月,他完成了调查,以《禄村农田》之名出版,并获教育部的奖赏。后与他指导的西南联大学生张之毅调查的《易村手工业》和《玉村农业和商业》,合编为《云南三村》。

费孝通受西南联大的邀请,曾在社会学系开设了"民族学""社区研究""社会制度""农村社会学""社会变迁"等课程。"魁阁"研究室的成员大多是来自于西南联大毕业的学生,并在工作中取得了不错的成绩,这与他在联大授课对学生的影响有一定的关系。张之毅西南联大社会学系毕业后,首先加入研究室,协助费孝通作禄村的调查,并对云南的两个农村进行调查,在此基础上撰写的两篇调查报告

---

[1] 费孝通:《忆魁阁》,载潘乃谷、王铭铭主编《重归"魁阁"》,社会科学文献出版社2005年版,第4页。

被费孝通译成英文，编入 Earthbound China。同是西南联大社会学系毕业生史国衡，调查了昆明一个工厂的劳工问题，标题是"中国进入机器年代"，后被费孝通译成英文发表。1940 年田汝康毕业于西南联大哲学心理学系，在校时曾选修过费孝通的《社会变迁》等课程，大学三年级时，被费孝通邀请参加社会学研究室，他一边工作一边学习，并以优秀的成绩毕业后，继续留在了研究室。田汝康首先到昆明一家纺织机器厂对女工进行调查，撰写了《内地女工》的调查报告。1940 年，受到教育部和中国农行的支助，工作站派田汝康到芒市去研究少数民族地区的教育，经过对那木寨的调查，完成了他的代表作《芒市边民的摆》。1945 年毕业于西南联大文科研究所的硕士研究生胡庆钧，受聘于云南大学社会学系，他对昆明相邻县城——呈贡的两个汉族村落进行调查，包括了当地民众的生产生活、家庭社会组织、婚丧嫁娶习俗，深入考察了乡村绅士在社会变革中权利结构的变化，撰写了《呈贡基层权力结构的研究》。抗战爆发后，燕京大学社会学研究院研究生李有义随同文化机关来到昆明，加入云南大学社会学研究室。以滇越铁路近旁的路南作为调查对象，经过半年多的实地调查，写成了《汉夷杂区经济》一书，该书调查汉夷杂区的同时，还介绍了婚姻、家庭组织、民间信仰等习俗。曾在云南社会学系工作过的许烺光、陶云逵都取得过不错的成绩。这些研究成果大部分都在吴文藻主编的《社会学丛刊》中发表，由重庆商务印书馆出版发行。在这些调查报告中都有对所调查区域的民族文化进行记录与描述，也是我们了解不同区域民俗文化重要的材料。

第二节　方国瑜与西南文化研究室

1933 年，方国瑜在北京大学研究所学习期间，受所长刘半农鼓励回到丽江家乡研究纳西族文字。纳西族东巴文字主要是用于经书的书写，因此要研究东巴文字必须了解东巴教，他不畏艰险深入纳西族的聚居地石鼓、巨甸等地考察，请东巴讲解经典中的传说故事，随同东巴一起参加各种民间仪式，翻译经典中的《人类起源》和其他一些经书。经过近半年的努力，方国瑜完成了《纳西象形文字谱》初稿。① 多年后才几经周折终于在1981年由云南人民出版社正式出版，该书研究了纳西象形、标音文字的创始和构造，纳西族的渊源迁徙分布，分别对日常使用的1340个象形文字进行标注，收录纳西语的标音字2000多个。在东巴经中象形文字主要用于辅助口诵经文，并不会整句话都书写出来，因此，他总结八种象形文字在东巴经中如何代表字、词、句子的方法。为研究纳西文字提供了宝贵的资料，同时也是一部介绍纳西社会生活的学术专著。著名学者章太炎先生看过书稿后大为赞赏，欣然为之作序，给予极高的评价，称此书是研究纳西历史文化的先导。在此调查基础上，方国瑜先后撰写有关纳西族历史地理、语言文字等方面的论文，后收入《方国瑜纳西学论集》。②

1935年，方国瑜参加中英会勘滇缅边界南段未定界工作组，对滇西傣族、拉祜族、佤族等少数民族地区进行八个月实地考察，1938年在《西南边疆》上先后发表了《班洪风土记》《裸黑山旅行记》《卡瓦山闻见记》，后收入《滇西考察记》中。《滇西考察记》则以游记的方式介绍了滇西少数民族的服饰、房屋、民间艺术、生产生活、婚丧、民间信仰等习俗。方国瑜在考察中敏锐发现滇西边境民族民间信仰中包含不少对诸葛亮的崇拜。如，炉房山这一地区，当地认为这是孔明南征宿营之地，并把寨名命名为"诸葛亮"，奉诸葛亮为其先祖。所居草房如A字形，曰诸葛亮所戴帽子，之所以建造成这种形状是希望得到诸葛亮的庇佑。公明山猛茅寨人，每年农历二月初七，当地男女会登山祭孔明。卡瓦山民认为此山为孔明所开辟，所以，每年都要祭祀他。在卡瓦山猛蕊寨，有称为"孔明鼓"的两面铜鼓，成为寨中神物，相传专为诸葛亮遗制，对诸葛亮的信仰体现在滇西民族生活的方方面面。遗憾的是方国瑜只是记录滇西的少数民族对诸葛亮的崇拜现象，没有对此做深入的调查与研究，具体为何会对诸葛亮产生崇拜不得而知。

1936年方国瑜回昆后，到云南大学任教。当时云南大学在兴业

---

① 方国瑜：《纳西象形文字谱·弁言》，云南人民出版社2005年版，第3页。
② 方国瑜：《方国瑜纳西学论集》，民族出版社2007年版。

银行、劝业银行的支持下，由方国瑜主持建立了西南文化研究室，1952年院系调整时研究室被撤销。西南文化研究虽然仅存在了十余年，但在方国瑜的领导下取得了可喜的成绩。编印了"国立云南大学西南文化研究室丛书"十余种，编辑出版《云南大学学报》一期。这些丛书的内容大多都是建立在实地调查的基础上，以云南少数民族为调查对象，研究范围广泛，内容丰富。有关民族历史方面的研究有：李佛一撰写的《泐史》和《车里宣慰史司世系考订》，1947年出版。这两部著作虽然是傣族史的研究，但是由于李佛一在车里三十处（今西双版纳），寻访当地名流，遍历南掌、景迈、洞吾、阿瓦诸区，深受当地土司的信任，为他查阅文献和实地访谈都提供了便利，内容也就不仅是文献的整理，还有对现实状态的呈现，至今为止这两部著作仍然是研究傣族文化重要的参考资料。徐嘉瑞著《大理古代文化史》，1949年7月出版。该书总结了云南民族历史上，南诏和大理国两个较辉煌的时期，内容涉及民间文学、艺术、信仰、习俗等方面。缅甸和越南与中国山水相连，丛书中还有英国HaTvay著、李田意译的《缅甸史》，1944年2月出版。陈修和著《越南古史及其民族文化研究》，1943年出版，为国人了解邻国民族提供了丰富的资料。有关民间文学的研究，有徐嘉瑞著《云南农村戏曲史》，1943年7月出版；以云南传统花灯为研究对象，分析了花灯在云南民间传唱的历史渊源、声学知识等，另外还收集到多篇花灯剧目，为了解云南戏曲具有一定的价值。张镜秋译《僰民唱词集》，1944年出版，本书分为四个部分：伊腊河歌、香赧小姐的恋歌；打洛土司小赧前夕夜燕欢唱三首、天王松帕敏奇遇唱词译。该书为傣族民歌集，收录民歌338首，唱词中渗透出民族起源、生活、信仰民俗。有关滇西见闻的记录，张印堂著《滇西经济地理》，1943年7月出版。该书对滇缅铁路沿线的地形地貌、植物分布、矿产资源、气候环境等自然状况做仔细的勘查，并对滇缅铁路沿线少数民族的生产生活习俗进行记录。方国瑜著《滇西边疆考察记》，1943年7月出版。全书由六个篇目组成：班洪风土记；炉房银厂故实录；卡瓦山闻见记；滇缅南段界务管见；裸黑山旅行记；摆夷地琐记。该书是对滇西少数民族所见所闻的真实记录。方树梅著《明清滇人著述书目》，1943年7月出版。

抗战爆发后，中国民族学会西迁昆明，方国瑜与凌纯声、徐益棠等创办了《西南边疆》月刊，由方国瑜任主编，自第十三期起迁至成都发行，改由徐益棠主编，金陵大学承办，署名也改为成都中国民族学会西南边疆研究社。《西南边疆》的发刊词为：

> 在这全民族对日抗战时期，前方将士的英勇奋战，自然奠定了最后胜利之基；但后方的救亡工作也是不容忽视的。我们这班从事于学术工作的人，鉴于敌人到处破坏我们的文化机关，不容我们不负起加紧推行文化学术工作的责任。
>
> 同人等都是特别有兴趣于西南边疆问题的同志，因竭所知，发行这个《西南边疆》月刊。我们的主要旨趣，即在以学术研究的立场，把西南边疆的一切介绍于国人，期于抗战建国政策的推行上有所贡献。惟以发刊伊始，简陋自所不免；海内外的贤达，如能时赐赞助，那更是同人等所深望的。①

基于把西南少数民族一切介绍给国人的宗旨，前十二期的内容主要偏重于介绍云南少数民族文化，该刊撰稿人大多是当时知名的学者，他们放弃了书斋里的文献考据，走入一个个少数民族村寨，记录下民族丰富多彩的文化，撰写出一篇篇高质量的调查报告。内容涉及云南少数民族生活的方方面面。其中也包含不少民间文学和民间习俗的文章，如楚图南《中国西南民族神话的研究》，江应樑《云南西部㑩夷民族之经济社会》《㑩夷民族之家庭组成及婚姻制度》和《诸葛亮与云南西部边民》，马学良《湘黔夷语掇拾》《云南土民的神话》《云南倮族（白夷）之神话》《宣威倮民（白夷）的丧葬制度》，岑家梧《云南嵩明县之花苗》，陶云逵《俅江纪程》、李景汉《摆夷人民之生活程度与社会组织》等。该杂志从民俗文化的不同侧面和视角揭示了云南少数民族的生活状态，为国民政府对少数民族地区制定相

---

① 《发刊词》，《西南边疆》1938年第1期。

关政策提供材料，也具有学术研究的价值。

第三节　社会学者的民俗调查

一　田汝康与"芒市边民的摆"

1940年10月，田汝康得到教育部和中国农行的资助，独身奔赴当时汉人不敢涉足的"烟瘴的渊薮"之地——云南省西部芒市的傣族地区从事田野调查。他在芒市地区首次调查时间为五个月，次年9月初稿完成后，为了补充某些材料的欠缺，又到芒市住了三个星期，最后一次到芒市是在1942年2月，田汝康受当地土司的邀请在当地住了两个多月。此后根据调查撰写了《摆夷的摆》调查报告，由云南大学社会学系研究所油印发行。著名社会学者李景汉在读到这篇调查报告后，认为这是一篇优秀的调查报告，并且马上撰文，希望让学术界能早点了解这类优秀的作品，后写下了长文进行介绍。"我是非常高兴的愿意将这册八万余字有价值的报告早早介绍于注意边疆问题的同志们。我是常和田先生见面的。他具有充分的训练，而又是云南本地人。以他来实地调查，研究滇西的夷人是最适当不过的。他所用的是科学方法，不但在身临其境的实地调查后能够清楚的叙述事实，描写了事实。而且应进一步分析事实，解释事实，说明事实。因此不但材料的本身值得重视，即在研究少数民族的方法方面也有很大的贡献。除此边疆社会内容实地研究材料如此缺乏，而又非常需要的时候，尤其是眼下的滇缅路是我们唯一的国际交通路线的时候，关于路旁夷民的生活背景，国人应该早日了解。因此，我愿意将该报告的内容先摘要介绍于此，并希望在其出版后，更能引起国人的注意，使其价值不仅限于学术，而且对于国家民族均有贡献。"[①] 1946年，《摆夷的摆》收入吴文藻主编的《社会学丛刊》乙集第四种，由重庆商务印书馆出版，书名改为"芒市边民的摆"。

《芒市边民的摆》是田汝康在1940年至1942年间在芒市那目寨

---

① 李景汉：《摆夷的摆》，《边政公论》1942年第1卷第7、8期合刊。

做了十个月的田野调查的成果。1946年列入社会学丛刊由重庆商务印书馆出版，1948年根据芒市那目寨的资料写成"Religious Cults and Social Structure of the Shan States of the Yunnan—Burma Frontier"一文，获得哲学博士学位，1986年经修订由康奈尔大学出版。该书详细描述了傣族信仰仪式——"摆"，并将其与当地非"摆"性民间信仰相比较，通过"摆"这个仪式来分析其社会功能。"摆仅是个宗教仪式，但是这个仪式却关联着摆夷的整个生活。它如同维摩诘经中所谓的须弥、芥子一样，在一个小小的宗教仪式中，竟容纳了整个摆夷文化的全部，甚而还启示我们对现时许多经济、社会、政治问题产生一种新的看法。人类每一个活动后面都隐藏着一番意义，活动越渺小的，所隐藏的意义也极大，因为对小事物的了解常能加深我们对全面事物的认识，打开丰富宝库的关键，有时会是一把微不足道的小小钥匙。"[①] 在"摆"仪式过程中从准备向佛献祭的财物到集体的聚餐、游行、男女青年的娱乐等，无疑都在进行大量财富的消耗，而这些在外人看来是极大浪费的行为，却是傣族地区民众贫富差距的平衡机制，以此来化解民众之间的矛盾，使人民的生活和谐而祥和。

芒市那目寨还盛行非"摆"的其他自然活动，田汝康称之为其他有关超自然信仰，他对这些活动加以调查，以便和"摆"相比较。这些活动虽然在规模上比不上摆仪式那样受重视，但它们在傣族人的日常生活和观念中却更流行和普遍。这些仪式包括以向佛贡献食物和遵守各项禁忌为主的"汉辛摆"；为了使地气上升，天气将要更加暖和，预示农业生产即将开始的"烧白柴"；给人带来吉祥如意的"泼水"；掌管全村生活及生意买卖、牲畜、良田的社神有所讨好的仪式"祭社"。目前这些仪式有的已被当地人淡化，有的如"泼水"却有了新的意蕴。

田汝康把傣族人的一生根据在摆的活动中所参与的活动分为四个的阶段，幼年时期；能参加青年团体在摆中服役的青年人；以结婚为分水岭的成人；有能力举行作摆的老年人。在傣族人生中四个阶段和

[①] 田汝康：《芒市边民的摆》，云南人民出版社2008年版，第5页。

年龄并没有直接关系，所以，他将其称为"社龄"，在摆中人们参与的活动可以看成是对社龄的体现。① 以社龄来划分人们在社会中角色的同时，分别描述了女性和男性在这四个阶段中称谓和服饰上的变化，为人生仪礼的研究提供了宝贵的资料。

二 许烺光在大理的民俗调查

1933 年许烺光在上海沪江大学获社会学学士学位，1937 年留学英国伦敦大学，师从布罗尼斯拉夫·马林诺夫斯基学习人类学，受过系统的社会学和人类学的训练。1941 年从英国学成归国后到云南大学任教，并加入云南大学的社会学工作站，但在云南大学仅仅只工作了几个月时间就离开了，后去了抗战时期迁徙到大理的华中大学，更多有关离开的原因不得而知，但他也提道，"在云南大学研究站工作，人类学系主任费孝通先生非常喜欢我的工作，但是他的老派同事陶教授（陶云逵）总是跟我过不去。干了几个月，情况越来越糟。陶先生当时病得很重，我决定放弃云南大学，去华中大学教书"。② 在华中大学任教一年之后，在费孝通的邀请下，重返云南大学。

许烺光初到云南大理时，那里暴发了一场霍乱，"1941 年里暴发一场霍乱。当地人举行了复杂的仪式，每天都要弄上大半天。我对这个仪式发生了浓厚的兴趣，经常从开头一直看到结尾。我想记录仪式的每个步骤，写一本《宗教、科学与人类危机》（*Religion, Science and Human Crisis*）。后来出第二版的时候，我把书名改为《驱除捣蛋者——魔法、科学与文化》（*Exorcising the Trouble Makers: Science and Culture*）。无论如何，我敢说在那个时候，整个云南没有人比我更了解那个仪式的细节。"③ 许烺光通过观察，记录了村民为了驱除恶性传染病而举行的盛大祭祀活动。同时他以三十年后在香港沙田区所目

---

① 田汝康：《芒市边民的摆》，云南人民出版社 2008 年版，第 91 页。
② 许烺光：《我在"魁阁"的日子》，载潘乃谷、王铭铭编《重归"魁阁"》，社会科学文献出版社 2005 年版，第 45 页。
③ 许烺光：《我在"魁阁"的日子》，载潘乃谷、王铭铭编《重归"魁阁"》，社会科学文献出版社 2005 年版，第 46 页。

睹的一次为抵御传染病人们的祭祀活动进行比较后,发现虽然有时间、经济条件、社会发展程度等方面的不同,但当灾难威胁生命时,两地采用超自然与现实相结合的方法是相同的。以此证明,无论是落后的村镇,还是工业技术先进的地域,民间信仰与科学实验在大多数人的头脑里并没有清楚的界线。

从 1941 年 7 月至 1942 年 6 月及 1943 年 7 月至 9 月许烺光前后两次深入大理农村访问,将中国西南偏僻农村大理西镇作为他实地田野研究的样本。对大理喜洲居住的农民家庭生活习俗、信仰活动作了非常详细的调查与分析。代表作之一《祖荫下》便是在此基础上的成果,全书分为十二章,以详尽的民俗志描述结合人类学、心理学的理论进行分析,呈现出了祖荫庇护下的大理喜洲镇人的生产生活、人生仪礼、民间信仰、经济、教育等方面的具体内容。许烺光试图通过民众生活来描述和分析产生在喜洲富人和穷人身上的个性特征。他认为"个性的形成不仅是早期教育的结果,而是在社会文化及其习俗中不断发展,不断融合的产物"。[①] 因此他为探讨文化对个性的影响,对当地人的生活习惯进行深入的调查研究。

(一) 民间信仰

喜洲人的信仰方式主要表现为祖先崇拜,不仅有权有势、家资丰厚的家族修建本族的祠堂,普通百姓家也要修建自己的祠堂,大家会为了一块风水宝地而大费周折。对葬礼极其地重视,大户人家对葬礼更是达到奢华的程度。对祖先崇拜的体现方式之一就是墓地,家里人逝世后的去处主要有三个地方——墓地、家中的神龛,以及宗族的祠堂。死者的尸体葬在墓地,而他的灵魂却留在家里的神龛上和宗族的祠堂里。从下葬的地点到墓碑设计都与子孙的命运息息相关,老人在世时,为其准备好棺木和修好空墓是当地的一个普遍现象。通常在普通人家的神龛上不仅仅有祖宗的牌位,同时还供有孔子的像、关公的牌位(战争与财富之神)、佛或其他的神。这是多神崇拜的表现。

[①] 许烺光:《祖荫下——中国乡村的亲属、人格与社会流动》,王芃、徐隆德译,南天出版社 2001 年版,第 13 页。

第四章 云南大学学者的民俗调查活动

除了祭祀祖先外,其他祭祀活动大多是为了求神免灾。喜洲人十分惧怕的灾难大致有三类:疾病和瘟疫;旱涝灾害;土匪和战争,因而各路神仙便成为保护人们免受灾害侵扰的保护神。镇内居民每年祭祀神祖多达到33次。这33次有固定日期的,另外还有意外事故、婴儿出生、婚丧嫁娶之类的仪式,甚至杀猪宰羊也不例外,那就更多了。人们以为生病是因为天神动怒。同样,家中是否有后嗣,甚至生男生女也是由神仙们决定的。许烺光对一些拜佛求子的习俗过程进行了详细记录:

（1）正月初八这一天,就在狗街尽头的唐梅寺有一个香火庙会,人们来朝拜观音菩萨,祭拜后带走一些香和蜡烛,据说这样便可以得子。

（2）阴历二月十七,在喜洲镇西南方九十多英里的蒙化（今巍山县）,人们在巍宝山寺举行一个盛大的庙会,到那时,许多喜洲镇人都要去那里拜佛求子。

（3）阴历三月三,在离喜洲镇七里的湾桥,人们为纪念太子在宝和寺举行一年一度的庙会,所谓太子,是一个很小的木头像。来赶庙会的男男女女都要朝太子像扔钱币。据说用钱击中像的人,神将赐其得子。

（4）阳历四月初八,在喜洲镇内,以及附近各处建有太子神庙的地方,人们也赶庙会。庙会的内容与三月三的活动基本相同,大多数是些拜佛求子的活动。

（5）阴历六月二十五,云南各地都要举行一个名叫"火把节"的活动。每年的这天晚上,喜洲镇的居民们用竹子和稻草竖起几个高15或20英尺的大火把立在镇内各处。……待火把烧到顶端,茎折斗落。这时,众人一拥而上,争相抢斗。据说,谁能将斗在空中接住,谁就能够在来年抱上儿孙。

（6）在喜洲镇西面约一英里半的地方,有一个圣源寺。寺内有一座两英尺高的小脚老妇人泥像,人们叫她"阿太"。虔诚的妇女带着一双双新鞋来敬拜"阿太"。求子心切的女人大多前来寺内朝拜。她们从"阿太"脚上拿去一双鞋，带回家中，将鞋带燃成灰烬，吞入腹中。而后，她们必须再做一双新鞋送给"阿太"。阴历九月初一，有了儿子的母亲们都要来到圣源寺拜"阿太"。那些还没有得到儿子的女人也来寺中求"阿太"早日赐子。①

在民间信仰活动中，民间求子习俗是人们非常重视的一种信仰活动，甚至在婚姻仪式上就已受到极大的关注，求子仪式也常常在日常信仰活动中呈现，在大理喜洲求子不仅是女人的事情，而是全族群共同的意愿。

（二）家族组织民俗的体现

家庭成员的关系通过亲属称谓来表现，决定亲属关系的主要因素是世系、辈分、性别以及年龄。与西方家庭中夫妻关系占主导地位不同的是父子关系的体现。家庭中其他的亲属关系都可以看成是父子关系的延伸或补充。父亲在家庭中有绝对的权威，儿子必须侍奉孝敬父母，父母亡故后，服丧是儿子应尽的义务。儿媳的首要职责就是孝敬公婆，对自己丈夫的绝对服从。儿媳除了对公公回避以外，与丈夫的兄长之间也相互回避，但叔嫂之间的关系却不受约束。上门女婿的夫妻关系不同于社会上流行夫妻关系模式，这时，丈夫不仅没有夫权，而且完全受制于岳母。而喜洲的婆媳关系与中国其他地方有所不同，这里的婆婆非常勤劳，不会支使儿媳做这做那地来服侍她，而且尽其所能减轻媳妇的负担。分家在一般的大家庭随着儿子结婚以后在所难免。正式分家之时，同族内辈高年长者被请来主持分家。家庭的神龛仍然留在西屋内。所有的家庭成员一如过去，仍然在此祭祀共同的祖先和保护神。家谱是家族传承的纽带，除了记录家族史，特别与家族有关人员的丰功伟绩外，祖先的告诫有重要的教育意义。

---

① 许烺光：《祖荫下——中国乡村的亲属、人格与社会流动》，王芃、徐隆德译，南天出版社2001年版，第66—77页。

(三) 人生仪礼的体现

(1) 生育习俗

孕期的妇女除了遵守一定的禁忌外，还被认为是不洁之人，禁止参与一些社会活动。"庆贺婴儿出生有其他宗教意义和社会意义两个方面。宗教意义本身包括以下一些内容：祭祀祖宗、灶神和家中祭坛供奉的所有神仙，以及（最重要的）本主神。这样的祭祀一是主人为了表达感激之情；二是将家庭成员的诞生通报给诸位神仙。祭祀祖先和社神的仪式较为简单，大致与每月初一和十五的祭祀相同，只是这时的祭坛上祭品更加丰富而已。社会意义方面有告知和庆贺的功能，庆贺婴儿出世、满月、百日和周岁是诞生礼中主要的同个时间段。"[①]

(2) 婚姻习俗

父母求孙心切，婚配通常得以早日促成。一般情况下，相同姓氏的人只要不是同族同宗，在社会上是允许婚配的。据许烺光实地调查和对其家谱的查阅发现，喜洲人倾向于娶相同姓氏的女子。另外表兄妹的婚配也是当地人推崇的一种形式。媒人是促成婚姻的重要人物，订婚时通过合八字来决定好婚配的成与否。定亲就意味着向女方家送礼的开始，从家庭成员的社会活动来看，定亲后就意味着是家庭成员之一了。许烺光在婚礼仪式上也做了详细的描述。还谈到入赘婚、再婚与娶妾婚俗。喜洲人认为"上门"是出卖家庭姓氏的事，因此在当地"上门"的婚事一般是在男孩十二岁以前就决定了的，有的甚至早到五六岁时。当地对男人的再婚和娶妾是宽容的，而对女性再婚则相当的苛刻。"一个女人的第二次出嫁就显得非常简单从事，她甚至不能够再乘花轿。再次出嫁的女人通常由娶她的男人的伯母，或由男人兄弟的妻子陪伴步行到男方家里，而且通常是在凌晨时分人人起床之前，或深夜人人入睡之后。夜色能够保证她免遭娘家人的拦劫。如果这时新娘与娘家的人相遇，那么娘家人一定将她抢回家去，因为

[①] 许烺光：《祖荫下——中国乡村的亲属、人格与社会流动》，王芃、徐隆德译，南天出版社 2001 年版，第 203 页。

他们不能够让家中的女人第二次出嫁来败坏家庭的名誉。如果女人第二次出嫁，那么她前夫的家里通常要因此而得到补偿，娘家人也不例外。"① 从当地人的婚姻习俗中可以看出，婚姻是以男性为中心，妻子的职责是生育子嗣和孝敬公婆。

（3）丧葬习俗

许烺光认为葬礼是为了达到以下几个目的："送灵魂早日平安地到达灵魂世界；为了灵魂在灵魂世界能够平安舒适；表达亲属悲痛的情感和对死者的依恋之情；保证这次死亡不致引起任何灾难。"② 为了这些目的，喜洲人必须要遵循相应的习俗。当家里人去世时，查寻是否是"重丧日"事关重要，如果处理不当，家里将接着去世第二个人。服丧表现了亲属之间亲疏关系，棺材是体现了家庭的经济实力。对祖先的崇拜除了丧葬习俗外，许烺光还介绍当地的上坟习俗、阴历七月十五的祭祖和宗族的宗祠祭祀活动习俗。

许烺光的《祖荫下——中国乡村的亲属人格与社会流动》通过描述在祖荫庇护下的大家庭中内部重视父子认同，轻视夫妻关系，在外部竞相攀比。一个看上去是为保护其后代社会地位和不断延续家族的亲属系统创造了有利条件，而实际上则是以家庭、家族、社会组织日常生活中的习俗来阐释社会成员个性形成的原因。

三 其他学者参与的民俗调查活动

江应樑1936年考入中山大学研究院，以西南民族为研究专题，中山大学研究院文科研究所经国内一批知名学者的倡导经营，在民族学和人类学、民俗学研究方面都取得全国领先水平，为江应樑在以后的云南调查打下扎实的基础。

1937年，云南省政府与中山大学研究院合作，江应樑为云南边疆民族考察专员，在杨成志的指导下，江应樑起草了《云南西部民族

---

① 许烺光：《祖荫下——中国乡村的亲属、人格与社会流动》，王芃、徐隆德译，南天出版社2001年版，第89页。

② 许烺光：《祖荫下——中国乡村的亲属、人格与社会流动》，王芃、徐隆德译，南天出版社2001年版，第156页。

考察计划》，拟进行人类学、民族学、语言学、考古学、民俗学、社会学的综合研究。按计划进入滇西经大理到腾龙（今德宏）对傣族聚居区进行考察，七七事变这天他离香港经越南到云南。历时十个月的考察，他以影像和文字记录了20世纪30年代傣族地区的社会制度、经济生产习俗、民间信仰、语言文字等现实生活状态。还收集了许多当地人的手工艺品、衣服、用具、宗教用品，后来一半送给云南省民教馆，一半带回中大研究院保管。1938年5月，回到广州，他撰写了近二十万字的《滇西摆夷研究》一稿，作为自己的硕士论文，并在防空洞里听着炸弹进行硕士论文答辩。中央大学史学系主任朱希祖，奉教育部令，审查该文，称："本书价值，全在实地考察，非同臆说，真是一部科学的著作，关于缅甸交界之区，若政治、若军事，若教育，皆考察详明，优深虑远，特具卓识。"

抗战时期江应樑回到昆明，正好中央振济委员会和云南省政府组织滇西考察团，邀请在昆多个学科专家二十多人组成考察团，江应樑以中山大学研究院暨云南大学特派调查员的身份参加了考察团，对中缅边境的少数民族进行调查，撰写了《滇西摆夷生活》一稿。随后，他到云南澂江的中山大学任教，边教边带领学生对周边的少数民族进行调查。1941年春，他由峨边进入凉山等地，考察彝族。1945年，他以车里（西双版纳）县长身份，深入到傣族中做了历时8个月的考察。

1936年至1946年，在多次到西双版纳和德宏地区调查的基础上，江应樑先后在《西南边疆》《边疆》《边政公论》上发表了《诸葛亮与云南西部边民》《云南西部㮭夷民族之经济社会》《㮭夷民族之家庭组织及婚姻制度》《云南西部边疆中之㮭夷民族——云南西部边疆中之民族之一》《云南西部边疆中之汉人与山头民族——云南西部边疆之民族之二》《苗人来源及其迁徙区域》等论文。完成了《摆夷的生活文化》《摆夷的经济生活》《傣族史》《滇西摆夷研究》《滇西摆夷之现实生活》等专著。50余年的傣族研究，内容涉及生活的方方面面，包括傣族的居住、饮食、服饰、纹身与墨齿、婚姻、生育、丧葬、游艺、家族组织、民间信仰等民俗。江应樑在调查时除以文字记录以外，还拍摄了大量的照片，真实地展现了当地的风土人情，这些照片由江应樑的儿子江晓林整理后命名为"滇西土司区诸族图说　关于德宏地区20世纪30年代的老照片和老故事"出版。①

岑家梧，广东海南澄迈县人，父母早丧，家境贫寒。早年受到著名金石家容庚的支持到北平辅仁中学高中学习半年，由于交不起学费只好退学，在北平图书馆自学，并往返于北京各大学旁听。1929年的一天，他在北京大学听了民俗学家许地山的演讲后，对民俗学产生了浓厚兴趣，曾多次向许地山请教，并在其介绍下阅读了大量的西方人类学著作。这为他日后对海南汉族、黎族以及西南少数民族的社会风俗研究打下了扎实的基础。

1931年岑家梧考入广州中山大学社会学系，20世纪30年代正是中国民俗学在中山大学的鼎盛时期，学者们认为，"民俗学在我们老大中国的里头，已渐渐地抬起头来了，学术团体有十多个，研究的人员有百多个，刊物不下一二十种，丛书有二三百种之多"。② 这时在中山大学学习的岑家梧自然会受到民俗学研究方面的影响。1934年岑家梧受族伯岑廷树资助留学日本，先后攻读过史前考古学和体质人类学，并完成《史前艺术史》《史前史概论》和《图腾艺术史》三部著作，并在1936—1940年由商务印书馆相继出版。1936年出版了他与中大同学，也是他的同乡王兴瑞合著的十二万字《琼崖民俗志及其他》在《民俗》复刊号发表。1940年发表后，二人又将其中戏剧部分扩展后写成《海南岛土戏研究》。

七七事变后，他满怀爱国主义热情与许多留日学生一道回国。1938年他获得中国英庚款董事会资助，到云南进行为期一年的民族调查。到云南后他选择滇东南的嵩明县一带的苗族地区作为田野点，其成果《嵩明花苗调查》一文发表于1940年《西南边疆》第8期，文中介绍了花苗的经济生活、手工艺、信仰等。1940年调查结束后，

---

① 江应樑摄影、江晓林撰文并补图：《滇西土司区诸族图说：关于德宏地区20世纪30年代的老照片和老故事》，德宏民族出版社2003年版。
② 张清水：《福建民俗丛谈序》，转引自施爱东《倡立一门新学科：中国现代民俗学的鼓吹、经营与中落》，中国社会科学出版社2011年版，第49页。

来到西南联合大学陈序经主持的经济研究所工作。同年冬天,由于研究所迁重庆,岑家梧随后到国立艺术专科学院任教。1942年到贵阳的大夏大学任教。抗战时期岑家梧辗转于西南的昆明、四川、贵州各地。颠沛流离的岁月里,他在西南广阔的土地上对少数民族进行调查研究,特别是在民俗艺术领域方面取得了丰硕的研究成果。相继发表的论文有《东夷南蛮的图腾习俗》(1936)、《嵩明花苗调查》(1940)、《西南边疆民族艺术研究之意义》(1941)、《海南岛土戏之研究》(1941)、《西南部族之体饰》(1941)、《槃瓠传说与瑶畲的图腾崇拜》(1941)、《论苗族的几何纹》(1943)、《西南部族之乐舞》(1943)、《西南部族之工艺》(1943)、《民族艺术与民俗资料》(1944)、《黔南仲家的祭礼》(1944)、《中国民俗艺术概说》(1945)、《贵州仲家作桥的道场与经典》(1945)等,这些论文内容大多涉及少数民族民俗。抗战时期发表的论文后被收录于《岑家梧民族研究文集》。[①]

抗战爆后,姚荷生随清华迁入昆明,1938年他加入了云南省政府组织的滇南地区的普洱、思茅的调查团,进行为期一年的调查,1948年出版《水摆夷风土记》。[②] 该书分两个部分,第一部分"征程记",记录了从昆明经过石屏、元江、墨江、思茅等地到西双版纳路途上的艰辛和见闻。第二部分是"十二版纳见闻录"记录了西双版纳傣族的服饰、饮食、民间艺术、节日、婚丧等日常习俗。该书是以游记的书写方式反映了当时傣族的生活习俗。社会学者以田野调查为基础,在民族地区作扎实调查,材料真实可靠,把西方理论与云南丰富的民族文化相结合,以综合性研究为主体,进行多重互证和比较研究。

---

① 岑家梧:《岑家梧民族研究文集》,民族出版社1992年版。
② 姚荷生:《水摆夷风土记》,云南人民出版社2003年版。

小　结

　　抗战时期，云南大学集中了一批从事云南民族文化研究的知名学者，当地学者有楚图南、方国瑜、徐家瑞等。随着云南大学社会学研究室的成立，研究室成员在乡村设立调查田野点，结合抗战时情况到民间做调查工作，深入到不同少数民族地区，以科学的调查获得真实的材料。费孝通回国后，来到云南并加入吴文藻成立的"魁阁"研究室。不久吴文藻离开云南大学，费孝通与一帮年青人以实干苦干的精神开始田野作业，每个成员都选择了固定的田野点，并取得了不错的成绩。费孝通、张之毅对云南农村的调查，从一个侧面展现了20世纪40年代农村的生产生活习俗。胡庆钧以昆明相邻地呈贡两个汉村的调查，也给我们展现了当地农村的婚丧嫁娶习俗、家族组织制度、日常生活习俗。这些调查更多地为后人保留了云南汉族村落的民俗。少数民族田野调查也是研究室成员的一个主要方向，田汝康《芒市边民的摆》一书中对民间信仰的调查可谓深入细致。"魁阁"研究室成员大多是刚毕业的学生，正是团队的合作精神，以及研究室对年青学者的鼓励，才使得他们有机会走向广阔的田野，把理论和社会调查结合起，写下了大量的调查研究报告、专题论文、著作，在此基础上培养出一大批蜚声中外的著名学者。方国瑜协助云南大学校长熊庆来创建"西南文化研究室"，并邀请楚图南、陶云逵、白寿彝、向达等知名学者加入，方国瑜任研究室主任。编印出版了"国立云南大学西南文化研究丛书"，这套丛书十余种。方国瑜《滇西边疆考察记》、徐嘉瑞《云南农村戏曲史》、张镜秋译《僰民唱词集》等，以较广的视野探讨了云南少数民族文化、民俗、民间文艺等诸多领域，在学术界产生了较大影响力。

　　这时政学之间有关"中华民族是一个"的争论停息不久，内迁到云南的民族学者以云南少数民族研究为经验，重新思考顾颉刚与费孝通等人的论争，对中华民族建构问题进行了反思。学者们试图厘清民族与国族的概念，把西方相关概论与理论"中国本土"化。基于对中华民族重新认识的基础，云南大学的学者们深入到村落、少数民族地区做扎实的调查，费孝通等学者接受过西方社会学科理论的熏陶，并希望把西方理论与云南少数民族地区实际结合起来。在研究中，对西方社会学科不同学派的运用表现出一种强烈的"综合"意识，"魁阁"研究室不同学派成员组合堪称学术典范。陶云逵受德奥民族学派的影响，主张文化传播论。费孝通受功能学派影响，通过对实地生活进行调查研究，以不同地区、不同社会材料进行比较研究，并力图通过研究来解决各种社会和文化方面的问题。学者们在田野调查的基础上，意识到各民族文化的差异，不同民族的存在是一个不争的事实，中华民族是由不同民族融合而成的复合体。

学者们在运用西方学术理论的同时，开始以云南少数民族调查为基础，对云南各民族进行长期深入的调查，田野经历让他们开始用"他者"的眼光去审视各民族文化，回应官方提出的"汉化"措施。越来越多的学者意识到，若不了解少数民族的需求和文化，就下令强制全盘"汉化"，达不到建构国族的目的，反而会招致各民族的不满与反抗。文化上的差异性是毋庸置疑的事实，要处理好汉文化和少数民族文化之间的关系，得先认识和了解两种文化上的差异，在此基础上提出切实可行的办法，体现民族的向心力，因此，田野民俗志的出现，为官方迫切了解各民族习俗提供了重要参考。

第五章　李霖灿对纳西族的
　　　　民俗调查

19世纪末，来自西方国家的传教士、探险家和学者们，开启了探研中国西南"纳西古王国"的先例。当他们进入大雪山金沙江环绕的神秘之地时，被这里的成千上万卷东巴经和象形文字所震惊，同时这些世间珍宝也不断地被他们收入囊中，进入各国的图书馆、博物馆和私人的藏品室。"1922年，英国曼彻斯特约翰·赖莱（John. Rylands）图书馆从英国爱丁堡植物学家福斯特（G. Forrest）那里买到了135本东巴经，成为当时世界上收藏东巴经最多的图书馆。1929年，英国政府外交部、印度事务部委托英国驻中国腾越（腾冲县）领事购买和翻译东巴经，将其珍藏于大英博物馆中。"[①] 一时间，来自西方国家的旅行家和学者纷至沓来，探寻这神秘的人类文明奇观。法国人巴克在1907、1909年分别两次到纳西族地区进行田野调查，并在1913出版了《麽些研究》一书，从语言学方面调查纳西族的语言、词汇和语法等。美国学者昆亭·罗斯福、约瑟夫·洛克对纳西族的调查后，分别出版了《中国西南的古纳西王国》《纳西语、英语百科词典》《纳西人的纳迦崇拜及有关仪式》《指路葬仪》《祭天仪式》等，被誉为"纳西学之父"。[②]

当时的中国，纳西族的文化遗产并没有引起国内学者的高度重

[①] 杨福泉：《绿雪歌者：李霖灿与东巴文化》，云南教育出版社2000年版，第1—2页。

[②] ［英］安东尼·杰克逊：《纳西族宗教经书》，彭南林、马京译，载郭大烈、杨世光《东巴文化论集》，云南人民出版社1985年版。

视，但也有一些学人认识到纳西族东巴文字的重要地位，1933年，在北京大学学习的纳西族青年方国瑜，受北京大学研究所所长刘半农鼓励回到丽江家乡研究纳西族文字。经过近半年的调查研究完成了《纳西象形文字谱》初稿。1933年纳西族学人杨仲鸿、东巴和华亭与洛克合作共同编写了《麽些东巴字及哥巴字汉译字典》一书。从以上著作来看，纳西族本土学者方国瑜和杨仲鸿对东巴文化的研究重点都在文字上，对东巴文化相关内容少有触及。

抗战时期来自河南的汉族青年学子李霖灿打破了西方学者，特别是洛克博士在纳西文化研究方面一枝独秀的状况。他历时四年时间在纳西族聚居地探访了纳西人迁移路线，拜访多位老东巴，收集典籍和采风问俗。把纳西语言文字研究与纳西族民俗研究相结合，研究范围涉及纳西族的故事歌谣、民间信仰、民间习俗等，写出一系列的民俗研究论著，翻译出多部东巴经典，如《麽些象形文字字典》《麽些标音文字字典》《麽些经典译注九种》《金沙江情歌》《麽些研究论文集》《麽些族的故事》等。其运用民俗与语言文字互证研究堪称典范。

第一节　沉潜民间开启拓荒之路

卢沟桥事变的枪炮声打破了校园的宁静，对日本的抗战促使许多学校的大迁徙，在杭州西湖艺专学习的李霖灿也未得幸免，李霖灿与全校师生先迁到浙江东部的诸暨县，三个月后，又迁至江西贵溪县。1939年年底，教育部又指令学校迁至湖南湘西的沅陵。与此同时，国立北平艺术专科学科已经先到达此地。两校既遵教育部的安排，合并成一个学校，即"国立艺术专科学校"。不久由于长沙战事吃紧，学校决定搬迁昆明。从湖南到云南的这段路程学校预备了汽车，但李霖灿约上几个同学步行，他们认为既可以一路写生，又可以一步一个脚印地丈量祖国河山。路途中所见的民风民俗使得他对边疆民族艺术发生了浓厚的兴趣，这也是日后有志于边疆文化研究的开始。到达昆明后不久，他在郑颖荪先生处看到用东巴文字写成的经典，从此便念念不忘，并成为终生的事业。

国立艺术专科学校搬迁到昆明后，李霖灿和几个爱好文艺的朋友组织成立了高原社。在西南联合大学教书的沈从文听说了这帮热爱文艺的学者后，便约高原社成员到他家中相聚，成员之一的李霖灿便有机会认识了沈从文。李霖灿与沈先生谈到了徒步旅行团一路走来的所见所闻，特别是对贵州苗瑶服饰图案的精美绝伦倍加赞美。沈从文也给同学们讲云南边地景色之奇丽与文化宝藏之丰富，李霖灿回忆道，"他随手由书架上抽出一本骆克博士（Joseph F. Rock）对麽些经典的译文到我的手上，意思好像说，你夸苗区如何美好，请你也看看云南的边地是不是更美。在谈话的过程中还知道了在郑先生处的图画文字，不但是故事，而且是完整的故事。沈先生又告诉我这一族人是住在滇省的西北部的丽江，在横断山脉的近旁。在那里又有一座美绝人寰的玉龙大雪山，他们许多朋友都神往已久，正在等机会去开眼界。这一夕谈话使我的决心马上变成行动"①。李霖灿听了沈先生对玉龙大雪山的赞美后，年轻气盛的他决定去征服这座横断山脉。加上当时他正在作风景画的各种尝试，产生了一个雄心勃勃的念想，"雪山在宗教上可以成宗，难道在山水画上就不能成派么？苗区既已落在背后，且把舵轮转向滇省西北，去探寻这种图画文字的老家"。②

说来也巧，当时艺专的校长滕固先生正有计划对西南边疆民族艺术作一番调查研究的工作。李霖灿听说后，马上仔细地写了一份有关纳西族及古宗人的艺术调查计划，并预约图案系的邱玺调查边疆图案，音乐系的俞鹏调查边疆音乐，李霖灿负责调查纳西人的象形文字。计划很快就获得批准，并得到一笔调查经费。同时滕固校长还给李霖灿一封介绍信，让他带着这封信去找中央研究院的考古学家、文字学家董作宾，在与董先生的交谈中，李霖灿进一步认识到了东巴教文字的重要性，更加坚定了他的丽江之行。说好的三人行，可最后出发的时候，李霖灿的两个学友由于其他原因没有一起前往，李霖灿只

---

① 李霖灿：《麽些族的故事》，《中央研究院民族学研究所集刊》1968年第26期。
② 李霖灿：《麽些族的故事》，《中央研究院民族学研究所集刊》1968年第26期。

好一人独往。

李霖灿来到丽江后，当地朴实的民俗，热情的乡民使他倍感亲切，玉龙绝妙的景色更使他陶醉，看到既是文字，又是图画的纳西象形文字经典，李霖灿对着这些有着"满纸鸟兽虫鱼、洪荒太古之美"的经典产生了浓厚的兴趣，下定决心搁下画笔，转向对神秘经典进行研究。金沙江边的情歌，东巴动听的故事讲述都深深地吸引着他，转眼已过了四个月的时间，学校几次来信相催，他不得不回到昆明，匆忙地结束了首次丽江旅行。

李霖灿的好友李晨岚是个痴迷于山水画的学者。当时他山水画很受欢迎，由于画卖了好价钱，相对于其他学生而言生活比较优裕些，与几个西南联大的教授住在距昆明不远的乡下。听说李霖灿从丽江回到昆明，专程来找他，听李霖灿对丽江玉龙雪山的描绘后，使得他如痴如醉，辞掉了沈从文先生为他谋到的好职位，雄心勃勃地欲开创"雪山画派"。两个青年的梦想说来容易做起来却有非常大的困难，旅途调查经费是摆在他们面前最大的障碍。好在画界老师和朋友听说李晨岚要去开创中国山水画的雪山宗派，都纷纷解囊相助，以最高的价钱买下了他全部的画，解决了他们丽江之行的前期经费问题。1939年12月李霖灿再次来到丽江，一住就是四载之久。

到丽江后李晨岚为创建雪山派而努力，而李霖灿从纳西文字的兴趣进入民俗学的研究领域。1941年李霖灿收到一份电报，电报内容是："想邀请你参加我们的研究行列，愿否请电复。"落款是董作宾和中国著名的考古学家中央博物院筹备主任李济博士，李霖灿很快回电应允，随即收到了博物院助理研究员的聘书，不久后收到了第一期调查经费。有了中央博物院经费支持，李霖灿决定对纳西族文化作长期深入的调查研究。

第二节　寻根解俗探访迁徙之路

纳西族民间信仰中有灵魂不灭的观点，祖先崇拜是他们与祖先灵魂的沟通。按纳西族的祖灵祭拜仪式，祖灵接到家里供养，需要由东巴吟诵经典，经典的内容需从纳西族的起源地开始，对灵魂经过的路途一一叙述。人死之后的亡灵经，也需把死者的灵魂由现在的家中送回起源地去。这两个仪式中都有详细的地名记载，这些地名在不同的经典中不谋而合，当地东巴大都能背诵一套地名，但对地名所在地，只能指出距离家一二天路程的地方。李霖灿认为这是一条纳西族的迁徙之路，按照地名的顺序探寻下去，就能找到纳西族的起源地。当他走到永宁泸沽湖边的大嘴村时，东巴经典中"起祖"经中记录了他们请祖先回到现居住地祭拜的有趣事件。

> 他们是明代末叶丽江木姓土司派驻蒗蕖戍卒的后代。因为蒗蕖地方缺少祭天大典的一种栗树，他们才迁到大嘴来住。他们的"起祖"路线很有趣，先由第一号地名的神山上下来，过无量河，木里到永宁，再南下渡金沙江到丽江，由丽江又向东到蒗蕖，然后才把祖先接到大嘴村自己家中。我们曾和他们说，你们由神山上接祖先下来，当到达永宁的时候距大嘴不过一早上的路程，那何必南下丽江东走直蒗蕖使自己祖先风尘仆仆，在道路间多奔波上下千余里的路程呢？他们的回答很坚定，这是历代相传如此，怎么能在我们手中自出心裁加以变动？我们正不必讥笑麽些巫师们的固执，幸亏是他们守旧之功，才能使我们到今天还能知道这件有价值史实的曲折原委，而且更有力的证明了这项迁徙记录是确切可靠并且还在继续生长的。①

以上事例看出，纳西人对自己祖先回归路途的神圣情感，更加使李霖灿坚信纳西经典的祭祖和开丧经书中所记载的地名就是当年纳西祖先的迁徙之路。在决定去探访这段迁徙路时，李霖灿首先挑选了一本鲁甸大东巴和世俊给束家写的祭祖经典，作为寻找祖源地的主要参照路线。1942年，从丽江县鲁甸坝东北的白罗岔启程经巨甸，来到

---

① 李霖灿：《麽些族迁徙路线之寻访》，载《麽些研究论文集》，故宫博物院1973年版，第88页。

第五章　李霖灿对纳西族的民俗调查

中甸白地遇见了丽江县鲁甸阿时主村的年轻东巴和才。李霖灿与他谈到自己打算沿着"丧葬经"中起祖地的路线，寻访纳西先民的迁徙之路，当时和才来中甸县北地村的目的是学习东巴经典，当地有这样的口谚"不到北地，不成东巴"的说法，他见李霖灿所做的工作与他的意趣相合，便愿意与他一路前行。

他们从北地一路探访来到永宁，在泸沽湖上尽情地游览，写诗作画。受到永宁土司的盛情款待，由于与当地土司的关系处理得相当融洽，李霖灿在这里收集到很多宝贵的材料。对当地土司世系、母系制度、公田制度等进行了深入调查。但漫漫长路并非一帆风顺，其中的艰辛可想而知，更糟糕的是有时甚至是对生命的威胁。据李霖灿回忆：

> 1942年5月下旬，我俩从永宁的泸沽湖，走向黑教喇嘛的左所土司地方。到达土司府吃了晚饭后，安排住在破旧不堪的一间客房里。半夜过后，有了情况，一个矫捷的黑影，手执利刃，跃上了炕床，我矍然惊常，手臂一挥，刚扫到他的衣襟，他转身悄越炕后夺窗而逃去。我与和才剔亮了油灯，刀子按在手边，就这样坐以待旦。[①]

当时李霖灿非常愧疚，对和才说，由于自己研究纳西民族而连累了他，而和才却坚信李霖灿干的是好事，和他同死都心甘情愿。患难时刻见真情，从此以后他们结下了生死之交。

左所土司府黑夜有惊无险后，他们向前走到了神秘的木里喇嘛王国，听说这里规矩重重，风俗奇异，一行人小心谨慎，尊重当地的风俗习惯，李霖灿受大喇嘛项扎巴松接见时，有礼有节地对待喝酥油茶的习俗，使大喇嘛"龙心大悦"，使他享受到了贵客的待遇，并承诺在他境内所需协助无条件全部满足。

[①] 李霖灿：《纳西朋友和才》，载《神游玉龙山》，云南人民出版社1999年版，第269—271页。

依据经典上的记载,在无量河中游渡江再向北行不久就可以到达纳西族的起源地,李霖灿推测可能是那什罗居神山贡噶岭。当时无量河一带匪患猖獗,木里大喇嘛建议不要深入此地冒险。非常遗憾,只得在无量河边的几个小村子进行了调查,时局如此不得不放弃行程。历时八个月的考察,一路上采风问俗,参与仪式祭典,收集东巴经典。通过实地调查在解注典籍、释义东巴文字等方面都取得了较大的收获。

第三节 语言文字与民俗的互证研究

民族语言是传承文化,表达思想感情的重要媒介,是民俗文化活动的一个重要方面。著名的美国语言学家、人类学家爱德华·萨丕尔提出:"语言不能脱离文化而存在,就是说,不脱离社会流传下来的、决定我们生活面貌的风俗和信仰的总体。"① 毫无疑问,语言是文化的传播工具,同时生活习俗也为语言研究提供重要信息。钟敬文先生则认为民族语言调查不单纯是语言方面的学术活动,而是被当作鲜活的、平民的、有益于发掘和研究民众文化的事物,"关于民众语言和其它各种民俗事项的学术活动,虽然从一方面看是彼此相对独立的,它们各有自己的对象范围、处理过程乃至于社会作用等,但是从另一方面看,它们又是互相关联、互相照应,乃至于有着某种共同点的。聚集起来,就成为一个以民俗文化为对象的学术活动系统。如果我们把当时的整个新文化运动看作一个大系统,那么,民俗文化学活动,却又是它的一个小系统了"。② 互相渗透、影响乃至利用,是语言与民俗之间发生密切联系的原因。

一 编撰字典:研究民俗文化的基础

1913 年法国巴克(J. Bacot)编撰的《麽些研究》一书在荷兰的

---

① [美] 爱德华·萨丕尔:《语言论》,陆卓元译,商务印书馆 1987 年版,第 186 页。
② 钟敬文:《序言》,载黄涛《语言民俗与中国文化》,人民出版社 2002 年版,第 11 页。

莱顿出版,这是较早的一本东巴文化研究著作,其中收录了360多个东巴象形文,此书的出版摆脱西方学者对异文化的单一猎奇,体现了学术研究的专业化倾向,开创西方学者对东巴文化研究的先河。但对于巴克而言,既不了解纳西族社会历史,又不懂语言,只凭辗转翻译,错误也就在所难免。尽管如此,作为国内外的第一本东巴象形文字典还是在学术界引起较大的反响。

最初是那些鸟兽虫鱼的图画文字,带领李霖灿进入纳西文化的研究。他在离开昆明之前曾对董作宾保证,"别的不敢说,至少我会把所见到的麽些文字,一个个都画了回来,而且一个个文字的来源都会调查得清清楚楚"。[①] 李霖灿是学艺术出身,对于记录纳西文字可以说得心应手,但要研究纳西象形文字就不容易了。经过寒暑四载玉龙大雪山下走村串寨的调查,李霖灿获得了丰厚的田野调查成果。1943年9月与患难挚友和才回到了设在四川南溪县李庄镇的中央博物院。回到李庄后李霖灿向语言学家张琨先生认真学习语言的基本知识,不仅解决了纳西文字字典上的注音问题,还解注了几十部东巴经典,同时也学会了用国际音标来记录纳西族的神话和故事。李霖灿与张琨、和才三人合作用了三个月的时间对纳西文字所标的音进行校正。无论外界时局如何变化,他们整天都忙于标音、整理以及编排抄写等工作。他们这种专注于学问的精神和态度,受到了平时很少表扬人的李济博士的称赞。

李霖灿从1944年2月下旬开始把编纂好的字典亲自抄写在药纸上,交石印馆印制,1944年6月《麽些象形文字字典》在四川省南溪县李庄镇印行,被列为"国立中央博物院专刊乙种之二"。此书共收录2121个纳西象形文字,共208页,内容包括天文、地理、人文、人体、鸟、兽、植物、用具、饮食、衣饰、武器、建筑数目运作、"若喀"字、"古宗"字、宗教、鬼怪、多巴龙王和神十八类,收字广泛,包括纳西支系的一些特殊的"土字"和藏语读音的字,书末附有汉文及国际音标索引,读音者是纳西族东巴和才,国际音标注音

[①] 李霖灿:《绪言》,载李霖灿《麽些研究论文集》,故宫博物院1973年版,第2页。

者是张琨先生，因此可以说该书字音准确可靠。这部著作的出版便以其严谨的结构和丰富宏大的内容受到学术界的好评。中国学术大师董作宾和李济为该书作序，更增加了此书的分量。董作宾在序言中给予了很高的评价，认为李霖灿虽不是中国学人中最早编撰东巴象形文字字典者，但此书"譬如积薪，后来居上"，它有"方（方国瑜）书的长处，而材料增多了一倍以上，在著名语言学家张琨的帮助下注音，可以说十分准确。读者倘能细心去理会，就仿佛卧游玉龙山麓，金沙江边，目览麼些经文，耳聆'多巴'解说了"。[1] 李济在序言中认为纳西象形文字的研究意义重大，"国内学者注意边疆及少数民族问题的人，已日渐增多了，要认识这些问题的真象，最要紧的似乎是应该从说他们的话，读他们的书（假如有的话）入手，从事纯粹科学研究的——民族学、比较语言学，自然更应该走这一条道路。人类虽说是有文字用惯了，但创造一种文字，在人类文化史中，并不是常见的事。有了这件事，无论它出现在地球上哪个角落里，都值得若干人钻研一辈子。在东亚区域内，除了或者汉字集团外，其他的系统是有数的，麼些文字就是这有数系统内极重要的一个。无论这文字将来命运如何，用这文字写的经典，已经支配了纳西人的精神及社会生活若干世纪，或者还要继续着如此的支配他们的好些时候，单从文字方面看，我们自然可以说，纳西人的象形文字是在急剧的变化中，标音字的突起，不久的将来也许会代替全部的象形文字。假如这件事要实现，那岂不是现代学者求之不得而能亲眼看见的一种奇迹！好像埃及象形文字用音符代替的历史，重演一次了！好像甲骨文到注音字母的3000多年的历史，来了一个撮要！要是我们跟着纳西文字的变化走，体会出来它演进的种种缘故，岂不是也可以用作解释其他象形文字演变的若干原因的一部分！"[2]

继《麼么象形文字字典》后，李霖灿又编著了《麼些标音文字

---

[1] 董作宾：《序言》，载李霖灿《麼些象形文字字典》，中央博物院1944年版，第1页。

[2] 李济：《麼些象形文字字典·序》，载李霖灿《麼些象形文字字典》，中央博物院1944年版，第1页。

字典》，1945 年列为中央博物院专刊乙种之三出版。他把标音字形分为黑点、弯钩、斜道、竖道、圆圈、不规则弯曲线、横平、卷扭、两点、人字形、十字、三点、三角形、方框和其他 15 类。共收录了 2334 个标音符号，列举了最常见最常用的音字简表，共 347 个符号，内有异体字 104 个符号，其中 17 个字有分音调的趋势，在书后附有依照字型笔画排列的索引。这本字典把当时写法繁多杂乱的纳西标音文字理清了头绪，每字或按音或按形科学地加以排列，为后来的纳西文化研究者提供了极大的便利。

二 文字与纳西族的民俗生活

纳西象形文字何时创造，文献没有明确的记载。各地民间传说和东巴经典中零星地记载了东巴文字的创始，东巴经曾提到，古代有圣人，为创制汉、藏、纳西三种文字之三人，生于同时，分居三地，后人把他们奉为圣人。在纳西族有拼音文字的地域中流传着这样一种传说，当初多巴神罗在世时，他用的是拼音文字，后来他死在毒鬼的黑海中之后，他的三位传法大弟子因为不识拼音文字，于是就见木画木、见石画石了。虽然不能知道文字何时创造，但李霖灿通过文字与民俗的互证关系，对文字的起源地、两种文字产生的先后等问题进行深入调查。

（一）纳西族民众生活与文字起源

东巴象形文字字源是应物写形，大多可以在当地人的生活中找到实物对应，但一些基本词汇却感到困惑，李霖灿最后还是在追寻纳西先民迁徙之路上找到了答案。

象形文字"北"字写为水头，"南"字写为水尾，南北两字合在一起就是一个"水"字。由此可想到，南北两字造字时居住地应与水有关。李霖灿通过田野调查发现了答案，在木里土司地康滇交界处的无量河，恰是自北正南的流向，从地图上看，上下数百里都是自北向南的流向。同时查阅纳西经典，这里是纳西族的古代居住地域，而且调查时了解，这一带仍然住着一个使用象形文字的支系。

"山"字在纳西象形文字中写得像一个高庄馒头。李霖灿认为当站在丽江平坝中北望玉龙，西望芝山，南瞻文，东望吴烈里诸山都连峰绵延不是这般模样，可想而知"山"字不是起源于丽江。但木里王国的人民全在山缝里过生活，尤其是无量河谷一带，出门所见，一峰当门，因地制宜就把"山"写成了孤峰撑天的模样。

从"房屋"的象形字来看，不像是丽江人字形的屋脊，而更像是无量河边一带用白土筑成的平顶房，当地人用汉话说时叫作"土庄房（土掌房）"。

李霖灿在无量河一带看到的真实景象，根据纳西族的迁徙路线推测纳西族象形文字的起源地不是在对其进行广泛使用的丽江，而是应该在无量河一带。虽然有的观点只是假设，但他在田野中寻找答案的研究方法，对纳西文字发展史的研究具有重要的引导意义。

（二）文字与东巴信仰

东巴经典中，存在有两种自创的文字，一种是应物写形的图画文字既象形文字，另一种是以符号表音的音缀文字即标音文字，这两种文字主要是东巴所使用。两种文字产生的先后问题一直是学界争论的焦点。

洛克曾受洪水故事神话的影响，发表了多篇音字在前、形字在后的论文。杰克逊在《中国西南纳西族的亲属制度、殉情和象形文字》中，更是提出标音文字产生于13世纪蒙古到来以后，象形文字即产生于17世纪末。闻宥先生发表于1940年《么些象形文字之初步研究》一文中主张形字音字平行说。这些论点大多缺乏令人信服的实证材料。

1944年李霖灿在《麼些象形文字字典》的引言中首次提出，东巴象形字在前而音字在后。在《与骆克博士论麼些族形字音字之先后》一文，他以东巴经为依据从六个方面论证了形在先音在后。①

其一，他根据经典上的记录找寻纳西族的起源地，一路上在收集经书的过程中，他发现在无量河上游是没有文字的，随着向中下游迁

---

① 李霖灿：《与骆克博士论麼些族形字音字之先后》，载《麼些研究论文集》，故宫博物院1973年版，第35—50页。

徙时才出现了文字,从收集到的经书来看中上游只有象形文字。如果音字先出现,那么中下游地方应该有音字的残余痕迹才对,而这种音字的痕迹全不呈现,只在下游才看到音字的踪迹。另外按正常的推理,下游的东巴怎么会中间隔了一大段时间和距离而无师自通了呢?因此,李霖灿认为音字在上中游都不呈现,到下游一带后才出现,因为晚出,推行范围不广,所以识之者少。

其二,在经书中两种文字有不同的名称,音字叫作"哥巴字","哥巴"的原意是"徒弟",形字被称作"多巴字","多巴"是宗教巫师的音节,有老师的含义。通过对比可以看出纳西象形文字在前而音字在后。

其三,从音字上看有形字退化的痕迹,李霖灿选取52个音字,通过形字、音字、字义、字源四项列表进行分析后发现,这些音字都有可追溯形字的字源。假设是形字抄袭音字,对着这52个有形像字源可寻的音字,就必须承认音字有一部分即是象形字,这一来音字的前身原是形字,分明是形字在先了,由形字演进成音字,欲又另起炉灶再重复象形的道路再造一种形字,这是不合情理的。

其四,从经文的组织上看,象形文的经典像是一幅连环图画,其中只有几个解释说明的字样分布在图像中间,因此拿到一本经典虽然能全部认识上面的文字,但仍然没有办法理解内容,可以看出这是一种极幼稚的文句组织,是一种速记式的。音字的经典是一音一字连续记录的,只要认识纳西文才能通识整本经典。

其五,从音字经书《占卜起源的故事》的内容看,在经典的末尾说到了大祭风的法仪。在纳西东巴的法仪中有大祭风和小祭风,李霖灿从已收集到的经典中看到,小祭风在纳西族迁徙的中游一带就已经出现了,而大祭风则是在丽江一带很晚近才出现的仪式,由此可以推理,晚近才出现的事件不可能记录到古老的经典中去。

其六,从音字最近发展的情况上看,如音字在前,在当前应是日渐衰微,但结果却相反,音字正受到东巴们的重视。有的东巴在汇集一形多音现象,加以整理;有的刻出书来,并通过印刷来统一目前混乱的音字现象。这些现象都说明音字正受到东巴们的重视,并希望加以统一。

李霖灿以大量的田野资料为论据，结合纳西族的民间信仰，并通过对收集的整个纳西族聚居地的经典进行考据，提出了严密的推理来论证形字先于音字，实证性强，具有很强的说服力，给后来的学者研究提供了思路。

李霖灿在东巴文字的研究所取得的成就，在于他把纳西文字看作一项活态的民族文化遗产，他认为东巴文字比那些已经不再使用的，需要考古学家挖掘的文字，在研究过程中会更加容易明白其中的内涵，因为可以用民间习俗相联系进行考察：

> 假如说世界是一个大公园，各民族是公园里的花和草，自创有文字的民族我们算它是花，没有文字的我们算它是草，那这座大公园的景色将到处都是草地，只疏疏落落的在各处开了很有限的几朵小花。这就是说世界上民族虽多，但自创文字的却极少，文字和人类文字有如此深切的关系，所以不论这一朵"文字之花"，开得怎样小和开在那一角落里，都值得文化园丁去发现它，去观察它，去研究它。更何况纳西文字同时具有象形文字和标音文字两种，这两种文字都在枝叶繁荣的生长。另外纳西文字还年轻，不难追寻它的幼年时代，它还生长，可以代我们作文字演变的"生理观察"，正可以补文字发生史上这一段的空白。就更加格外珍惜了。①

李霖灿对于东巴文字是格外重视的，并结合东巴信仰习俗来分析其产生的原因。

三 东巴文化中的民间艺术

当我们看到东巴文字呈现出的鸟兽鱼虫花草树木，自然会被这种

---

① 李霖灿：《麼些族文字的发生和演变》，载《麼些研究论文集》，故宫博物院1984年版，第61页。

古朴的图画文字所打动。从外形看东巴文字更像是一种图画艺术品，但在图画文字的后面蕴藏着丰富的文化内涵。目前丽江当地把两者相融合，开发东巴文字的旅游文化产业，受到外地游客的欢迎。带上一幅即是图画又有美好祝愿的作品，无论是装饰还是送亲朋好友都十分有意义。

李霖灿对东巴文字的评价只有一个字，那就是"美"，李霖灿作为艺专毕业的学生，一开始向当地东巴学写东巴文时，信心十足，但学习过程中才发现，东巴文的书写具有一定的技巧。如表现野兽凶猛是要画长画大其后腿；表现有趣味的表情就需要用眼珠在眼眶中的上下左右位置来凸显。

他在《麽些经典的艺术论》①一文中从五个方面来阐述了东巴文字所具有艺术之美。

第一，东巴经的外形之美。东巴经书从外形来看，有别于喇嘛经，前者为装订成册，而后者却是散叶的。东巴经从书写的格式来看与印度的贝叶经相似，也是细长格式，因此也叫贝叶经，李霖灿是这样描述东巴经的形式美的，"东巴经的封面在双线矩形之中写上经典的名称，什么巫师的形相、龙王鬼神的名目和鸟兽虫鱼的森罗万象，排列得万物各得其所各得其情，矩形方框之外，以对称的缨络飘带披拂两旁，上方则是法器净水瓶、伞盖、花、连胜、双鱼等重要的法宝。线条既流畅、赋色又美丽、安排又得当，贝叶经只看这丰富的封面，又使人心醉，麽些人的艺术造诣，出灵钟秀，的确不凡"②。另外为了解释东巴经装订成册的现象，在东巴之间流传《多巴神传》的传说，传说中讲述了多巴神与喇嘛教之间的冲突，从而也反映出东巴经和喇嘛经外形的不同，也叙述了喇嘛服饰的特点，如只有一边袖子和不穿裤子的原因等。这些传说中也体现出东巴教与喇嘛教两种信仰是相辅相成的关系。

---

① 李霖灿：《麽些经典的艺术论》，载《麽些研究论文集》，故宫博物院1984年版，第421—435页。
② 李霖灿：《麽些经典的艺术论》，载《麽些研究论文集》，故宫博物院1984年版，第422—424页。

第二，东巴经中的线条美。东巴的书写工具都是就地取材，取竹片削成尖锥形作为笔，用云南松烧制成松烟加胶水放入碗中或随身携带的小瓶中。东巴书写的东巴文都以生活中的事物为参照，在线条表现上自然就活灵活现，如从高耸入云的鸡冠，就可知这只雄鸡正在生气。用日常生活常识来表现东巴文的意义，自然也就通俗易懂，还能形象生动地再现生活中的事物形象。

第三，东巴经中的色彩美。东巴经书所用的纸张是纳西族地区一种楮树所制造的，纸张的颜色是一种古铜色。用黑墨写经文，再用石青石绿的矿物原料来填色，但这些色彩与内容没有太大关系，主要是装饰的作用，因为经文上说的是红马，而填上的色彩可能是黄色或绿色。从内容来看，"填色的经典都被视为'善本'，经过了五颜六色石青石绿的装饰，衬着古铜色的底色，画着刚健婀娜的线条，讲着洪荒太古的童话，展卷欣赏，眼睛有福了。粉白黛绿的，朱砂玛瑙的，金黄灿烂的，青光紫霞的，彩虹一片，人也就迷迷糊糊悠然走进了童话世界之中，真是珍贵无比的奇妙享受"[1]。

第四，东巴经中的动态美。东巴经中的动物表现得活灵活现、栩栩如生。疾驰的骏马有从纸上一跃而出之感，两牛相撞有撞击闪烁的线条。李霖灿认为东巴之所以可以把动物的形态表现得如此传神，是因为他们的生产模式是界于狩猎和农业之间，对野兽家畜的习性才会很熟悉。

第五，东巴经中的典型特征是为了凸显动物的特征，东巴们会用夸张的艺术手法，如兔子之长耳、獐子之巨牙、金钱花纹、老虎的斑纹等，使人一看即明白。

相对于东巴文字的字音、字义的研究，艺术专业出身的李霖灿从民间艺术的视角去赏析东巴文字，为后人认识东巴文开创一种新视野。

---

[1] 李霖灿：《麽些经典的艺术论》，载《麽些研究论文集》，故宫博物院1984年版，第427—428页。

第四节 经书与民间信仰的互释研究

一 译注经书探寻民俗文化

李霖灿到了丽江后发现他的画笔不足以表达出雪山的美,所以弃画转而研究纳西族的民俗。

> 艺专毕业后抱着雄伟壮志到丽江为雪山风景画立一新的宗派,所以一到丽江,日夜都在描绘雪山,后来开展览会时才发现了绢纸上所画的点点滴滴,实在不足以传达玉龙雪山之美,我把画箱埋葬在山上白雪之中,颓然坐下,嗒然若失。艺术家做不成了,我改行做科学家,于是放下画笔,拿起卡片,一图一字一音一释做起民俗学的研究来了,这就是我"学书不成,弃而学剑"治麽些族经典翻译的开始。[①]

(一)译注经书

纳西族由于自创的两种文字而闻名于世,一种是应物写形的图画字,一种以符号表音值的音缀文字,这两种文字都与他们的原始宗教——东巴教密不可分,东巴教的经典就是由上述的两种不同文字写成的,东巴是两种文字的持有者和解释人。李霖灿在丽江时共收集到东巴典籍一千多册,包括三册是用音字来写的。经他翻译出版的东巴经有9种:即《麽么族的洪水故事》(属退口舌经)、《占卜起源的故事》(属祭风经)、《多巴神罗的身世》(属超度巫师经)、《都萨峨突的故事》(属祭龙王经)、《哥来秋招魂的故事》(属小祭风经)、《某莉亥孜的故事》(属祭龙王经)、《延寿经》(属延寿法仪中立香木神梯、修神山和分寿岁的经典)、《麽些族挽歌苦凄苦寒(买卖寿岁)的故事》(超度亡人的挽歌)、《菩赤阿禄的故事》(祭龙王经典),

---

[①] 李霖灿:《麽些经典译注九种·总序》,《麽些经典译注九种》,国立编译馆1978年版,第1页。

前六册经书翻译于1946年，1957年在中国台湾出版。后来，他又新译注后三册，与前书合辑为《麽些经典译注九种》一书，1978年在中国台湾出版。

经典译注九种在译注编排上比较科学，且有创新。正如李霖灿所言，"经典在翻译格式上试用了一种新的处理方法，原则上是形、声、义、注四部分都能兼顾，而且是要一页之上面面俱到，使读者没有前后翻阅对照之劳"①。

形：就是东巴经典照原样抄录在这一页的上端，《麽些经典译注六种》的经典原文都是和才先生负责完成，由于他既是麽些族人，又是纳西族中的东巴，由他写的经文自然非常地道。

声：用国标音标记录东巴对这页经文的读音。音标是全书的骨干，不但记录了原经文的念法，其他关于文法的分析研究都是以此为据，而且下一部分的意译亦是由此而出。国际标音在语言学家张琨协助下完成。

义：对东巴文直译的汉文和按汉语方法的意译。

注：是对意译、音标部分等的注释。

李霖灿对东巴经典的翻译方法成为中国学者在翻译东巴经所遵行的重要法则。此外，在每册经典的前面都做了详细的说明，包括这册书收集的经过、特点、收藏于何处、登记编号等。为研究纳西文化的学者提供了极大的查阅方便。

东巴典籍主要是关于民间信仰的记载，而纳西族的日常生活习俗、心理意识，莫不受到民间信仰的制约和影响，因此，要研究东巴典籍，必须要了解纳西族的礼俗。典籍中蕴含丰富的民俗文化资源，内容涉及民间文艺、信仰仪式、民间习俗的解释等方面的内容，可以看成是指引进入人们正常生活轨迹的指挥棒，人们的生老病死、婚丧嫁娶，甚至节日中的休闲娱乐等日常的生活礼俗，在经典中都有详细记载，每一种礼俗都能在典籍中找到理论根据。

---

① 李霖灿：《麽些经典译注九种·总序》，《麽些经典译注九种》，"国立"编译馆1978年版，第19页。

第五章　李霖灿对纳西族的民俗调查

（二）经书在信仰中的作用

美国国会图书馆自 1924 年以来收藏了一批东巴经典，由于无人能对此进行整理，三十多年来一直封存在此。李霖灿由于想知道世界上现存经典的散布情况，曾致信美国国会图书馆咨询有关情况。国会图书馆方面知道李先生是这方面的专家后，于是 1955 年 12 月 25 日，向他发出邀请书，邀请他赴美三个月，帮助整理收藏在美国国会图书馆的东巴经典。1956 年 3 月，他来到这个当时世界上最大的图书馆，当时馆藏书达到一千多万册。他首先是统计该馆收藏的东巴经数量。经核实，该馆的东巴经收藏量是 3038 册，纠正了 1953 年该馆 2351 册的统计数字。国会图书馆的东巴经典共分五批入藏，历时 22 年，收藏者有 3 人。第一批是洛克 1924 年入藏的 78 册；第二批也是洛克在 1927 年入藏的 598 册；第三批还是洛克 1930 年收藏的 716 册；第四批是弗吉尼亚·哈里森女士 1935 年入藏的 1073 册；第五批是昆汀·罗斯福 1945 年入藏的 1073 册。李霖灿在帮助国会整理经典时，也从中获得不少的收获。从经书分类及内容来看具体有以下几种。

（1）龙王经，以大祭龙王、小祭龙王及除秽等的经书。纳西族的龙王含义是非常广的，自然万物都可能是龙王。人类生活在大自然中与龙王接触，免不了得罪龙王，通过祭祀来化解与龙王的冲突。因此这类的故事多，纳西人也爱听这类传奇故事，经典也就传抄得多。

（2）祭风经，大祭风流鬼魂和小祭风流鬼魂等的祭风经。纳西地区流行一种情死的风俗，男女婚姻在人间不如意，就相约到玉龙雪山双双殉情。随之就产生了一些美丽绝伦的情死王国的故事。这些经典是为了让这些情死鬼安息的，但由于经典中歌词委婉词句美丽，从而引起了更多人对情死者的追随。在民国初期，官方出于人道的考虑，不得不禁止这类经典的传诵，因此，这类经典不容易收集得到。

（3）超度经，一切丧葬仪典的超度经。超度经典在入藏的经典中是最多的。纳西族视丧葬为人间的大事，几乎每个东巴有这册经典，东巴手中有，收集也就便利，得到的数量就多。

（4）替身经，有大放替身和小放替身经。这类经典主要是东巴为病人治病的。

（5）延寿经，包括延寿、祈福、祭家神、接祖先等。这类经典是祈福，李霖灿认为，纳西族东巴原来是以禳鬼祓除不祥为主，这类经典是自汉人接触后才产生的，从收集到的地域来看，以汉人接触较多的丽江地区这类经典要多些，而在金沙江北岸的中甸一带却不多见。

（6）口舌经，退口舌、压凶鬼、除祟等的口舌经。纳西族在生活中禁忌较多，认为对人间万物在语言上的不敬都会致病，需东巴对其祓除。

（7）占卜经，纳西族生活中一切活动都离不开占卜，而且占卜的方式多样，不仅有来自希腊的左拉卦法，还把周边其他民族的占卜方法都学为己用。也正是东巴在日常生活中对这类经典的广泛运用性，他们不愿轻易出卖这类经典，所以数量不多。

（8）音字经典，由于晚于形字经书，所以能收集的比较少。

（9）若喀经典，若喀是居住在金沙江边纳西族的一支人，是象形文字的发源地，无论是从文字的演变，还是法仪规的简繁上，都有极大的研究价值。

李霖灿对经典进行内容分类外，还做了详细的卡片。目录卡片按经典的名称，版式、行列字数，文字类别、经典页数、法仪归属、时间、地点和内容。为了方便对东巴文字阅读有困难的学者，以及引起学者对纳西文化的关注，可谓是煞费苦心，特意加上了经典故事角色的简介和故事情节的简要叙述这两项内容。他认为"由于国会图书馆拥有东巴经典的丰富和今日读者对东巴经文的陌生。卡片只要能有这种'引人入胜'的发端已就达到目的了，读者一旦对这种原始文字发生了兴趣，他们自会设法研究"[1]。李霖灿对纳西文化的热爱，希望通过自己的行动带动更多的人来关注和研究纳西文化。

（三）纪年经典研究

由于纳西族对时间观点的淡薄，在东巴经典上很少有年代的记载，李霖灿在整理国会图书馆的东巴经典时，却惊喜地发现在入藏的

---

[1] 李霖灿：《美国国会图书馆所藏的麽些经典》，载《麽些研究论文集》，故宫博物院1984年版，第140页。

第五章　李霖灿对纳西族的民俗调查　　215

3038册经典中竟有61册注有年代，纪年经典上起清康熙七年（1668），下迄1938年，跨度了271年之久，这无疑是极其珍贵的材料，因为通过年代先后的排列顺序来加以观察，可以推究古今法仪的演变过程、古今字体的蜕变痕迹、形音字出现的先后时间及演变过程等。

在1956年6月，他即将离开国会图书馆时，在整理有年代记载的经典时，首先发现了写于清康熙四十二年的一本东巴经典。继而又发现了一册上记有"康熙皇帝坐朝或登基"的那一年写成的经典，回到中国台湾后，在董作宾先生的帮助下，证实了这册经典是写于康熙七年，这是当时发现最早的一本经典，而且这册经典上还有音字出现，这也使得音字出现的上限提早到了明末清初，对文字的研究意义重大。

二　纳西族的占卜习俗

纳西族自称是占卜的民族，把他们附近各民族的占卜方法都学为己用，甚至还从印度人那里学到了看生辰八字卦。他们的一言一行、一举一动都要通过占卜的方式来作决定。他们相信，人间一切不顺都是有鬼在作祟，只有占卜来决定是哪路鬼，才能祛除不祥。由于纳西族对占卜的重视，使得他们有各种各样的占卜方法，也有各种各样的占卜经典。

在东巴中几乎每人家中有占卜的经典，由于是一种必用的经典，所以一般要从他们手中得来也很困难。李霖灿为中央博物院收集到一全套的占卜经典，在离开大陆时，这部经典保存于南京博物馆。初到台湾时他曾汇集到28种占卜方法，但资料在几经搬动遗失，后来根据日记找到了18种，又回忆1942年4月云南中甸北地村时向东巴久㑇吉和习文开等所学的占卜方法，最终汇集为《麽些族的占卜》一文。①

---

① 李霖灿：《麽些族的占卜》，载《麽些研究论文集》，故宫博物院1984年版，第407—420页。

生辰八字占卜是汉族中非常普遍和广泛的占卜方式，人们认为，人的命运特别是婚丧嫁娶之类的人生大事更是与人的八字密不可分。纳西族的左拉卦就是运用生辰八字的一种占卜方法。左拉卦据典籍记载是来自于印度的一种占卜，李霖灿记载了占卜时的古老习俗。每年的正月时光，纳西人夜间跳舞会，总会有一个头戴大斗篷怪模样的人出现，大家都称他为印度老人，向他问收成丰瘠及一些男女幽默事项。由于他自远方来，所以他的话十分灵验。同样的理由，由印度地方传来的占卜方法也最尊贵，所在许多占卜的经典之中，它名列第一。

掷海贝卦是应用当地的一种子安贝，一面黑，一面白，在经典中有对这种占卜预测的解释，平常人也可以根据经典上的指导来解卦。占卜时通常以两贝为最多，有时也用五贝或更多的。

抽图片卦是运用33张图片，每张上绘有卦象，在每张图片上系一线绳，占卜时抽取线绳，与此对应的图片进行剖析，这种占卜方式与抽签相类似。

羊髀卜一种是根据羊肩胛骨煮熟后来看其颜色和血丝纹路等来占卜，另一种是通过炙后观察被火烧处的纹路来占卜凶吉。这种占卜方法和殷墟的炙龟原理相似，纳西人也许就地取材，由龟壳不易得而变成羊胛骨。另外的有鸡胫骨、鸡头卜、石卜、鸡蛋卜、五谷卜、箭卜、异事卜、香卜、八格卜、梦卜、星卜、四十二石卜、竹片卦、掷骰子卦。

纳西族的占卜经典从装订上就有别于其他的经典，普通的经典大都是在左手边装订，由左边翻叶来诵读，占卜的经典则大半在上面装订，从上往下地翻阅。占卜经典大多记录了占卜方法来源和解卜的具体内容。从来源看有来自印度的左拉卦法，也有向周边民族如古宗人的抽图片法、大凉山彝族的羊髀卜法。占卜方式多种多样，大多运用于生活中常见之物作为占卜用具，如海贝、鸡骨、羊骨、鸡蛋、石头、竹片等。

李霖灿在调查时通过问卜的方式来了解整个占卜过程，对占卜细节掌握得非常清楚，记录也很详细。

三 祭天仪式的调查

节日是民众生活的主要组成部分，是人们在长期生活中观测天象、大自然变化而厘定的一系列活动，体现了民众的知识体系、民族心理、审美特征等。李霖灿初到丽江时，刻意在新年时参加了当地的祭天仪式，但由于丽江一带受汉化较深，仪典过于简单，不能看到这个古老的习俗原始面目。于是1942年腊月，李霖灿决定到东巴教圣地中甸县的北地乡恩水湾村调查，趁此机会参加了他们的祭天仪典。

祭天仪典是关系到整个族群来年命运的重要仪式活动，所以每个细节都不敢马虎。除了这个祭祀社团的人，即使是当地的纳西人也不可以进入祭天大典的场地，在当地大东巴久夏吉的帮助下，李霖灿为了获得第一手资料费了不少心思。他描述了当时田野调查的过程，"他们这一群的祭天场外，有一条土陵，陵外是一条道路，我便以过路人身份，伏在岭上居高临下地窥伺一切，然后归来再与多巴详细印证，次日待仪式完毕，再协同大多巴前往现场行礼如仪一番，这才算不得已而求其次地解决了这项难题"。[①] 对祭天仪式的实地调查后，发现了蕴藏于仪式中的民族文化。

（一）对祭天社团专用语言的解读

除对祭天场地和主持祭天的东巴人选有特别的要求外，祭天中对祭祀品也有专用的名称和更多特殊的规定。祭天用的所谓祭天猪，它的体重要在100—120斤，酿年酒的人对这项任务也很小心，因为年酒是否香甜，就会事关一年凶吉，如来年多灾多难，还会受到大家的责问。神米篓是专为装祭天供献用的，平常绝对不准动用，除夕之夜，还有一套装神米的仪式，依照在家中的地位，先长后幼，先男后女的顺序，由特制的量神米的升，一小升一小升地把神米量好装入神米篓内。祭天大香也是特制的，在丽江有的高至五六尺长，北地穷苦一些也有二三尺长，而平时的只有一尺长。这个仪式中正因为保留了

[①] 李霖灿：《中甸县北地村的麽些族祭天典礼》，载《麽些研究论文集》，故宫博物院1984年版，第230—231页。

特定的祭祀物品，才能保持仪式的神圣性。

（二）歌颂天地和接福接旺仪式的解读

歌颂天地的祝酒歌中有歌酒的来历，歌颂酒的酿造过程。从歌词可以了解纳西民族的酿酒工艺。其次是歌颂巨那茹罗神山上生出三棵星王、三位树王及三个水王，表达这一群人对星、树、水神等天体和自然物的崇拜和信仰。

接福接旺仪式是一个歌唱的活动，首先歌颂的是一个专管人间添丁发旺之事，即祝福本社团人口兴旺，内容有讲述人类起源、洪水神话，详述其世系及配偶，这是一种背诵系谱表的仪式过程，也是祭天仪式中最重要的一个内容，无论是歌颂天地还是接福接旺仪式上都很好地保留了当地民间口头传统。"在许多文化中，举行仪式是为了纪念相联系的神话，为了回忆一个据信在某个固定的历史日期或某个过去的神话中发生的事件。"① 纳西族的祭天仪式也不例外，通过一次次的重复，以达到重述历史的作用。

（三）对射杀仇敌仪式的解读

纳西民族是一个善战的民族，在祭天典礼中仍然有遗迹可寻。祭天仪式中有一个射杀仇敌的仪式，在祭天场上分别代表四个仇敌的名称，把箭射向这四个仇敌以表示对仇敌的征服，同时也体现出昔日纳西人的英勇善战。另外，从这四个方位仇敌的名称，也可以推测昔日的纳西人居住地较今日者靠北。

李霖灿是较早对纳西族祭天仪式作全面调查的汉人学者，他对田野的调查并不只是对仪式的简单记录，同时更多的是对细节内涵的探究。要了解仪式的内容，必然对当地人的生活进行调查，如在生活中的日常用具和祭天仪式中的用具都是相同的物品，但人们对两者的看法却有很大的不同，祭祀用品在生活中所表现出的神圣性异常明显。祭天仪式除了能展现人们的生活习俗之外，在整个过程中对民间文艺的传承也起到非常重要的作用。

---

① ［美］保罗·康纳顿：《社会如何记忆》，上海人民出版社2000年版，第51页。

第五节　母系社会的习俗考察

一　亲属称谓与婚姻习俗

据李霖灿调查，永宁地区的社会组织方式存在两套系统，贵族是父系制度，百姓是母系制度。特殊的社会制度带来了两个阶段不同的婚姻习俗：

（一）永宁土司家的系嗣是采用父系制度，生下的孩子是父系集团的，而当地的百姓是母系社会组织，孩子只知其母不知其父，小时由母亲扶养，男孩长大后依靠情人或姐妹一方，不能独立门户。

（二）土司的世袭是父系，以父子相传为主，以兄弟相传为辅。而百姓的门户是以女儿来继承。财产的继承两个阶级也是各有不同，土司父传子，百姓母传女。

（三）从婚姻习俗来看，土司家是妻从夫居，百姓家是夫从妻居。[①]

永宁土司阶级只有三十多家，在永宁母系社会里，土司家只有实行内婚制，不可能与百姓通婚，只得自行婚配，因此只要年纪相仿，辈分是不需要考虑的。永宁号称女儿国，百姓家的女儿是不出嫁的，这里与传统的父系社会相比是完全不同的制度，家族世系是以女性为主，母传女，延续无穷。在这个社会里，男性不喜欢像父系社会里大家见面时的寒暄，"你有几个令郎？"儿女都是属于母亲的，父亲根本就没有儿子。即使向当地的女子问这样的话，也最好是问"你有几个女儿？"因为，女儿国里是重女轻男的。

女孩子的成年意味着可以进行自由婚配，同时可以作为家庭的户

---

① 李霖灿：《永宁土司世系》，载《麼些研究论文集》，故宫博物院1984年版，第249—258页。

主来主持家庭活动。因此在母系社会中女孩子的成人礼仪尤其重视。李霖灿对女孩子的成人礼习俗进行了详细的描述：

> 依照永宁的习俗，女的小孩在未成年之前都是穿一件长袍式的麻布衣，只在腰间束上一根带子，下身不穿裤子。等到她长成可以交男朋友的时候，母亲还要把她头发梳成很大的一堆盘在头上，脱下长袍换上百褶裙，加上短褂，亲自领她到土司衙门中去磕头，向土司老爷报告，说这是我的女儿，现在已长大成人，以后我这一家的门户都要由她来承当，所以特地带来给老爷看看。由此可以见到永宁麽些人对女孩的重视。①

成人仪式中有一项是向土司老爷报告女儿成年的消息，从这个程序可以看出土司在社会中的重要地位，成人女性在社会组织中所扮演的重要角色。

李霖灿是较早对永宁母系社会的称谓语进行调查的学者，更为重要的是并不只是对亲属名词和释义的排列，在田野调查的基础上，他结合了社会制度、婚姻习俗、亲属关系等社会现象进行分析。称谓语中可以看出永宁母系社会中对男性的漠视。"永宁的亲属称谓应该是麽些族中最简单的一族，我曾就此略加调查。结果在这中间就没有父亲的地位，一切都是以母女相传为中心。有限几个的男性称谓亦多半是附属于女性，或为母亲的兄弟或为祖母的兄弟，或为本人的兄弟或儿子。"② 称谓是以女性为主，母系社会共有的十八个称谓，没有一个称谓与父亲意义相当。与女性同辈的男性只用一个称谓来代表，"阿乌"这一称谓就代表了母亲一辈中的所有男性，包括母亲的兄弟、同时也包括母亲的情郎。李霖灿开创性地从少数民族称谓语来分析社会习俗堪称先例。

---

① 李霖灿：《永宁麽些族的母系社会》，载《麽些研究论文集》，故宫博物院1984年版，第264页。

② 李霖灿：《云南丽江鲁甸区麽些族之亲属称谓》，载《麽些研究论文集》，故宫博物院1984年版，第198页。

二 物质生产习俗

永宁土司的公田制度是研究中国井田制度的重要资料，它们之间有一些相同的因素。当时永宁的土地分为三种：红照地、私田、公田。公田为土司官家所有，主要有两类人来进行耕种，一类是土司的农奴，这些人只出劳力，对种什么粮食由土司家的管人商量决定，一切耕种时所使用的工具和饮食都是由土司家供给，收获后农奴会分到一小部分来维持生活；另一类为当地百姓代耕的土地。百姓向土司家租来土地，由自己来耕种，同时他们还有一份属于自己的土地。在当地耕种公田的人家只占四分之一的比例，这些人家只负责耕种公田，不再对土司家尽其他的义务。而另外的四分之三的百姓，每家都有分派，有的放牧、有的专门供给土司某种日常用品。百姓耕种的公田又分为黑工、白工和花工。他们有自己耕种的田地，但耕种时对三者的劳动付出要求不同，白工种田时黑工要帮忙，而黑工种田时白工可以不去帮忙。花工帮助白工时多，黑工时少，自己并没有本分的田地，只是一种帮忙的性质。出现这种现象，李霖灿推测：百姓的私田是与公田的责任相联在一起的，领取私田越多对公田所负的义务越大。永宁地区的公田制保留下的主要原因是，当地的土地无论公田或私田都不允许向外地人出售。[①] 永宁地区的土地使用制度与井田制的生产范式相类似，真实再现了古代的生产习俗。《永宁土司的公田制度》也是为后人了解当地的生产习俗提供了重要资料。

第六节 歌谣和故事的搜集

一 《金沙江上的情歌》采录

李霖灿看来，研究少数民族的歌谣是民俗学研究中十分重要的部

[①] 李霖灿：《永宁土司的公田制度》，载《麽些研究论文集》，故宫博物院1984年版，第267—276页。

分，所以在进入丽江之初，他就非常注意对少数民族歌谣的收集。1939 年，李霖灿对滇西北地区进行艺术调查，路途中听到同行的本地人所唱的歌谣，被其深深打动，开始收集民歌。1944 年回到四川李庄后，他把在纳西族地区所收集的民歌整理后命名为《金沙江上的情歌》，初稿交到重庆说文社，遗憾的是该社并没有马上出版，后卫聚贤把这些材料交由当时的歌谣爱好者薛汕来编辑，薛汕辗转把这些材料带到上海，1947 年对这些歌谣分类编辑后，由上海春草社出版。

（一）歌谣的采录及出版

1971 年再版的《金沙江上的情歌·序》中，谈到了搜集采录方面的一些细节和情歌中的意蕴。

1. 采集经过

二十八年春天，我为国立艺术专科学校作了一次云南西北部的初步艺术调查，由大理往北走向鹤庆的时候，我们的马帮中有几个女脚夫同行，她们在路上时常唱歌；因为收集民歌亦是调查计划中很重要的一项，所以我便加以注意，起初因为她们是鹤庆人，我还以为她们唱的是民家人的歌，再听再问之下，才知道歌曲用的是汉话，这就使我更加留心，决定要把它收集下来。这样经过了六天的旅程，到了鹤庆再走向丽江的时候，我的笔记本中已经有了三百首这样的歌曲，从此我便对这种情歌一直留心。在周炼心先生处见到几百首，在中甸金沙江边朋友那里又得到许多，三十一年赴永宁、木里调查时又收到一些，三十二年在巨甸、鲁甸一带又得到周瑄先生和晋吉先生的辑本，更增加了不少的资料，和即贤、和才、刘贡三，同李晨岚先生大家出力来收集，到三十二年年尾我离开金沙江的时候，合计所得的已不下五千首。从这些里面挑选出来一部分，便成为这本金沙江上的情歌。

2. 歌唱场景

在这里所谓的金沙江，是指维西、中甸、丽江、鹤庆四县境内的那一段，因为我只走过这一些地方所以收集的地域范围也以

第五章 李霖灿对纳西族的民俗调查 223

此为限,在比较详明一点的地图上,这些情歌中说到的地名大部分可以查到,金沙江在这一带盘曲成一大河套,即所谓的金沙江N字大湾,我所收集的这些歌曲大半是在这个大湾的附近。而且唱得最有变化最有诗意的也是在这一带。当你在这一带江边旅行的时候,随时都可以听到两岸唱答的情歌歌声,尤其是黄昏后江声静极了的时光,那情境异常动人,在我写的《中甸十记》上有这些一小段。

到丽江后不久,我便计划着过金沙江到中甸去走一趟,一来是想到古宗人的生活中心去考察他们的艺术,再者是想替徐霞客先生完成他当日未了的心愿。当日木土司(木增)因为路上有古宗盗匪曾阻止了这位伟大旅行家的心愿。现在时过境迁,我反而随着一群古宗朋友同道走进横断山脉。

第一夜宿营阿喜,帐篷就拉在金沙江边,对于横断山脉,我从小的时光就很神往,尤其是由横断山脉中下来的金沙江,我对他有更深切的思慕。当坐着渡船在江上轻轻滑过去的时候,我曾想到这水是要流到江南去的。因之也想到了不少的往事。

过金沙江后,就到了玉龙大雪山的后面,横看成岭,侧看成峰,在丽江看玉龙山只是峭拔,现在隔江看去,真是一条玉龙蜿蜒的横在绿水之上,江山清丽,使人神魂荡漾。

金沙江边气候很热,白天逼得人下江水中洗澡,当我在水中游泳仰头看到在云中出没的白云奇峰时,心中自觉是一奇观。

白天就是夏天的金沙江上,夜间倒又清凉得极可人意。而在金沙江上的明月,凡是曾经看到过的人,再不作与忘记。吹过江上的风,好像还带着白雪的气味,在普鲁士蓝的天空中又涌出两座银雾披裹的大雪山,那里远是人间的境界,是一个北冰洋上清凉的夜梦。如此江山,如此明月,使人不禁抽引无限的奇思遐想……

忽然在江的两岸,由微风低涛声中传来了缕悠远的歌声。我们已经睡下了,又禁不住走出了帐篷坐在月明中静静地听——是谁在这月明江上细细倾吐她们的情怀?渐渐地也听到出这些情歌的词句：又像是一对情人相闻地在倾吐她们的无限情愫，又像是在歌诵金沙江上的美丽。

雪山不老年年白
洪水长流日日清

这一小段的短题便叫做"金沙江上"，由这里可以帮助我们去体会唱这种情歌的背景同气氛。大约正是因为这一带景色太好，因之情歌的词句也格外绮丽，两岸相距不太远却又可望不可即更能抽发无限的情思，所以在这一带收集到的情歌特别多且好，因此把这一部分材料总名之曰《金沙江上的情歌》可以说是十分合宜。

3. 情歌中的民间智慧

由上面的叙述，我们知道这种情歌是男女两个隔江对唱的居多，这并不是一件容易事，既要调子（他们把歌曲叫调子）记得多，又得有捷才，随唱随答是不容许有很多的时间去思考的，而且对方都一门心思，随时都曾有意想不到的问题由对方提出来，要你马上就加以答复。因之奇奇怪怪的诗句不知道到底有多少，那当然也是收罗不尽的。所以严格地说想完全传达出这种情歌的神韵那是不容易做到的事，记录在这里的都只是一些躯体灌入灵魂那才可以复活，真是运用之妙在乎一心了。我曾在金沙江边遇到一位些高手，他告诉我对唱情歌的要诀是"若擒若离，不即不离"，这样一来，双方面就可以成几天几夜的连唱下去。如今人们自是无缘躬逢其盛，只可以运用他这个原则，假设有一个对方在和你往来对唱，把这些凝固了的情歌灌入了灵魂活用起来，那就可以体会到一点其中真味了。

在对唱的时候，多半是二句一组的居多，而且在两句的中间还要加上一点穿插：男的多半加唱一小句"呵！你小妹"，女的则加入一句"呵！你小哥"或者是"你听着"、"可是呢"？以这些短句来提起对方的注意，因为主要的思想，多头是放在最后的

第五章　李霖灿对纳西族的民俗调查

一句上。我曾问过他们这些短句是不是有其他重要的使命？他们都是说："这并没有什么意思，不过是加上一点'花草'"据他们说先是用两句一首的歌来对唱，唱得双方面都有意思了，那便会对坐在江岸上把四句一首的都搬出来唱，这一方面是酝酿爱情，同时也有一点歌曲比赛的意思。遇到这种机会，或男女在一起"撕包谷"的时候（李寒谷先生曾写过一篇"撕包谷"说的就是这一回事），再不然，有什么"神会"盛典男女一组一组相约唱歌的时候，双方面都把最好的亮出来，那真是洋洋大观，使听者对她们或他们的锦心绣口叹为观止。唱的进修声音很高昂，加上山水的回音，使双方面都能听到双方的辞句。这些歌谣里有许多问题：如韵脚的"天"、"人"、"坊"、"青"等都可以相押，若追究起来，到底是当初那一批汉人带的呢？还是受了当地土著的影响呢？这就非一言所可以决定，还有一些都是很有趣的问题，不过因为牵涉得较广，帝王不在这里细论，只老老实实地把这一部分材料贡献在这里，任大家见仁见智的参考使用欣赏，使我们知道在云南西北部的金沙江边有这么一种汉语的情歌，那这册小书的目的就算达到了。

　　至于这一部分情歌以现在这个样子同读者见面那是很意外而曲折的：当我三十三年在李庄把初稿写定了的时候，就交到重庆说文社里去印，还没有出版，却被卫聚贤先生较交到一位极爱好歌谣的薛汕先生手中，他非常喜欢这些情歌，就自己带回上海来，又依照他自己的意思把这些歌曲改分了类，编了号码，而且自己拿了钱印刷出来。这一些我事前完全不知道，一直到我看到这书出版了的时候，才知道这原是我所收集的那些材料。于是我赶快写信约他来讨论，相谈之下，薛汕先生同意由我来改写一篇序，再附上一个勘误表，使这些情歌可以还他本来面目。对于歌曲的分类如"追求，期待……生活"等固定的字眼那是太束缚了这些歌曲的活动性，决定在这里声明全部作废，请读者仍旧只看这些情歌的本文不必注意这些分类字眼的存在。至于数目字的号码则全部保留，因为这样检查起来比较方便，遗憾的是有一部分书已经售出,希望,能够换收回来并在这里声明以这一册为定本。有机会再版时,我当把这些情歌的旋律用五线谱记录下来,歌的次序亦要重编排过,希望能成一个连读的唱答,份量亦要增加到三千首左右这是我预想的一最低标准。至于现在这一册书因为有上面说的那些想不到的曲折,我自己也是很不满意,不过经我改过的内容,文责都由我自己来负,有错误的地方,敬请各方面专家硕彦详加指教。

在上面说过,这一些材料是在丽江和许多朋友共同收集得来的,愿意在这里以这册小书来纪念我们大雪山下的友谊。

李霖灿

三十六年六月三日　上海[①]

李霖灿在收集歌谣的同时,也注重去体现民众的情感。从出版的过程可见李氏对待学术严谨的态度。民俗学的肇始之初就是着力于歌谣的搜集整理。1918 年,北京大学成立歌谣征集处,后创办《歌谣》周刊。1922 年周作人在《歌谣周刊》的发刊词中指出:"歌谣是民俗学上的一种重要的资料,我们把他辑录起来,以备专门的研究。其目的有两个:一是学术的,二是文艺的,我们相信民俗学的研究在现今的中国确是很重要的一件事业。"[②] 李霖灿在民俗学领域的研究是以民歌调查开始的,在他收集到的三千首情歌里,简明扼要地传达出云南边疆人民的聪明智慧和风土人情。

(二) 歌谣中的生活意蕴

在这些歌谣里,从远古的神话"要学丁郎刻木那一对,莫学大舜耕田独一人"。到民间传说"月亮出来明又明,单照哥家有情人,莫学月亮肚里张果老,孤孤单单到天明"。随口而唱的歌谣,却在无意中透露出人们对美满婚姻的祈求。

民歌是生活,无意中表露出来的情人眼中的美人装束也是朴实无

---

① 李霖灿:《金沙江上的情歌·序》,东方文化书局 1971 年版,第 1—5 页。
② 王文宝:《中国民俗研究史》,黑龙江人民出版社 2003 年版,第 53 页。

华。"远看小妹身穿红,眉毛弯弯像条绳,牙齿好像西瓜子,口唇好像映山红。""隔河看见花树根,小妹头发两边分,搽上胭脂抹上粉,赛似当年穆桂英。"

自然,他们的歌声中也有梦想和反抗。"不要焦来不要愁,哥在云南当管头,等着一日打胜仗,哥穿绫罗妹穿绸。""三千银子打把刀,银皮镶来虎皮鞘,那怕你丈夫打拳好,拿他人头对我刀。""要联要联就要联,要打官司在眼前,去打官司同店要,官司落案又来联。""要联要联实要联,那怕你家亲夫会打拳,脚杆打断手还在,不死一天还要联。"

青年人的相思之情在歌中也变得生动鲜活。"送郎送到紫金山,勒马回头望宾川,宾川石榴千层紫,弥渡西瓜瓤又鲜。""送郎送到大理城,大理照壁画麒麟,麒麟只望芭蕉树,小妹只望有情人。""送郎送到高山头,麦面巴巴包酥油,直到半路咬一口,妹的心肝在里头。""板壁缝头偷眼瞧,瞧见冤家做巴巴,锅头炕的油香饼,灶头煨的酥油茶。""红漆桌子象牙筷,黑漆盘子端巴巴,今年哥哥出门去,明年来接小冤家。"在这些歌词中你看不出任何的忸怩之态,真实的地名、生活中的饮食、用具及地方特产等都一一呈现,把生活与民歌的关系体现得如此的密切。

"远看小妹衣裳新,黑漆辫子打齐身,白围腰来双飘带,妹是哪方有情人?风吹杨柳柳摆柳,哥往妹家门前走,手扒墙头望进去,妹在园中锁鞋口,捡块石头丢进去,一打打着妹的手,鞋子放在书包上,轻手轻脚来瞧狗,右手拿着打狗棒,左手来牵郎的手,一牵牵到堂屋口,妹妹房中盛白酒,白酒盛来大半罐,鸡蛋烤上九十九,郎把白酒吃醉掉,还怕落在别人手。"多么生动立体的画面,未婚女青年的装束,在农闲之余制作布鞋的场景,男女青年偷偷相会后的喜悦都表现得淋漓尽致。

薛汕写道,"对于完全否认生活,不从生活去摄取养料,企图以此便抹粉在人民脸上,无论如何是可笑的事,只有这样,才是人民的真正的心声,格外亲切,完全是以热情拥抱日子的结晶,说它是人民生活中的红宝石可歌可爱,是没有什么过分的"。① 薛汕给予这些歌谣很高的评价,把它看作是现代的"国风",是人们生活的心声。

二 纳西族民间故事的采录

1939 年李霖灿从金沙江北岸调查后回到丽江,来到了老东巴和士贵的家中时,听到和士贵吟诵一册祭龙经典,经典中的一则则完整的故事深深地吸引了他:

> 麽些故事岂仅只是一个完整的故事而已,简直有点像圣经的文体,又有点像托尔斯泰所记的俄国民间故事的情调呢!节奏如此爽朗,辞句如此委婉,结构如此曲折,只须随手记下,便都是动人的绝妙好辞,合起来一看,便是一篇欲同希腊神话争美的边民故事。汉人务实,除了嫦娥奔月,织女渡河等以外简直就没有什么美丽的故事,如今在边民中发现我国还有这一方面的瑰宝,还不值得一个人下几年工夫去发掘它吗?由那时我便蓄起了这项心愿,要把麽些族的故事汇集成篇贡献在爱好此道的朋友们座前。②

在李霖灿看来,这些经典中不仅有完整的故事,而且故事内容可与托尔斯泰所记的民间故事以及希腊神话相媲美。这次对纳西故事的接触,促使他下定决心对纳西族民间故事进行采集。

收集纳西族的故事免不了要与东巴朝夕相处,时日渐久后李霖灿发现,对故事的收集只靠别人翻译,难免会受到很多的限制,如能自己通晓那几百册的象形文字经典,岂不更好,从此李霖灿不仅向东巴学文字,还认真学习当地语言。从此,故事的采集由单纯的东巴经文本收集扩展到纳西族民众活态民间故事的采集。

1942 年 2 月李霖灿结识了年轻的东巴和才,李霖灿教他学汉话和

---

① 薛汕:《金沙江上的情歌·跋》,上海春草社 1947 年版,第 159 页。
② 李霖灿:《麽些族的故事——一个文学观点研究的尝试》,《民族学研究所集刊》1968 年第 26 期。

汉字，和才与他一同研究东巴经典。从此，在纳西地区北至木里，东至盐源，南至剑川，西至维西都留下他们的足迹，两人就这样工作了近一年半的时间，这时接到了中央博物院的来信，要求李霖灿回四川做一个调查工作报告。和才经李霖灿的劝说愿意同他一同前往。1943年9月1日离开丽江，取道东北的方向，经过永宁土司地、盐源、西昌、乐山、宜宾，在11月6日到达了四川南溪县的李庄镇。

1944年和1945年李霖灿分别与和才以及语言学家张琨一起合作，出版了《麽些象形文字字典》和《麽些标音文字字典》后，李霖灿开始由字典的单字研究到经典的全文翻译。抗战胜利后三人各奔东西，张琨先生去了美国，和才回到云南，李霖灿带着在四川李庄译注的一些经典来到台湾，经李方桂先生的推荐，1957年由中华丛书委员会出版《麽些经典译注六种》。包括《洪水的故事》《占卜起源的故事》《多巴神罗的身世》《都萨峨突的故事》《哥来秋招魂的故事》《某莉亥孜的故事》六部经典。

东巴经典中记录了大量的纳西族神话，《洪水的故事》是1946年6月李霖灿和和才在李庄译注的。这是一篇在纳西族地区广泛流传的创世纪，内容包括许多纳西的典故和民族的起源。故事以兄妹乱伦婚配才招致了大洪水，这与大多数族群洪水后剩下两兄妹的神话不同，李霖灿当时就注意到这个现象，认为是值得研究的一个问题。后来，杨福泉的《纳西族的古典神话与古代家庭》，李子贤的《论丽江纳西族洪水神话的特点及其所反映的婚姻形态》都是通过神话对婚姻习俗和家庭制度进行阐释。洪水故事中还刻画出一副原始农业刀耕火种的全部过程，上山打猎和湖里捉鱼来作为难题考验出现在故事中，这些难题无形中反映了纳西族经历过农业社会与游牧业共存的社会生产模式。男主角瑳热莉恩没有用钱而是靠劳动服务娶了一位妻子，这是服务婚在纳西族中留下的遗迹。李霖灿在六部译注经典的前面，都以序的形式对经典内容、来历及用途等做了介绍，同时重点分析了经典中故事带给人们的启示。

《麽些经典译注六种》出版后不久就销售一空，此后经常有纳西文化的爱好者向李霖灿咨询此书。于是李霖灿把曾发表于"中央研究院"民族学所集刊上的《延寿经》和《菩赤阿禄传》，另外一则是为了纪念包遵彭先生而写的《挽歌》，这三则与《麽些经典译注六种》1978年由国立编译馆出版，命名为《麽些经典译注九种》。经典中的神话内容涉及纳西族的族源、信仰习俗、风俗习惯等，一个个故事就是对民间生活习俗的阐释，向人们展现了一幅民族生活的画卷。

1968年李霖灿在民族学研究集刊上发表了《麽些族的故事——一个文学观点研究的尝试》，他以文学的观点对纳西族故事做了以下几点总结：

  1. 民族智慧的体现。一千零一夜是世界上有名有数的好故事，但似乎只是为"故事而故事"，以色泽炫人，欠缺了深刻一点的内涵。在一曲"苦凄苦寒"的挽歌中，为了让亡人家属从悲痛情绪中解脱出来，这挽歌以生老病死与大自然现象一样自然规律，万物兴衰，皆有自然规律，人处万物之中，岂能独特例外，生死正常事，何用忧挂！这是聪明人对生死解答的办法。

  2. 以情趣故事来解释万物之源。乌鸦说谎为大家泼墨所以全面漆黑。小鹰上天求经的时候，由于几天没有东西吃，吃掉了它的同伴大麻雀，被神人处罚，不准他吃水，所以只好老在天空喝风吸风了。对一种特殊事物现象加以注意是一切文化的发轫，设法寻求其解释是智慧的翱翔，解释得情趣盎然那就是艺术的手段。

  3. 情趣天真，稚拙可贵。这种稚拙美是可贵的，你一旦越过某一阶段就不能再得到它，正如小孩子谎话，说得不周到，不但不足以达成欺骗的任务，反而由此更好浅露了自己的秘密，常常曾使大人莞尔不禁，另有一番风味，初民尽情接近儿童，文艺作品还保留一些原始稚拙的天真，最足提供我们的欣赏，所谓凿破浑沌之后是不能再有这种绝妙好辞写出来了。

  4. 词句美婉。麽些人有情死的现象，青年男女相互爱慕不得结合，便双双到大雪山中去情死了此一生。为了超度这一些风流情死的鬼魂，麽些人到丽江后兴起一部大祭风的经典。这套法仪的本意原是超度禳解情死鬼魂,不料因经文对"爱神之诱惑"及雪山中"情死王国"之美景描写得太动人了,反而感动了更多的青年男女如痴如狂的更向大雪山中了此残生。情死的人越多,越要诵这部经典,越诵这部经典,情死的人越多,民国时期不得不用政治力量来限制这部经典的朗诵。使人去死,我们在人道上亦不赞成,政府明令禁止,亦自有他的道理。但换一个角度去看,一件文艺作品朗诵起来可以令人去死,不但不应该严禁施行,反而应该赏给一面文艺金像奖章才对。

5. 节奏显明。所有的麼些故事中我们都可以看出它的层次非常清楚,记忆起来非常方便。如洪水故事中对人类始祖的各种考试,砍树烧火,播种,收割,就是一套原始农业的"焚垦"过程。就是所谓的"刀耕火种"。

6. 原始性的重复。这样重复的例子随处可见,尤其是人类接菩萨神人及多巴神罗的那许多经典中,使者到神人的跟前总是把前半部的经文重复一遍。因为这种形式的重复多见于原始文学中,所以我在这里把这一项特色叫做原始式的重复。经典是为了耳朵听的,而不是为了眼睛看的。是口语朗诵上的一种需要。重复一遍在眼睛是一种疲劳轰炸,但在耳朵上仍不失为一种重复的享受。

7. 比喻众多。在送死者魂灵离家远適的经文,诵吟这册经文多半是在黎明前的夜晚,麼么巫师把丧事的法仪做完,最后要把死者的魂灵请离自己的家屋,对于是鬼而又不同于其他鬼的亡人,多巴从深夜的繁星,深林的中的宿鸟,空谷中的夜风,远方的犬吠,近处的鸡啼,天上的云,地上的水……尽情比喻,直到最后的一句话,才轻轻地说出:"这一切都走了,你也该去了!——真是说得凄切委婉!不但比喻繁多,而且还利用这些比喻的次序描画出深夜时光之推移。"①

---

① 李霖灿:《麼些族的故事——一个文学观点研究的尝试》,《民族学研究所集刊》1968年第26期,第126—139页。

李霖灿是以文学的观点来分析纳西族故事的美，同时也可见民间故事在民众生活的重要作用。具体体现如下：

1. 解决人们生活中的困惑，达到调节失衡心态。

经典在生活中扮演着多重角色身份，在作为故事传承民族文化的同时，在仪式中还是抚平民众伤痛的良药。

  有一次我听到麽些巫师歌挽歌中名"苦凄苦寒"这里的一段文章，我不禁深深感动，而且为此很沉思冥想了些时间。那是一位麽些人家中有丧事，我去参观巫师作法的仪式。黄昏致祭之后，亡人家属哀哭不腾，"多巴"踞坐夜火堆前，展开一册贝叶形式的经典引吭高歌，五言一句，有似孔雀东南飞。巫师自以为能通幽冥，高歌此曲以安慰亡人魂灵及死者家属，内容叙述一个有诗意的故事：我择取其意改译作散文如下：有三个最富有的女人，家住无量河水边，金银满柜，珠玉满箱，肩不背水桶已经三年了，手不搓麻线，已经三载了。一日黎明，晨鸡乱啼，仆僮贪睡，呼喊不起，自负背水木桶，手持黄木水瓢，下至河边，取水储用。影子落在水中，倒影映入眼里，以为衰草斑白，俯看草犹未生，或系星光闪烁，仰视晨星早落，再三谛视，始悉自身发毛如霜，行将老死！于是水桶抛于路上，水瓢掷于路下，无心取水，悲戚还家，日夜啼泣，不能自已。闻跨金沙江南去，有大都市曰：白沙，曰丽江，曰大理。人间万物，皆可购得，逐负金银珠宝，结伴南下，欲买人间寿岁。行至白沙，绕待三匝，见山珍海味，皆有交易，欲买寿岁，了无购处。闻最南方有最大都市曰昆明，不惮途远。跋涉前往。绕街三匝，见人间万物，皆有交易，唯卖寿岁，了无购处，心大悲摧，希望既绝，逐以眼泪洗面，大哭还家。

  出昆明城，登碧鸡关，坡高路长，攀登维艰，既至坡顶，略作歇息。俯瞰昆明，不腾依依！忽见滇池水边，垂柳盈抱，当初来时，绿枝依依，今将离去，木叶黄落！心中悠然有所触悟，万物兴衰，皆有自然规律，人处万物之中，岂能独特例外，生死正常事耳，何用忧挂！逐将全身悲哀，一齐抛下，相与大笑，忻然还家。巫师在诵经结束后，亡人家属的哭声渐渐得以平息，情绪稳定下来。①

2. 先民生活习俗的再现

民间故事中，有婚姻习俗的遗迹，也有刀耕火种的生产习俗，这些都是解释现存习俗最好的材料。下面是始祖瑳热莉恩为娶到仙女，按岳父要求完成的任务。

岳父朱拉啊苦说："你既然是来求婚，那么，你带来些什么聘礼呢。"

瑳热莉恩说："至于我到你家来的时候，我是曾经很能干很勤快地做过一番苦工的：我曾在一天之内，为你砍倒了九座大森林；又曾在一日之内，把九座森林的木材都烧成灰肥；又曾在一日之内，把那九块火山地都播了种；又曾在一日之内，把那九块火山地里的粮食都收割了回来。这些，虽然算不得是什么有价值的聘礼，也勉强地算一下吧！还有，我曾陪你去打崖羊；陪你到海子边去捉鱼；为你取来了虎奶。"

这些都是为了考验女婿而要求他去完成的任务，再现了纳西先民的生产过程。

1976年李霖灿再次推出了纳西族民间故事研究的著作，《麼些族的故事——一个文学观点研究的尝试》由东方文化书局出版。这册书是受娄子匡与艾伯华的亚洲民俗·社会生活专刊的出书计划邀请，把历年来的纳西民俗的著作论文进行汇编，本书还刊登了李霖灿抗战时期在纳西族地区的一些珍贵的照片。收录的纳西族故事有《敦和庶的故事》《分寿分岁的故事》《青蛙和乌鸦的故事》《十二生肖的故事》

---

① 李霖灿：《麼些族的故事——一个文学观点研究的尝试》，《民族学研究所集刊》1968年第26期，第126—127页。

《洪水的故事》《白蝙蝠的故事》《多巴神罗的故事》《都萨峨突的故事》《洪水故事》。另外还包括纳西文化研究的《祭天典礼》《亲属称谓》《迁徙路线之寻访》《语音系统》《"音字"之发生与汉文之关系》《形字、音字之先后》《象形文字的发源地》《文字的发生和演变》《释丽江木氏宗谱碑》《干支纪时》的论文。

小　结

李霖灿被称为纳西东巴文化的先驱和大学者，他所取得的成就与他在研究之路上漫长的勤奋钻研密不可分，可以从两个方面来理解他对纳西族东巴文化研究所取得的成就，一是抗战时期在纳西族聚居地开展了长达四年的田野调查；二是从1939年来到丽江接触到纳西文化开始，到1999年逝世，近六十年的时间里，不论时局如何变幻，身处何地，他始终坚持纳西族文化的研究，研究步步深入，从语言到民间文学以及民俗学等众多领域，显示了他十分宽泛的视野及颇为深厚的学术功力。

艺专的高才生在战乱时期带着美好的憧憬来到雪山圣地以开创中国绘画史的"山水派"，可没想到，鸟兽鱼虫的象形文字吸引了他的眼球，他认为象形文字只把它画下来是远远不够的，揭开神秘面纱的方式只有对其文字的使用者——东巴和经典进行深入的调查，才明白其意。在与东巴的首次接触是听他诵经，听东巴诵经时就被经典中节奏爽朗、词句委婉、曲折的故事情节所打动，下定决心要把边民的瑰宝挖掘出来，把收集到纳西故事汇集成篇。他对漫长的纳西先民迁徙之路寻访后，对民俗文化方面收获颇丰。综合李霖灿的民俗调查研究具有以下的特征。

（一）研究纳西语言与民俗调查相结合

李霖灿在沈从文、董作宾的鼓励下进入纳西族地区，准备研究纳西族的象形文字。他编写的《麽些象形文字字典》和《麽些标音文字字典》两部巨著，是当时收录文字和内容最多的纳西语字典。《麽些象形文字字典》共收录2121个纳西象形文字，共208页。《麽些标音文字字典》收录了 2334 个标音符号，列举了最常见、最常用的音字简表，共 347 符号，内有异体字 104 个符号，其中 17 个字有分音调的趋势，在书后附有依照字型笔画排列的索引。字典把当时写法繁多杂乱的纳西标音文字理清了头绪。这两部字典也成为纳西文化研究者和少数民族语言学者的案头必备参考书。

纳西社会中存在象形和音字两种文字，并同时在使用，学界对其产生的先后时间问题争论不休，李霖灿以田野调查为事实依据，从纳西族的民间信仰、民风民俗等方面，论述象形字先于音字的原因，具有很强的说服力。

李霖灿对语言的研究是在纳西文化大背景和田野调查基础上的综合研究，有关象形文字发源地的考察，李霖灿就结合地理环境、生产生活习俗分析起源地，以纳西语中基本词汇"南、北、山、水"字形来看，在丽江地区找不到创造这些字的依据，另外"房屋"这个词从丽江的房屋的构造来看，此地的房屋是人字形的屋脊，与"房屋"这个字图像一点都不像。这些迷惑都在探寻迁徙路线到达无量河这一带看到真实景象，"南、北、水"字从无量河地理特征就可以找到答案，而"房屋"这个词正好与这一带居民用白土筑成的平顶房相像。

因此，李霖灿的纳西语研究，不是单纯的搜集语言材料，记录语言现象，在研究语言的结构、语法规律，与语言学专业的学者相比似乎这方面是他的弱项，但他把语言研究与民俗学相结合的方式，所取得的成就是单纯从语言学角度来研究语言所无法相比的。

（二）纳西族民间文学和民俗学的开拓者

民歌作为李霖灿调查计划的一部分，他除了把听到的记录下来，还时时留心把看到的抄录下来，到 1943 年他离开丽江时，共收录民歌五千多首，后从中挑选出一部分，编辑为《金沙江上的情歌》。李霖灿认为歌谣讲究的是即兴之作，记录文体只是一个躯壳。"我们知道这种情歌是男女两人隔江对唱的居多，这并不是一件容易事，既要调子（他们把歌曲叫调子）记得多，又得有捷才，随唱随答是不容许有很多的时间去思考的，因之奇奇怪怪的诗句不知道到底有多少，那当然也是收罗不尽的。所以严格地说想完全传达出这种情歌的神韵那是不容易做到的事，记录在这里的都只是一些躯壳，一些糟粕，需要读者以自己的慧心给这些躯壳灌入灵魂那才可以复活，真是运用之妙在一心了。"[1] 李霖灿采集到大量的歌谣同时，也认识到歌谣与生活之间密切的关系，单单记录歌词如同只看到歌谣的躯体。虽说如此，但歌词中所传递出的生活气息仍然是比较浓厚的，表现出了纳西民族的心声。

以民俗探析纳西族的民间故事，是李霖灿分析民间故事的主要方法。人类始祖求婚过程中的砍树烧林、播种、收割，这正好是对原始农业焚垦过程的记忆，故事的讲述一次次重复着族群的历史记忆。

寻根问俗之旅是李霖灿了解纳西族民间习俗的主要途径，丽江地区是纳西族的聚居地，但由于受到汉化等原因的影响，很多习俗已发生了改变，再加上纳西民族的起源地不在丽江，因此很多文化现象无法在此得到更多的解释。为了破解纳西文化之谜，李霖灿决定根据东巴经记载的路线探访纳西的迁徙之路。事实证明他的选择开创了纳西文化研究的新途径，通过一路采风问俗，不但解决了纳西象形文字和标音文字中的很多谜团，同时也记录下了生活在不同区域的纳西民族生活习俗。

李霖灿是最早对纳西族的母系社会习俗进行研究的学者。纳西族的居住地分为有文字和没有文字两大区域，这两区域的习俗和文化也存在巨大的差异。没有文字的永宁地区是母系社会组织同时也是公田制度的地区。李霖灿对女儿国的调查，让国人了解到只知其母、不知其父的社会。从称谓语分析母系社会中父亲称谓的缺失，永宁地区的走婚习俗，女孩子的成人礼仪式等民俗现象。永宁地区公田制度的深入调查，不仅为历史上存在的井田制度找到鲜活的实例，为井田制的研究提供了宝贵的材料，同时也记录了永宁地区物质生产习俗。

民国时期，丽江殉情习俗风行一时，国民政府曾下令禁止与殉情有关的民间信仰活动。超度风流情死鬼魂的大祭风经就属于政府禁止

---

[1] 李霖灿：《金沙江上的情歌》，东方文化书局1971年版，第3页。

吟诵的一部经典，李霖灿为了解到这部经书，曾在纳西族学者周练心的担保下，在一个秘密房间由东巴低声诵唱经文，记录下了经文的内容。通过考察当地的婚姻习俗的变迁，他分析殉情之所以在纳西族地区屡禁不止的原因。

作为纳西民俗研究的开拓者，把语言研究和纳西族社会制度、风俗习惯、生产生活紧密联系。对纳西族民俗调查内容丰富、地域广泛，为纳西族的文化研究奠定了学术基础。

第六章　马学良在彝区的民俗调查

马学良的学术领域，一方面是少数民族语言文字学的研究，另一方面是民俗学和少数民族文学研究。"在他的诸多学术头衔中，还可以列举出中国民俗学会副理事长、文联全国委员会委员、中国民间文艺家协会副主席、中国社会科学院研究生院民族文学系主任等。50年代，他主持筹建中央民族学院民族语言文学系，成为新中国成立后第一个培养少数民族语言文学的高校。80年代，他主编了全套五册的《中国少数民族文学作品选》《中国少数民族文学史》《民间文学概论》和《中国民间故事集成》《中国歌谣集成》《中国谚语集成》三套集成。"① 马学良的研究始终强调语言学与民俗学相结合，1983年在中国民俗学会成立大会上，他发表了题为"民俗学和语言学"的讲话。他认为，"民俗学提倡搜集时要忠实记录，整理、翻译要不失原意，这就离不开语言这一重要的工具。语言学对民间文学、民俗学不仅是个方法问题，语言是属于社会现象，从语言中所反映的社会现象，是研究民俗学的重要材料。同时，语言学也不是一门孤立的学科，它历来同其它学科有密切联系。没有民俗学等其它社会学科的知识，想深入研究语言是不可能的"。② 就在同年的 8 月，中国民俗学会在北京举办了民间文学和民俗学暑期讲习班，马学良在讲习班上讲了《民俗学、民间文学离不开语言学》的专题。在民俗学研究中，

---

① 祁庆富：《采得民风解彝经——记语言学家、民俗学家马学良先生》，《民俗研究》1995 年第 4 期。

② 马学良：《民俗学与语言学》，载《素园集》，中国民间文艺出版社 1989 年版，第 87—88 页。

提出借鉴语言学中历史比较研究的方法，通过比较对故事状况、历史变迁、语言的亲属关系分析研究，找出较原始的面貌，进一步与国外有关民族的民间故事和民俗进行比较，便会寻找到较真实的原始类型。通过汉族与少数民族民俗的比较研究，解决汉文献中有关古代礼仪方面的疑问，是1949年后国内较早提出比较研究故事类型的学者。同时强调在整理民族作品时，要认识到不同民族有其自身的特点，这些特点是通过社会状况、自然环境、风俗习惯等决定的，这些差异表现在他们的文学艺术、风俗习俗等方面，因此民间文学和民俗学方面的调查研究事关重要。马学良对民俗学的研究方法提出具有创新性的指导见意，这些论文大多收入《素园集》和《马学良文集——民间文学与民俗学篇》。马学良对民俗学学科的重视，得利于抗战时期云南少数民族民俗调查经历对他的影响。

第一节　湘黔滇道上的语言与民俗调查

1938年春天，长沙临时大学被迫西迁昆明，北京大学大四学生马学良参加了湘黔滇旅行团，由湖南长沙徒步向昆明出发。为了实现对沿途百姓生活的认识和考察，旅行团根据学生的专业和兴趣成立了社会学、语言学、民俗学等调查小组。对于当时的知识分子而言，国家危难之时，何以报国，是每一位有良知的学者所思考的问题。湘黔滇道上的语言民俗组，在闻一多的带领下，通过采风问俗，试图从民间寻找民族的复兴之路，挽救多难的祖国，有的师生由于对民间的调查研究，认识到民间文化的生命力，甚至改变了此后学术研究方向。

这次迁徙经过的地区大多是西南少数民族地区。闻一多路途中十分留意调查收集少数民族山歌、民谣、神话传说，由于语言隔阂，为了调查能有效进行下去，他希望能找一位学语言的学生协助用国际音标记录调查材料，便找到马学良。所到之处，随时可听见优美的民歌、动听的故事，这些不登大雅之堂的民间文学，在闻一多看来却是非常的珍贵，他身体力行的同时，还指导学生采集民间口头传统。马学良在闻一多的带领下，家访当地少数民族家庭并与老乡交谈，采风问俗，积累了大量的语言材料。到昆明后，写成了《湘黔夷语掇拾》。① 民族语言学家闻宥在序言中，除了对取得的成绩给予肯定，还提出了进一步研究的价值。"至文中的论，则精到之处特多。凡所列举，皆足为异日研讨之发端。惟苗语与泰语之关系，实不甚密，此后若分别观之（如普通苗语中除一稳固或不稳固之舌根声而外，已无其他尾声，马君所列-m-p-t-k 等，实皆泰语中之现象），则其与汉语之远近次第，必更有得而详论者。敬以质之莘田先生与作者，以为何如？"② 这是马学良对少数民族语言研究的首次尝试，虽然文中只对字和词进行分析，但这次的调查从田野中得到的启迪使他受益终身，在调查中闻一多一再对他强调，研究少数民族语言文字要与文学、习俗、历史、艺术相结合。马学良甚至认为在闻一多的指导下，使他走向了另一条学术之路。"和闻一多先生的交往，是我后来研究民间文学和民俗学的重要原因。"③

在路途中的调查，一方面马学良亲身体验到各地的风土人情，与少数民族文学结下了学术之缘，另一方面与闻一多一起走村串户采风问俗调查过程，也给了他很大的鼓舞和启迪。闻一多甚至对他特别强调，调查中不仅仅只关注语言，"每次调查前，他都谆谆叮嘱我，在调查语言的同时，千万不要忽视宗教、民俗、民谣、神话传说方面的资料，它们与民族语言、民族文学都是息息相关的"。④ 湘黔滇旅途中短短的几十天的经历，让他开始认识到了语言与民间文学、民俗的紧密联系，并引领他在语言学和民俗学两个领域中穿梭往来。

对大多数学子来说，抗战使他们背井离乡，来到偏远的西南地区是不幸的，但对马学良来说，正是由于战争，在西南联大汇集一大批

---

① 马学良：《湘黔夷语掇拾》，《边疆人文》1938 年第 3 期。
② 马学良：《湘黔夷语掇拾》，《边疆人文》1938 年第 3 期。
③ 马学良：《马学良学述》，浙江人民出版社 2000 年版，第 20 页。
④ 马学良：《记闻一多先生在湘西采风二三事》，载《素园集》，中国民间文艺出版社 1989 年版，第 196 页。

国内外知名专家学者，他才有机会目睹大师级人物的风采，并受到他们的引导。到达昆明后，马学良已经大四了，这时作为闻一多的助手，整理完旅行团途中调查的材料后已临近毕业了。抗战时期毕业后工作难找，幸好罗常培聘请他为研究助手，解决他生活上的后顾之忧。不久，云南宣威县乡村师范学校来昆明招聘教师，经人介绍找到马学良，这时罗常培提议他以西南联大教师的名义到宣威后一面教书，一面进行调查。后来发表在《西南边疆》的《宣威河东营调查》（1940年）、《云南土民神话》（1941）和《宣威倮族白夷的丧葬制度》（1942）等文章，都源于这一时期的调查。马学良在宣威师范学校工作期间，认真负责的态度受到当地百姓的欢迎，但却遭到权贵的排挤，加上他准备参加研究生考试，不久便离开宣威回昆明复习迎考。

马学良1934年考入北京大学中文系，在北大时受周作人、胡适、林语堂等先生的影响，开始研究明代文学家袁中郎，在1937年写成《袁中郎年谱》，但由于战争等各种原因，1991年由天津古籍出版社出版后才得以面世。他前期的领域是在古代文学方面，湘黔滇旅行团与闻一多采风问俗的经历是马学良学术转向的原因之一，有了这次语言调查的经验积累，他选择报考音韵学专业的研究生。

第二节 彝区访俗释经

一 开启治学之门

1939年马学良顺利通过考试，被北京大学文科研究所语言组汉语历史音韵学专业录取为研究生，指定导师为罗常培和丁声树两位教授。当时的北大名师云集，他受到的知识熏陶也是多方面的。马学良回忆，当时胡适开设了《白话文学史》一门，正是这门课拓宽了他的文学视野，把文学与现实结合起来。[1] 胡适主张："白话文学史就是中国文学史的中心部分。一切新文学的来源都在民间，民间

---

[1] 马学良：《历史的足音》，《民俗研究》1999年第3期。

的小女儿、村妇、痴男怨女，歌童舞妓，弹唱的，说书的，都是文学上的新形式风格的创造者，这是文学史的通例，古今中外，都逃不出这条通例。"[1] 胡适把民间文学推进了学术的殿堂，引导北大学子正确认识民间文化的价值。马学良到晚年时还提到胡适的《白话文学史》课对他学术研究的影响，并深表感激。"半个多世纪以来，胡先生当年意料不及的我国少数民族民间文学的花朵，而今在新的土壤、新的条件下已经开遍祖国大地。奇花异草何止千万株，胡先生若健在，看到这些世世代代植根于民间，生意盎然的少数民族民间文学定会再一次修补他那一花独放的《白话文学史》，并且对他所说的'白话文学史就是中国文学史的中心部分'，提出现实的论证。"[2] 不久，著名语言学家李方桂从美国获博士学位回国。罗常培和丁声树商量后，决定让马学良跟随李方桂学习少数民族语言的调查与研究。李方桂在美国时曾受语言学大师的指导，对印第安语言进行调查，积累了丰富的经验，其学术成果已享誉学界。如果说闻一多是引领马学良进入少数民族语言殿堂的大师的话，那么李方桂则从专业的角度更多给予了理论方法上的指导。马学良谈道："师从李方桂先生，是我学术生涯的重要转折，我从李方桂先生那里接受了西方描写语言学的研究方法，并由此开始了长达50余年的民族语言研究。"[3]

李方桂是我国著名的语言学家，1924年赴美留学，1928年在芝加哥大学获博士学位。1929年回国后任职于国立中央研究院历史语言研究所，是少数民族语言研究的开创者，他先后在云南、贵州、广西等西南少数民族地区对侗、傣等少数民族语言进行实地调查和深入研究。"1938年他随中央研究院历史语言研究所搬迁到昆明，他曾到云南富宁县的一个叫剥隘的小村庄，调查当地土语。1940年秋天由马学良替李先生找到一位会说土语的中学生。李先生

---

[1] 胡适：《白话文学·序》，百花文艺出版社2002年版，第2页。
[2] 木仕华：《马学良评传》，民族出版社2010年版，第13页。
[3] 马学良：《马学良学述》，浙江人民出版社2000年版，第77页。

曾经在龙泉镇花了两月的工夫记录他的语言。假使史语所不搬家，他对云南的语言研究一定有大量的收获。"① 在这之前，经语言学大师布龙菲尔德、萨丕尔的指导，李方桂亲自调查过美洲印第安语言。他是最早把西方的田野调查方法带到中国语言学界的学者，也是用现代学术方法进行中国少数民族语言研究的第一人。他在《民俗学与语言学的关系》一文中写道："研究民俗学的人关心语言的原因，一是语言在社会上的功用，二是语言与思想是分离不开的东西，民俗学家在异族文化区进行田野作业时，如果想深入族群的思想意识接触最深层的文化现象，又不能用当地语言与调查对象直接交流，仅靠翻译，二者难于达到沟通的顺畅，会失去很多重要的材料。另外，语言代表了不同民族的心理结构特征，一个民族的语言与这个民族的文化、历史、信仰、神话等密不可分。在语言中每一字、词、每一句话都烙有民族、民俗的印记。语言是民俗的一面镜子，可以透视民族的风俗习惯，从而研究它的来龙去脉及其文化内涵。语言学对民俗学的研究非常重要，同时在语言调查中对民俗的研究也必不可少。"② 李方桂在语言调查中，关注民俗的研究方法对马学良在以后的语言研究生涯产生巨大的影响。

1939年年底，李方桂带领马学良进入田野调查，地点选择在离昆明不远的路南县尾则村。这是一个不足百户的小村庄，除了几户汉人外，都是撒尼人。这次调查不仅学习调查方法，更重要的是调查中李方桂先生的敬业、吃苦的精神让他受益一生。"尾则村贫困落后，生活条件异常艰苦，住的是只有半人高的阁楼，进门都要弯着身子，阁楼下做饭养牲口，平时臭气弥漫，做饭时浓烟呛人。当地缺盐少菜，只有干蚕豆和辣椒就饭。加上每天日夜不停地工作，一个月下来体重减轻了十多斤。李先生刚从美国归来，以前过的都是优裕舒适的生活，当时在这种艰苦的环境中，他全身心地投入工作，根本无暇注意恶劣的生活条件。他为了一一纠正记音中存在的错误，一再推迟了

---

① 罗常培：《语言与文化》，语文出版社1996年版，第166页。
② 李方桂：《民俗学与语言学的关系》，《社会研究》1941年第35期。

返回昆明的日期。一个月的时间很快就过去了，由于经费和调查时间的安排，只得回昆整理材料。在路南只对语音系统作了记录，李方桂要求马学良回昆明后继续收集长篇材料，在李方桂的安排，马学良寻找到一个撒尼人的中学生作为调查对象。日积月累地记录了四五十个故事和节日、民俗、祭神等长篇材料，为日后撰写撒尼语语法研究的毕业论文准备了丰富的资料。"①这时的调查虽然认识到语言调查要以通过记录长篇语料（民间口头文学）来进行，但是由于时间的关系，来自田野的长篇语料不多，为了进一步的深入调查，以撒尼人中学生为其访谈对象，收集到不少的民间故事和民俗的相关材料。虽然最初的目的是作为语言分析的材料，但客观上开创了民间文学和民俗调查的忠实记录的先河。

　　1940年，日本攻占越南，云南告急，英国迫于日本的压力，正式宣布封锁滇缅公路，云南亦成为前线，历史语言研究所迫不得已转移到四川南溪县的李庄镇。马学良作为李方桂的学生也一同跟随前往。史语所被安排在一个叫板栗坳的地方，虽然偏僻，但避开了战乱，对学者来说无疑是个好地方。马学良继续整理材料，准备毕业论文。1941年在李方桂的指导下，以《撒尼倮语语法》作为毕业论文，顺利通过答辩。

　　研究生毕业后，马学良留在历史语言研究所少数民族语言组任助理研究员，并继续整理撒尼语材料。1951年，在毕业论文《撒尼倮语语法》基础上整理的《撒尼彝语研究》一书，为中国科学语言研究所语言学专刊第二种，由商务印书馆出版。这是我国学者首次全面系统研究彝语的著作，也是马学良在李方桂的指导下运用描写语言学方法对少数民族语言开创性的研究，也是建立在丰富语料的基础上的研究，至今仍不失其学术价值。书后附有词语4000余条，故事33篇，以及儿歌、谜语。这些语料不仅在少数民族语言的研究和发展方面具有较高的价值，而且也为民间文学的研究提供了丰富的材料。李方桂对此书给予了较高的评价："撒尼倮语语法一书，颇为详尽，从

---

① 马学良：《马学良学述》，浙江人民出版社2000年版，第24—25页。

第六章　马学良在彝区的民俗调查

一向出版的倮倮语语法书籍及论文上来看，这是第一部合乎近代语言学原理的著作。"马学良在《撒尼彝语研究》一书的"序"中，也表达对恩师李方桂的感激之情。马学良在田野中收集大量语料，应用在语言学研究的同时，也为民俗学的研究打下了基础。

进入历史语言研究所后，在李方桂的帮助下，马学良从所里申请到一批经费，于1941年再次回到云南，在武定、禄劝一带的彝区系统地调查彝族语言和搜集彝文经典。

作为语言学大师李方桂的学生，马学良对于语言学的研究，不论是田野调查还是理论知识方面都积累了丰富的经验，尤其在描写语言学和历史比较语言学方面借鉴和吸收了西方的理论知识。在李方桂的影响下，理论知识方面也有大的提升，与湘黔滇旅行团时期的调查相比，这时他已掌握了比较科学的调查方法。

彝文经典是传承彝族文化的主要载体，彝文的使用者主要是当地的神职人员——毕摩。在彝族的神话中，彝文经书被视为"天书"。平常毕摩会把经书藏于木箱中，置于高阁，每天焚香供奉，对其内容很少进行研读，外人要了解内容更是不可能的。加上作法术时烟熏火燎的场合，大多经书受此破坏。据马学良调查后发现，基于以下几种原因，彝文将面临灭绝的厄运：

（1）巫师的腐败，倮族习倮文者，多为巫师，必须学习倮文，方能诵经，为人司祭，人民少有通晓文字者，而一般巫师逐渐职业化，对于经书不求深解，只求能逐字诵读下来，就算胜任了；而且老巫师教授生徒，只要把各种祭仪的作法，传给生徒，经书的内容懂不懂是无关宏旨的；又因倮经多系传抄，刻本很少，生徒从老师处逐字抄来展转抄袭，自不免遗误；甚或妄自篡改，以讹传讹，渐失经书本来面目，所以现存的经典，很多的不能读了。

（2）焚书的厄运，外国传教士在边区传教，可谓无隙不入，只要有人烟的村落附近，必有一座堂皇的教堂。他们每到一区，先学会土话，与土民亲近，再用柔化政策或重金收买他们的经书,全部焚化,他们知道要想使教义深入土人脑中,非消灭他们的固有文化不可。

（3）汉化的影响,倮区交通较便之处,因与汉人常相往来,则多习汉语汉文,近且设立学校,倮族入学者渐多,他们觉得读汉书与汉人接触较为方便,因此渐弃其固有文字,而争习汉文,学倮文的人愈少,则应用愈微,所以时至今日,除了想吃羊腿的巫师肯学习倮文外,其他的人,很少有兴趣来研习自己的本位文化。①

基于以上原因,马学良认为研究彝族语言,必须结合民俗才能真正明白其中之意。

马学良进入彝区首先遇到的是语言障碍,他用三个月的时间学习当地语言,同时经过他的社交努力,与当地土司和百姓都建立了良好的关系。经过湘黔滇旅行团的历练和跟随李方桂的学习,马学良对调查的方法也是胸有成竹,在与当地民众熟悉后,开始走村串户了解生活习俗,调查当地的社会状况,收集他们的神话传说、民歌民谣,既提高彝语水平,也对彝族的生活状态有了大致的了解。

为了寻找精通经书的毕摩,他沿金沙江边攀山越岭数千里,访到了祖传数代的老毕摩张文元,请他讲解保存下来的每一部经书,并跟随他一道实地调查作祭仪式。经过近两年的时间,不仅对彝文经典有了深入的认识,还了解到外人难以见到的各种彝族礼俗。在以俗释经研究方法的基础上发表了《灵竹和图腾》《倮族的巫师"呗耄"和"天书"》《宣威倮族白夷的丧葬制度》《黑夷作斋礼俗及其与祖筒之关系》等论文,后收入《云南彝族礼俗研究文集》。

马学良在老毕摩张文元的带领下把他所收藏经书都读完后,在老毕摩的建议下,决定到武定县去求经。之所以选择武定作为调查地,是因为"原来武定是明季凤诏土司之所在地,著名的镌字崖,就是在凤氏土司的崖壁上所雕的倮文汉文对照的凤氏宗谱,这是现存较古的

---

① 马学良:《云南彝族礼俗研究文集》,四川民族出版社1983年版,第26—28页。

倮文碑记。因为凤氏土司提倡文化,所以当年武定可算得倮族文物兴盛之地,我们推测现在必还可探寻出一些遗迹,因此我们决定到武定去"。①

凤氏土司的后人武定慕连乡女土司那安和卿,热情地接待这位为研究彝族文化远到而来的客人。虽然凤氏土司历代注重文化传承,有藏书楼收藏彝文经典,有博学毕摩十多人,彝族区域内学识渊博的大毕摩出自凤氏土司府,但历经战乱变故,藏书所剩无几。后听说曾经的凤氏土司府毕摩们,家中所藏经书不少,马学良向女土司那安和卿提议,在府上召开毕摩大会,收寻散落在民间的经典。女土司为帮助马学良收集经典,同时也想复兴日渐没落的彝族文化,决定担负这次毕摩大会的所有花费,来支持马学良的提议。

1943年农历正月十八日,在茂莲土署举行了盛大的毕摩大会,方圆数十里的二十多个毕摩如期赶来,慕名而来的百姓达数百人。"在座的呗耄,争相歌答,有的慨然于倮族文化落后,经典之日渐散佚,也有象歌诵史诗似的历史述倮族文化昔日之盛,及今日之衰,娓娓动人,有些人竟被感动得陨涕,如此酬答,歌声四起,竞才品艺,互不上下,直至夜阑,大家犹未尽兴。"②

第二天,女土司找马学良商量筹办学校,研习经文,对马学良而言无疑是精研经典的好机会。经过马学良和他带去的毕摩对当地有志于学习彝文青年的测试,最终只有两名入选土司署的经师,并挑选了十几名资质优秀的彝族青年学生向毕摩学习。马学良和他们一同翻译经文,了解彝族的仪典。《太上感应篇》就是当时译成的,发表于《边疆人文》(1947年第4卷),后改译名为《彝文〈劝善经〉译注》,这本彝文经书是目前仅存不多的明代刻本。全文约22900字,为今存彝文古籍中内容丰富、字数最多的一部著作,对研究彝族社会状况、民俗文化具有重要的学术参考价值。同时马学良给彝族青年学生讲授的则是边疆文化研究的重要性,教授他们用

---

① 马学良:《倮族的巫师"呗耄"和"天书"》,《边政公论》1947年第6卷第1期。
② 马学良:《倮族的巫师"呗耄"和"天书"》,《边政公论》1947年第6卷第1期。

国际音标标注彝文，用汉文记录了自己民族的礼俗。后来由于时间和经费的关系，马学良不得不离开土司署，随后土司署中的毕摩和学生也相继离开。虽然在土司署办学不到一年的时间，但收获颇丰。一方面马学良得到毕摩和学生的帮助翻译更多的经典，了解到更加丰富的彝族礼俗，收集到来自各地民间所藏的彝文经典。另一方面马学良把边疆文化研究的种子播种在彝区，教会他们边疆工作的基本知识，并积极推荐他们为边疆建设服务。如1943年马学良就曾写信给南开大学边疆人文研究室的主任陶云逵先生，准备推荐一名学生到该室协助调查工作。

云逵先生赐鉴顷奉：

  手教藉悉。

  文旌将赴新平考察计已安抵工作矣，嘱询此地民族种类主要为黑夷，其次为倮倮，仲家又次之倮倮，人口甚少，受中学教育者仅一家，仲家以武定较多，但良未能亲往一查，报命殊深，歉仄容后再为详报。闻南开边疆人文研究所成立，不知道所先注重调查何种民族？良在寻甸时，得识一黑夷青年高后昌君，人颇颖慧，对于边疆调查素具热心，自去年良在寻甸时，彼即随学夷（彝）文与国际音标，不数月成绩卓著。时可用国际音标记录其自己之语言，由良协助编夷（彝）语词汇，至其夷（彝）文造诣之深，因其以往即学习。此次随良来禄劝与该地一等经师较论学有过之而无不及，最难得者，彼一人通晓数种语言，如夷（彝）语、倮倮语、苗语等，皆能说得流利。此数族之民情礼俗亦甚熟悉且能知其底蕴，已写得数十篇，曾在中央《边政公论》发表"夷人作斋"一文（罗师介绍），彼为中学程度，而的写调查文章之流利，实远过于中学程度。贵所如愿用此种人才，良愿负责推荐，当向其人道及，先生为此学专家，彼由心向往之，亟愿追随学习，良亦为先生得此人，将来至各夷（彝）区调查，不免人地生疏，语言阻碍之苦，如蒙垂允奖掖后进，即候大驾返昆时，亲往拜谒。

第六章　马学良在彝区的民俗调查　　　　249

专此 敬祝旅安

赐示仍寄任又之收转

后学　马学良敬上

七月十八日①

马学良希望带动更多的彝族青年来关注彝区的民间文化，让他们认识彝族文化遗产的重要性，并通过学习科学的调查方法，自觉加以保护。

二　彝语研究：经俗互证

国内学者最早对彝文有所关注的是著名地质学家丁文江。丁文江在《漫游散记》中记载，1913年在环州李土舍的夫人送他一本彝文的《占吉凶书》，他们只会念，不会讲，这是他第一次接触到彝文。"1929年11月底丁文江到达贵州大定（今大方县），听到他的学生赵亚曾在云南昭通闸心场遇害，他悲痛欲绝无心绪再做地质调查的工作，于是着手研究倮倮，一面测量他们的体格，一面搜集他们的书籍。"②他搜集到十一种典籍及碑刻，邀请毕摩罗文笔采用四行对译法将经书翻译为汉文，1936年《爨文丛刻》由商务印书馆出版。内容包括《千岁衢碑纪》、《说文》（又名《宇宙源流》）、《帝王世纪》（又名《人类历史》）、《献酒经》、《解冤经》上卷、《解冤经》下卷、《天路指明》、《权神经》、《夷人做道场用经》、《玄通大书》、《武定罗婺占吉凶书》等十一种经典，其中"除去《夷人做道场用经》是谭锡畴先生从西部带回来的以外，都是我自己从云南、贵州所搜集的倮倮文"。③这本书的出版揭开了彝族信仰神秘的面纱，使面临灭绝的彝文经典得以保存。丁文江本人并不懂彝文，对彝文典籍只能做到收集，无法再做深入研究。在精通彝文的基础上对彝文进行科学研究

---

① 《马学良致陶云逵函》，载南开大学校史研究室编《联大岁月与边疆人文》，南开大学出版社2004年版，第495—496页。
② 丁文江：《爨文丛刻》，商务印书馆1936年版，第1页。
③ 丁文江：《爨文丛刻》，商务印书馆1936年版，第1页。

的首推马学良。1982年在马学良主持下，对丁文江《爨文丛刻》进行增补修订，由原来十万字增加到了三十万字，改注音字母为国际音标，对原来的注释进行了修改，使之更准确易懂。1986年《增订〈爨文丛刻〉》由四川民族出版社出版。

马学良在1934年考入北京大学中文系后，受到过当时国内一流语言文学大师们的熏陶。当时中文系有著名的语言学家魏建功、刘半农、罗常培，文学家有胡适、周作人等，通过系统地学习音韵学、语音学、文字学等课程，打下了扎实的语言学研究的基本功。抗战时期作为闻一多民间文化调查的助手，使他在北大学到的理论知识及时地应用到了田野。在研究生阶段跟随李方桂的学习，接触到西方语言学理论的同时，也具有了丰富的田野调查经验。他的学习经历为日后的彝族文化研究奠定了基础。

西南少数民族语言的研究，直到抗战时期才受到语言学家的关注，马学良认为：

> 语言学在中国是新兴的科学，过去对语文的研究很少有人注意，尤其对边疆语文的研究更是凤毛麟角了。这原因一为边疆民族其语文为文人学者所不屑取，故大贤孟子，独以语文之隔阂而斥曰"南蛮鴂舌"之人；一为畏惧心理所阻，古籍及传说中所纪蛮貊之邦，化外之民，其性与人殊。……
>
> 自从揭起抗战的旗帜，"蛮貊之邦"成了内地人的安乐窝，化外之民成战时的挚友，大家携起亲爱的手来，共御外侮。事实揭穿了以往对边疆蔑视的恐怖的心理，于是朝野皆以开发边疆为急务；尤其那时苟安于边疆的文人学者，感觉图书仪器的缺乏，别项工作不易进行，都打算利用当前的环境做一点垦荒事业，如民族学者从事于边疆的民族研究；社会学者从事于边疆的社会调查；语言学者从事于边疆语文的研究。这些文学者，冒风雨寒暑，越崇山峻岭，与土人共生活，实地观察土人的生活风俗习惯，对边疆研究的兴趣，和前方浴血抗战的将士，同样越来越起

第六章 马学良在彝区的民俗调查

劲。因此时间虽不算长，而各方面的成绩还相当满意。①

民族之间各操其语，给交流带来极大的困难，影响经济发展。国民政府提倡开发边疆，首先要了解他们的语言，国民政府的政策才能得以实施。学者在对民族进行研究时，大多涉及语言的研究，这也成为一种共识。生活中"汉族各夷族间及各夷族相互之间，随处都要发生障碍，自然不用谈改善他们的生活及提高他们的文化了，所以要扶持西南民族，要实施夷民教育，非先打通各民族语言上的障碍不易见效"。② 少数民族语言调查既是学术研究的需要，也有利于消除民族之间隔阂。

对于中央研究院历史语言学语言组的研究生进入田野调查的目的当然是研究语言，但马学良的田野方法曾受到闻一多和李方桂两位大师的影响，湘黔滇旅行团途中，闻一多曾对马学良谆谆告诫，"千万不要忽视宗教、民俗、民谣、神话传说方面的资料，它们与民族语言、民族文学都是息息相关的"。闻一多对他的教导，培养了他在语言调查时更加开阔的视野。李方桂引导他对少数民族语言的研究，要特别关注语言材料的收集，尤其是对民间口头传统的长篇语料。李方桂的《龙州土语》（1940年），这是一篇对贵州龙山壮语的调查报告，文中记录了故事14则，歌谣2则，全书共有302页，导论有17页，龙州土语的音韵18页，汉语借语的音韵系统20页，故事和歌谣182页，字汇65页。《武鸣壮语》，全书共有379页，故事及歌谣占232页，占全书的86.5%。由此可见，李方桂30年代在中国创建的现代中国语言学田野方法，是建立在民间文学资料基础上的。受李方桂田野调查的影响，马学良对语言的研究也特别注意对长篇语料的收集。

马学良在语言学的研究中，始终强调语言学的研究要扩宽视野，在注重长篇语料收集的同时，把调查范围扩展到民间文学、民俗、历史、民族等学科。"语言学不是一门孤立的科学，它历来同其它科学

---

① 马学良：《边疆语文研究概况》，《文讯》1948年第8卷第6期。
② 吴宗济：《调查西南民族语言管见》，《西南边疆》1938年第1期。

有密切联系的。没有其它社会科学的知识,想深入的研究语言也是不可能的,尤其是语言历史学、语义学、社会语言学,都需要其他社会科学的知识,如民族学、历史学、民俗学等方面的知识和资料,否则就得不出正确的结论。"[1] 在没有文字或文字掌握在极少数人中的民族里,只有从民众口头的神话、传说、故事、歌谣等口承的文学中去探索,语言学的研究是建立在丰富语言材料基础之上的,只有广泛地收集民间文学的材料,才能认识各方言的差异性,这是深入描写和研究语音语法的前提。神话传说、生活习俗、民间信仰不仅为研究彝语提供了丰富的长篇语料,更是考察语言、理解彝文典籍的重要途径。马学良的彝语研究是将口语材料和彝文典籍相结合的一门新学科。

语言与民俗文化是相辅相成的,在词汇中可见彝族社会古代的礼俗文化。"夷语'结婚'为'妻由',意为'抓妻',这分明是掠夺婚在社会中的名词体现,但现在有些夷区'结婚'已经叫作'妻合','合'是迎接的意思,如同汉语'亲迎则得妻'的意思,这也证明掠夺婚的制度已经废止了,那不恰当的词也随着变更,产生出合于今日'迎接'的实际情形的词了。"[2] 相反,对词汇意义的理解,也要依赖对民族风俗习惯的认识,马学良调查时发现,"面对大量彝文经籍,我几次投师,发现很多经师,只能照本宣读,而不解经意。其后我碰到一位有名的经师,也是略知其意不求深解。但从中我得知彝文经典主要是关于原始宗教的记载,而彝族日常生活习惯、心理状态,莫不受宗教的影响和制约。所以不了解社会风习,就无从理解经意,这是我调查彝族社会的缘起。这些材料的收集,起初是人为解经的注释,支离破碎,不得要领,经义更不能融会贯通。如作斋经是彝族祭祖大典时所念的经书,其中包括各种宗教仪式,如作祭经、百解经、除邪祟经……必须了解全部,才能理解作斋经的内容。因此,除书本知识外,必须作实地调查,一是参加他们的各种祭祀仪式,一是

---

[1] 马学良:《民俗学与语言学》,《中国民俗学会会刊》1984年第2期。
[2] 马学良:《语言与文化》,载《云南彝族礼俗研究文集》,四川民族出版社1983年版,第265页。

随呗耄（彝族主持祭仪的巫师）实地操作。呗耄作仪式时都是按经书所记操作，通过实践，加深经文的了解。我的体会是，研究彝文经典，必须先通彝族礼俗。以礼俗释经，经义自明，反之以经说明礼俗之所据，更可明礼俗之源流。"[1] 基于这些认识，马学良对经典进行译注时，有时译注会出现多于原文几倍的字数，能把经文译注得如此详细，可见马氏对彝族民间文化有较深入的了解。学习语言要结合社会习俗，同时语言反映社会现象，从语言中所反映的社会现象是民俗学的重要材料。要了解一个社会，更需要知道这个社会的语言。

语言是研究民俗学和民间文学的基本手段，到少数民族地区调查，学会当地的语言是首要任务，这是收集到第一手材料的保障。马学良到彝区首先学习当地的语言，他说，"在彝族地区首先遇到的困难是语言不通，彝语方言分歧大，武定、禄劝一带的彝语与撒尼彝语有较大的差别。经过两个多月的学习，我基本上掌握了日常用语，也和彝族群众结下了浓厚的友情，并得到彝族土司的信任。语言障碍解决后，我并不急于学习文字和彝文经典，而是走村串户，考察彝族的风俗习惯，收集彝族的民歌民谣、古语谚语、神话传说，试图了解彝族的社会情况，了解彝族的历史宗教，这样既提高了彝语的水平，也为进一步学习和整理彝文的经典奠定了良好的基础"[2]。语言不仅是民俗调查的突破口，也是消除访谈者与被访谈者之间隔阂，建立良好情感的开端。马学良认为民间文学和民俗的研究应借鉴语言学的比较方法，从共时和历时两方面进行比较研究，去揭示彝族民俗中所隐含的深层内涵。"在云南宣威一节的彝民丧礼中有一种舞蹈仪式，由一群头戴纸花，身穿白衣的儿童手里拿两个铜铃和白纸作成的花朵，舞时摆着铜铃，叮叮作响，在丧台四周跳来跳去，唱着清脆的歌声。传说有一种毛虫，俗名毛辣角，喜食植物的叶子，影响生产，有一个老翁为了鼓励人们扑灭害虫，因为大人工作忙，就组织儿童去作，为了叫孩子感到兴趣，便在棍上系一个铜铃，孩子们在树下跳来跳去，即

---

[1] 马学良：《云南彝族礼俗研究文集》，四川民族出版社1983年版，第3页。
[2] 马学良：《马学良学述》，浙江人民出版社2000年版，第27页。

可消灭害虫，又是很好的游戏。老翁临终时，吩咐他的子孙要去灵堂前表演打毛虫的游戏，免得植物受害，灵魂不安。相习成风，后来成为丧礼必举行的仪式。似这类有益的习俗，传到各地就被一些巫师利用为宣传迷信邪道。这些事例说明我们对于一些习俗，不仅只限于观察现象，积累事例，重要地是要寻找现象之间的关系。并预言新的现象"。①对彝族的宗教观的认识，马学良认为要对经典内容进行阐释，注重利用本土的各种经典如《指路经》《招魂经》等，来探寻经典内容与仪式的关联性。在国民政府倡导破除迷信的当时，马学良通过自己的研究阐述了应该如何去认识经典中的内容，对引导官方与民间正确认识民间习俗有积极的作用。对于掌握和传承经典的巫师，马学良认为应对经书中的仪式有深入的了解，才能做到去其糟粕，传承民族优秀文化。

马学良在老毕摩所汇的异体字基础上准备编撰一本彝文字典。首先把古经书中的字都汇集在一起，又把变体字汇集起来，变体字在彝文中普遍存在的原因，在于经书基本都是手抄本，在抄写过程中存在人为篡改的现象，分辨变体字也是一项很繁杂的工作，还好马学良在老毕摩处已见他所汇集的约二万字变体字典，马学良打算在此基础上编写一本更加完善的字典，把字的来源、用法，进行解注。但由于母亲病重，回家省亲而中断，这是后来《彝文经籍文化辞典》之缘起。这部百余万字的辉煌巨著，凝聚了他五十多年的心血。作为彝族文化史上的创举，这部巨著堪称彝族文字、宗教、历史、民俗和礼仪研究的一个里程碑，也是他一生勤学苦求的生动写照，充分体现了他弘扬民族文化和服务于社会的崇高精神。

马学良用现代语言学的方法和理论研究彝语，又把语言学的研究方法引用到民间文学和民俗学的研究中。马学良提出比较研究法，认为在研究中不但要与相邻民族比较，还要从历史上民族的迁徙路线寻找民族的源流，收集较为原始的材料，较早提出对跨境民俗的比较研

---

① 马学良：《民俗学、民间文学离不开语言学》，载《素园集》，中国民间文艺出版社1989年版，第91—92页。

究。李方桂在美国留学期间调查过印第安人，回国后在 1939 年带领马学良到云南路南对彝族的一个支系撒尼人进行调查时，发现撒尼人的风俗习惯、服饰、日常用具，尤其是撒尼青年谈情说爱的"共房"都与印第安人很相似。后来的研究证明，在很古以前，两个民族曾就有过文化交流。这种现象提醒我们，在检阅古籍时，对很多无法理解的生活习俗，也许可以通过研究相邻民族找到根据。

第三节　彝区民俗文化探寻

彝族社会早期生产力低下，生存时时受到自然灾害威胁，对日月星辰、疾病、灾害等现象迷惑不解，把人与自然现象等量齐观，各种事物人格化，渗透到他们的生活中，在生活中表现出禁忌、占卜和各种仪式。为了祈求平安，对神灵进行祭拜，产生了颂歌和颂词，以及大量的神话传说。许多神话对民间信仰进行了解释，民间信仰中也隐藏了大量的民俗。三者是表里杂糅，难分难解。人们以口头吟诵的方式进行传承，随着时代的发展出现了专门的神职人员，把这些颂歌和颂词以文字记录下来，以仪式的方式进行传承。

一　典籍的收集和译注

彝文的出现推动了彝族文献的发展，彝文典籍丰富的内容承载着彝族人的民族文化，内容涉及历史、政治、文化、军事、民俗等方面，彝文典籍大多用于民间仪式。在彝族的神话中，有洪水泛滥后，天宫派了三个毕摩，携带经书降临人间，拯救人民的故事。这说明彝族文字的创造者和使用者主要是神职人员，彝文成为他们传播信仰思想和从事信仰活动的工具。既然文字掌握在他们的手中，那么绝大多数的彝文经典都由他们保存，因此彝族典籍大多与民间信仰有关。基于以上原因，要了解彝族文化，就离不开毕摩和彝文典籍。马学良在彝区的调查也主要围绕这两个方面来进行。

马学良在抗战时期曾三次进入彝区调查。① 每次都尽力抢救面临灭绝的彝文经书。对彝文典籍最集中的一次收集是在云南武定，武定历代土司笃信宗教，重视彝族文化，后人大多精通经典，因此收集大量的彝汉经书，建立藏经楼，贮藏经书，家道兴盛时曾有数十位毕摩住其家中。马学良在张文元、张自新两位当地毕摩的带领下找到武定的土司，在同去毕摩的劝说下，土司同意马学良进入藏经楼参观，看到了封存多年的几百部经书。但令人担忧的是土司署的经书几经变故，大量的经书随毕摩离开土司署而流落民间，以后要想收集保护就更困难了。为了收集经书，马学良与土司商议，以弘扬民族文化，研习彝文典籍，动员当地毕摩携带典籍到土司署参与毕摩大会，建议得到了土司同意和当地毕摩的拥护，几十位毕摩携带经书来赴会。随着时间的推移，马学良取得他们的信任，送交上来的经书数量也是日益增加。前期西方国家的传教士、旅行者都以各种手段掠夺走了一些珍贵的典籍。当外国人听说土司家有大量藏书后，都纷纷寻找到此地，希望能寻到更多的彝文典籍，并愿出高价收购古彝文典籍。动乱年代，时局未定，土司署也不得安宁，土司也有意出售这批古彝文典籍，为了不让这批珍贵的典籍流落到外国人手中，马学良对土司宣传彝文典籍是重要的民族文化遗产，同时也是中国宝贵的文化财富，不能让这些典籍轻易落入外国人手中。一面给他所在单位中央研究院历史语言研究所所长傅斯年写信，求助于中央研究院出资对彝文进行收藏，因所里经费紧张，傅斯年立即转告国立北平图书馆代理馆长袁同礼。抗战时期北平图书馆在昆明设立有办事处，目的之一就是想尽其所能开展文献的收集、整理和研究工作。袁同礼立即向教育部呈交划拨专项经费的报告，1943年6月委派在昆明北平图书馆办事处的万斯年前往武定，与马学良商议有关征购事宜。"在马学良先生协助下，前后经过一年多的时间，最终从那安和卿土司家购得彝族典籍共计

---

① 第一次是本科毕业后到宣威作了一名乡村教师，一边教书，一边进行调查；第二次是在硕士研究生导师李方桂的带领下到路南县尾村调查撒尼人语言；第三次作为中央研究院历史语言研究所的助理研究员进入彝区调查。

535册。其中包含彝文经507册、彝文卷子1轴、彝文刻经15册、汉文档册12册、彝文刻版15块。当时这批典籍总计价法币20万元，那土司只收9万元，而将11万元捐赠国家，为此教育部向那土司颁发一等奖状，以示褒奖。图书馆答应在整理出版时，赠予那土司新书一套，以存祖宗之物。"[1] 中国国家图书馆古籍馆珍藏的古彝文典籍，先后收集到了569册。其中535册是抗战时期傅斯年在马学良的协助下，从云南武定县那安和卿土司署中、武定、禄劝一带彝区收集。

当年马学良亲自收集、整理和装箱的典籍，一部分随中央研究院运到了台湾，一部分运到了北京，收藏于北京大学和清华大学。"清华大学保存的彝文典籍是当年马学良到彝区收集的，由30余邮包寄回北京，经整理后统计，这批书共252册，除1册为明刻本外，其余均为明末至民国初年的写本，其中以清抄本居多。很多写本上有墨绘插图，还有1册为彩绘本，非常精美。每册页数多寡不一，多者如两部《彝汉教典》均是近200页，少者如《献茶礼仪经》、《设立氏族祠堂经》、《清净消灾经》等仅4页。页幅大者如《插枝图》，每页高90厘米，宽67.6厘米，按图接联展开近10米长；最小者为3册经折装小本，高9厘米，宽5厘米，不足盈握，精巧可爱。"[2] 这批从云南打包运回一直和清华大学抗战时焚余书混放在一起的典籍，2004年清华大学学校设立教育基金支持，邀请彝文专家朱崇先教授等整理，这批被埋没了近60年珍贵材料才得以重见天日。这批彝文典籍内容极为丰富，涉及彝族社会历史和传统文化的各个方面。除彝族的民间宗教经书外，还有家谱、医书、民歌民谣、史书、历算等，广泛涉及彝族社会的生产生活，具有很高的研究价值。在北平图书馆和彝族人民的帮助下，将如此数量巨大的稀世民族文化遗产拯救出来，使其流传后世，对弘扬彝族文化，乃至中华民族的文化都具有不可磨灭的贡献。

彝区能识彝文的主要是毕摩，但精通彝文的毕摩却没有几位，可想而知外界对彝文的了解就更少了，因此彝文典籍的收集只是保存彝

---

[1] 杨怀珍：《国家图书馆馆藏彝文典籍概述》，《文献季刊》2010年第2期。
[2] 刘蔷、朱崇先：《清华大学图书馆收藏古彝文典籍述论》，《文献季刊》2006年第2期。

族文化的第一步，对其深入研究更为重要。

马学良对彝区收集到二千余册典籍进行编目，首创九类分目法，具体分类如下：

1. 祭经，专记宗教祭祀的各种礼仪。
2. 占卜，记载各种占卜术，如兽骨卜，鸡股卜，卦版卜，牲血卜，鱼卜，鸡卵卜，草卜，画地卜，篆卜，以及占梦问课等。
3. 律历，记节令星辰岁月冲尅等。
4. 谱牒，各支系之宗谱，及各支之发源地。
5. 伦理，记日常应守之条律，及待人接物的态度。
6. 诗文，古人之诗歌，及理论作品，如女诗人普筹荷格之婚歌，至今犹脍炙人口，老幼习诵。
7. 历史，有记其历代先祖之丰功伟绩，及各种建树，如《夷汉天地》，即记载与汉族之历史关系。
8. 神话，如洪水神话，巫师渡海下凡神话等。
9. 译著，多为以倮文翻译其他民族之文献；或有根据本族之风俗习惯，及民性加以注释。如倮文所译之《太上感应篇》，每节皆有注释。由其注释颇能考出倮族的民性习俗，及其对于道德观念的看法。

以上仅就我所见到的倮经，分成九类，每类经典包括书籍多种，如祭经依其祭祀的性质，又可分以下四种：

一、作祭经；二、作斋经；三、百解经；四、除祟经。

这四种祭经，可以总括倮族的整个祭祀，前二者为倮民对祖先的崇拜，后二者为对宇宙间鬼神的崇拜。[1]

后来的彝文典籍分类大多以此为参照依据进行编撰，如1981年在中央民族学院民族语言研究所组织的对彝文经书的分类编目，就是

---

[1] 马学良：《倮民的祭礼研究》，载《云南彝族礼俗研究文集》，四川民族出版社1983年版，第71—72页。

第六章　马学良在彝区的民俗调查

在马学良的带领下以20世纪40年代的分类方法对所藏经书的编目。

马学良在彝区掌握了彝语的日常用语，在毕摩的带领下实地研习作祭仪礼，走村串户收集在民间流传的神话、传说、故事，并同毕摩张文元翻译经典。经书的流传主要是手抄本，刻版印刷很少，由于古今有别，传抄者的手误，保存不善的缺损，因此对收集到经书字体的校勘是翻译精准的前提条件。但要正确理解经文中的内容，还必须对彝族的礼俗文化有深入的了解，因为经文中记载的大多是礼俗缩影。从马学良所译的经文中可以看出，为了使读者便于理解经文内容，除在翻译的原文中尽量附注以外，还会在译文前言附礼俗概要，对有关经文的礼俗进行详细的介绍，运用神话、传说、故事等对仪式过程中的现象进行解释，结合彝族社会历史、风俗习惯进行研究。对经文中有仪式过程的，绘制出仪式的现象图画，以此弥补没有摄像设备的遗憾。

《倮文作祭献药供牲经译注》中有"起于高灵台，进至设灵场"。马学良用民间习俗和神话传说来对此进行解释，"这是缚扎亡者灵牌的场子，由巫师以红绿之丝线系山竹根一节及绵羊毛少许盛入一个小布袋中，附在用竹子编成的一个小篾箩中为亡者的灵位。彝族死者灵位用山竹根的意义是根据一个传说来的，据说古代洪水泛滥之时，世人全被淹死，惟有彝族始祖渼阿木奉太白星君的指示，控一化桃筒，随水漂流，方得脱险。洪水退落后，化桃筒挂于比古阿斥山崖，始祖进退两难，后经太白星搭救，并介绍天女成婚生子，即今日彝族之始祖。当化桃筒挂在山崖上，始祖攀着周围的山竹走下，方免坠崖陨命，所以山竹是救祖的恩物，自此后裔感念山竹救祖之恩，并以山竹永能护祖，故灵位中用绵羊毛的意义，是根据作斋经中'祖裔如绵羊'一语来的，象征后裔如绵羊之驯养昌盛"。对经文中短短的几个字的注释，使读者了解到彝族灵场布置情况，灵场中物品的意蕴，彝族人类起源神话等信息。

《倮文作斋经译注》是马学良在20世纪40年代译注的一部经典。① 第一部分是彝文原文；第二部分是国际音标注音；第三部分是逐字汉译；第四部分是汉文译意。这种翻译方法既保持了彝文本来面目，比较准确地记录彝语语音。逐字汉译和汉文译意都有助于科学认识彝语的语法和正确理解彝文。序文介绍了在彝区调查的过程、彝文的使用情况和彝文的主要传承者——毕摩。第二部分是作斋礼俗述要，包括作斋的意义、作斋的仪式过程、斋场图说介绍。第三部分对经文的解注，从内容来看，注释的文字明显多于经文的内容，这就使读者不但了解了经文的字面意义，而且还对作斋礼俗的整个仪式过程中的习俗有了更全面的认识。

《倮文作祭献药供牲经译注》是根据云南禄劝县安多康村倮族巫师张文元家抄本翻译，并在张文元的协助下完成。② 在译注的引言首先给读者介绍了彝族的信仰习俗，彝人是多神崇拜者，人生病认为是有鬼作祟，是由巫师作法祓除，而不用吃药的，但是如不幸死亡后，认为这是带病逝世，为了在阴间不要再受病痛的折磨，亲属需向亡人献药，同时所吟诵的一部经典称为《作祭献药供牲经》。

经书中所述内容丰富，有婚姻、孕育、生长等人的生活过程。如：

（三）

古昔狄木狄戛，狄吉瑟姑娘，
婚配异族郎，一夜语不谐，
二夜语相合，三夜通言语，
四夜披毡交，五夜情爱浓，
六夜淫心动，七夜同枕衾，
八夜同体温，九夜情脉脉。

---

① 马学良：《倮文作斋经译注》，载《云南彝族礼俗研究文集》，四川民族出版社1983年版，第198页。
② 马学良：《倮文作祭献药供牲经译注》，载《云南彝族礼俗研究文集》，四川民族出版社1983年版，第226页。

第六章 马学良在彝区的民俗调查

（四）

古昔人禽不相同，一月如秋水，
二月尖草叶，三月如青蛙，
四月四脚蛇，五月山壁虎，
六月具人形，七月母体转，
八月母气合，九月母怀抱。

这段描述详细地阐述了胎儿的发育过程：

（五）

尔生一月时，幼小质不清。
尔生二月时，啼声震中庭。
尔生三月时，认识父母手。
尔生四月时，温暖睡母怀。
尔生五月时，母哺食味美。
尔生六月时，会坐头偏落。
尔生七月时，会转动一周。
尔生八月时，会立臀下降。
尔生九月时，口间露笑色。

孩子出生后的头九个月的生活习性描述：

天空绿鹰胆，	树端青猿胆，
绿鹰红鹰肉，	林端青猿肉，
阴间目花目眩药。	反身灵利药。
南方青蟒胆，	狮子兽王胆，
青蟒红蟒肉，	狮子兽王肉，
阴间疟疾药。	身体酸痛药。
北方绿虎胆，	耕牛绵羊胆，
绿虎红虎肉，	耕牛绵羊肉，

阴间恶痾药。　　　沉疴呻咽药。
耕牛壮羊胆，　　　气喘气哮药。
耕牛壮羊肉，　　　崖羊公牛胆，
羸弱消瘦药。　　　崖羊公牛肉，
大江鳄鱼胆，　　　攀崖坠崖药。
大江鳄鱼肉，　　　大蛇花蛇胆，
渡船覆船药。　　　大蛇花蛇肉，
海上鸳鸯胆，　　　癫痒连疮药。
海上鸳鸯肉，　　　田埂青蛇胆，
渡桥坠桥药。　　　田埂青蛇肉，
山野老熊肉，　　　呻咽号痛药。
山间老熊肉，　　　天上青鸟胆，
离合悲欢药。　　　天上青鸟肉，
山野麂子胆，　　　天鬼邪祟药。
山野麂子肉，　　　田埂青蛙胆，
患癫染邪药。　　　田埂青蛙肉，
原野野猪胆，　　　原野野猪肉，
酸痛紧疼药。①

从献药经的一个片段可以看出对各种药草名称记载颇为详细，并记载了病情症状及治疗，堪称彝文的《本草纲目》。

彝文经典虽然不限于民间信仰的内容，但经典中有关民间信仰的内容却占绝大部分。在这些典籍中记录了人们对万物有灵的崇拜观念和信仰仪式，同时也反映了古代礼俗、初民心理、社会状态和民族文化，这些是研究历史、民族、民俗和文化的重要资料。马学良曾亲自翻译彝文典籍数十部，创建了科学的彝文译注方法，新中国成立后他组织有关彝文研究者整理、翻译彝文典籍，编纂彝文字典，为弘扬彝

---

① 马学良：《倮文作祭献药供牲经译注》，载《云南彝族礼俗研究文集》，四川民族出版社1983年版，第251—252页。

族的传统文化做出了重大的贡献。

二 图腾与祖灵崇拜

人类的原始信仰是以自然崇拜为核心,扩展到图腾崇拜和祖先崇拜等。图腾崇拜从某种意义上说,对人类的发展起到积极的作用。氏族被认为是同一图腾的子孙,而禁忌之一就是严禁族内血缘婚,这在婚姻史上是一大进步,避免了近亲结婚,同时也加强了族群的团结统一,有利于生产力的提高。

彝族对祖先的崇拜观念,蕴含着远古图腾崇拜的遗存。在陶云逵的建议下,马学良开始注意彝区的图腾崇拜现象,他在武定县彝区民众生活中未寻找到图腾崇拜遗迹,但在彝文的典籍中发现各氏族谱系中所记的较早祖先名字,多以自然现象和动植物为氏族之名号为徽帜,由此现象推想氏族之名为图腾标志。现代彝区还能看到由图腾转化而来的氏族名称,如氏族名称为都卑普,译为汉义为蜂族,假借汉姓为张。彝族的汉姓,不一定与彝姓相对应,也就是说彝族人看是否同源是以彝姓而不是以汉姓。另外在彝族人的生活中还反映出图腾崇拜,他们认为"禁烧与图腾名称相同的材薪,如误烧图腾植物,则会犯头疼病,或者肚皮病。所以有时小孩子拾柴,误抱本族图腾树枝踏进屋时,即易遭家长的斥责,赶忙把柴薪拉出屋外,怕引进祸祟来"。另外从彝族的洪水神话中可以看出对灵竹的崇拜,"人类始祖的木桶从山岩上滚下去时,恰好被一丛刺竹把木桶挂住,因而脱险了。从神话传说中可以进一步解释彝族的宗教仪式,竹子救了祖公,那自然就被看作'灵竹',彝族人的祭祖仪式都与竹有密切的关系,如祖先灵位的制作,盛祖灵的箧箩或灵筒都是竹制作而成。马学良认为这些体现了"彝族的原始宗教观正是首先由崇拜竹而发展到对祖先的崇拜"。[①] 以此总结出在彝文典籍的研究中,先识彝族礼俗,是正确理解经书意义的必备条件。马学良通过彝族姓氏谱系的研究,发现了祖先名字上所隐藏的图腾现象,以及在现实生活中的诸多禁忌和崇拜,

---

[①] 马学良:《马学良学述》,浙江人民出版社2000年版,第146页。

并进一步证实图腾制的存在。彝族社会的汉姓主要是便于和汉人交流而用的,因此彝姓不同,汉姓相同是可以通婚的,在彝姓氏族中同族人禁止婚配,共同祭祀,都是图腾制特征的表现。

三 彝族神话研究

彝文典籍中有着丰富的神话,大量的神话在解释各种信仰活动的缘由,体现出了民间信仰与神话的相互依存的关系。马学良在调查过程中,发现神话是当地民众生活中的一部分,"中国学人把神话看作'异教邪说妖言惑众'的迷信产物,不知神话是人类文明中的一项重要组成部分,社会的风俗习惯、道德规则、社会组织等,有时直接引证神话,以为是神话故事所产生的结果。而且不曾开化的民族中,他们对于传统行为的遵守,常被土人看得神圣不可侵犯,既有畏惧的情绪,又有禁忌与特律的约束,神话在他们生活里强有力的支配着他们的道德与社会行为,所以在那里容易找到质朴珍贵的资料。"[1] 可见,马学良也认识到神话与边民生活息息相关,神话从种意义上说支配着他们的生活。要想了解边民的生活,须从活态神话中去寻找丰富的材料。

抗战时期国人加紧对边疆的建设和开发,立志于边疆工作的人员,如何在工作中达到事半功倍的效果。马学良提出要了解边民的民俗和神话。"边民的社区中,多半是受着强有的神话所支配。我们走进野蛮民族的社区中,不管作任何工作,如果不了解他们的神话及风俗,很容易触犯他们的禁忌,惹起他们的反感,所谓'入国问禁,入境问俗',就是这个道理。"[2] 可想而知在情感上不融洽,那接下来的工作就难以开展。神话与生活有密切的联系还体现在一些事项,如"在一些边民中有往鸡蛋里放毒的祸害别人的行为,这是因为他们认为别人吃了有毒的鸡蛋,放毒人的家里便可在三年内五谷丰登,人畜

---

[1] 马学良:《垦边人员应多识边地之民俗与神话》,《边政公论》1945 年第 4 卷第 1 期。

[2] 马学良:《垦边人员应多识边地之民俗与神话》,《边政公论》1945 年第 4 卷第 1 期。

第六章 马学良在彝区的民俗调查

清吉。"① 如不了解他们的心理状态，就无从知道其用意。这也说明，研究神话须与他们的生活相联系，才能了解一切仪式与风俗的起源，发现故事以外的奥秘。对迷信的事物从教育方面入手，循循善诱，才能使边民心服口服。马学良甚至提出边疆工作人员应先从收集边民的神话和了解他们的生活状况与风俗习惯入手。了解边民的传统心理，悬拟出过去的历史，根据民族的心理来制定相应的改进对策，才能更快地推进边疆的建设。

基于神话是民间信仰的"说明书"和神话支配着民众的生活这两点。马学良在彝区的调查特别注重对神话的收集，从 1941 起就连续在《西南边疆》上发表了《云南土民的神话》《云南倮族（白夷）之神话》等论文，除了典籍里应用了大量的神话注解外，在《倮族的招魂和放蛊》《宣威倮族白夷的丧葬制度》《倮民的祭礼研究》等礼俗研究中也运用了大量的神话来解释仪式过程。

占卜在彝人的社会生活中具有重要的地位，无论何事都要先占卜来观凶吉，占卜方式也复杂多样，但在众多占卜方式中，彝族人与鸡有关的占卜方式最为常用，如鸡骨卜、鸡舌卜、鸡蛋卜、鸡头卜等，马学良以彝族的神话解释了鸡卜存在的原因。

> 倮族对于鸡颇为重视，几视之为神鸟，如鸡头、鸡嘴、鸡腿骨皆为卜卦之对象，何以视鸡如此之灵验呢？传谓当洪水泛滥之时，倮族始祖渎阿普，即蒙太白星君之指示，刳一木筒，避身其中，随水漂流，方免于难；但渎阿普隐避筒中，如何能知洪水退落钻出木筒呢？据谓太白星君曾指示渎阿普于避身木筒时，怀一鸡蛋，俟鸡鸣出筒，果然得验，于是倮族认鸡为最灵验之禽鸟，可以预知未来。故今日倮族凡举行一种祭祀，取米一升，升上置一鸡蛋，亦有于升旁系一雏鸡者，即本此说；而经中亦屡屡提及以鸡来观察未来之吉凶祸福，以鸡占卜，其最重要之卜法，即为

---

① 马学良：《垦边人员应多识边地之民俗与神话》，《边政公论》1945 年第 4 卷第 1 期。

鸡股卜，凡卜问何事，先取雄鸡或雌鸡，由呗耄诵经，以酒洗净鸡嘴及足，然后宰之（亦有敲死者）。①

以神话释经，是马学良解释民间仪式和译注经典最常用的一种方法，让读者明白其意义，也了解到彝族大量的神话。

马学良提出以科学的眼光看待宗教中的神话，促进了神话的收集与整理。"许多神话和宗教观念有关的，二者表里杂糅，难分难解，我们很难在原始社会里找到不受宗教沾染的所谓'十分健康'的民间文学作品，我们坚决反对有鬼神就设'禁区'的做法，并认为搜集整理民间文学中关于祈福禳灾的'宗教仪式'也来应一律列为'禁区'。许多民间创作都保存于宗教经典和仪式之中。"② 马学良对神话的认识，有利于引导学者正确开展神话的调查与研究，为后来的神话学发展奠定了基础。

四 信仰仪式的研究

彝族民间信仰文化具有深厚的积淀，其仪式多样，内涵丰富。民间信仰的仪式活动是马学良在田野中参与观察的重要内容，他亲临仪式现场深入考察，记录了当时彝族各种仪式的实况。在《倮民的祭礼研究》一文中把彝族祭祀仪式总结为四类。

1. 作祭是倮民追悼死者的一种仪式，据谓人死后若不举行作祭的仪式，则灵魂迷离失所，不能走入光明之路；并且常常在自己的家中作祟，使家人疾苦不安。故富足之家，于人死后就择定吉日作祭，贫寒之家，也有延迟数年节衣缩食，积蓄一笔作祭费，才能举行的，甚至毁家来举行这个祭祀，子孙们方感殁存俱安，少慰孝思。

2. 作斋是同宗共同举行的祭祖大典，是超度死者化为仙灵，

---

① 马学良：《倮民的祭礼研究》，《学原》1948年第2期。
② 马学良：《马学良学述》，浙江人民出版社2000年版，第247页。

第六章 马学良在彝区的民俗调查

随其先祖同登仙域。程序有：离开灵位走进祖筒；藏之名山；福禄水与宗谱之关系；焚灵位。

3. 祓除邪祟，在举行任何祭仪，必先由巫师举行祓除礼，盖恐所用之祭品，及祖人灵魂都为邪恶所污，祓之使洁也。

4. 占卜为倮民举行祭礼时必要之仪式，某种祭仪是否灵验，所献祭之牺牲，鬼神是否歆享，以及查验吉凶，皆取决于占卜。占卜的方式很多，在祭时多使用胛骨卜，鸡股卜，及木卦卜三种。

1943年，马学良在武定茂莲乡万德村参加了除祸祟的仪式，撰写了《黑夷风俗之一——除祸祟》，记载凶兆的祸祟有十七种。

（1）狗无故狂吠或哭吠。（2）母猪产四子。（3）牲母吃乳子。（4）夜半马嘶。（5）马鞍惊摇响。（6）鸡乱鸣，及天未明鸡啼。（7）鸡栖时忽惊起。（8）母鸡产小卵。（9）乌鸦叫。（10）鸠栖屋顶。（11）牛尾绕树。（12）蛇交尾。（13）蛙重叠。（14）瓜自裂。（15）种出不匀。（16）瓜蔓扁。（17）梦兆：不合辈分之嫁娶；男穿衣服，女脱衣服；出兵，日暮途穷；饮食宴会；骑马；男人枕边起火，脚下成灰烬；女子戒指手镯断裂；前齿脱落。①

出现这些征兆时，须请毕摩举行除祸仪式，整个仪式分为家祭和野祭两个过程。马学良亲自参与了仪式的全过程，并在文中进行了详细的描述。为了获得野祭第一手的材料，黑夜中踏着高低不平的山路，几次险被跌倒，在乱石陡坡中行走，脚底一滑，差点坠入悬崖。

《倮族的招魂和放蛊》是对彝区常见的两种巫术的考察，介绍了招魂和放蛊的方法，运用彝文典籍中《太上感应篇》中"埋魂厌人"之说，对招魂和放蛊习俗进行阐释。②

---

① 马学良：《黑夷风俗之一——除祸祟》，《边政公论》1944年第3卷第9期。
② 马学良：《倮族的招魂和放蛊》，《边政公论》1948年第7卷第2期。

《宣威倮族白夷的丧葬制度》是对云南省宣威县普鹤乡卡村彝族丧葬习俗的调查。其详细地记录了葬礼前的准备，包括选择棺木和寿衣、停尸、接气、占卜择定装敛殡葬的吉日、报丧；用神话传说解释了殡葬前的每天晚上在灵前行"蹉咀"舞蹈仪式的来历。着重叙述了开丧大典，开丧是彝人引导死者灵魂进入天堂的一种仪式。马学良在着重观察丧葬仪式时，没有忽视对丧葬中存在的细节进行考察，去深入挖掘其文化意蕴。

在彝区实地考察各种祭祀仪式后，马学良一一解开了很多经书上无法理解的问题。如彝人在举行任何法术之前必须举行一项重要的仪式打醋炭。先用一块烧红的净石，以泡马桑树叶的水泼在石上，趁热气升腾中把所献的猪、鸡等活牲在上绕一圈，以净除牲身上污邪。为了解答仪式中使用的桑树叶，而不是其他树叶这个疑问，马学良多次参与祭祀仪式，除了仔细观察仪式过程外，还向主持仪式的毕摩了解与仪式相关的神话。

> 据谓古代天地曾有三次大变化：其中一次变化，宇宙为混沌状态，天上出六个月亮，七个太阳，因此天地间的一切虫鸟，悉被太阳晒死，草木焦枯；惟有马桑树及铁茎草，未被晒死，天宫垂怜，便派遣巫师下凡，以天地间仅余之马桑树，及铁茎草，扫除宇宙之孽障，天地方得廓清。所以现在倮族举行任何祭事，巫师先用马桑及铁茎草，洒水祓除邪恶，就是根据这个传说。[①]

通过现场的观察，打醋炭仪式不仅仅只是形式或迷信现象，实际上烟熏法或蒸气法具有消灭细菌和毒虫的作用，这或许源于彝族为了清洁卫生的一种措施。

马学良对彝人信仰仪式的田野调查，记录下了仪式的本真现象，更重要的是通过参与到仪式整个过程中，加上毕摩现象的解释，解决了很多无法了解的习俗惯制。

---

① 马学良：《倮民的祭礼研究》，《学原》1948年第2期。

小　结

马学良对彝文典籍的研究是建立在长期的实地调查之上的，他三次进入彝区，历时三年多。不仅拜毕摩为师学习彝族语言文字，还跟随毕摩参加各种民间信仰仪式。他学会了当地的语言，掌握了彝文，又熟悉了彝族社会的礼俗。以俗解经，创立了语言学和民俗学相结合的研究典范。这种研究方式也成就了马学良在两个学术领域的重要地位，不仅使他成为著名的语言学家，还使他成为蜚声学界的少数民族语言文学家和民俗学家。在抗战时期马学良运用语言与民俗相结合的调查研究具有以下特征。

一　以语言学的钥匙开启民俗学研究之门

马学良来到彝区，用了近三个月的时间学习彝语，基本能够与当地人正常交流后，他开始走村串户了解生活习俗，收集他们的神话传说、民歌民谣，既提高彝语水平，也对彝族的生活状态有了大致的了解，同时也与当地人建立良好的感情，为下一步的研究作好铺垫。语言作为搜集整理材料的工具，只有消除了语言障碍，才可能达到忠实记录，沟通顺畅，得到的材料也才能真实可靠。语言对民俗调查不仅是工具，从语言中所反射出的社会现象，更是研究民俗学的重要材料。人类社会经历了不同的发展阶段和社会制度的变更，语言不能离开文化而孤立存在，可以从语言中发现很珍贵的材料。在彝语中奴隶、牲畜和财产都用同一个词来表示，这反映了奴隶社会中奴隶、牲畜都是奴隶主的财产。娶妻意为抢妻，反映了彝族古代实行的掠夺婚俗。彝族文字同其他少数民族文字一样，最初是掌握在神职人员手中的，主要是为民间信仰服务的。所以早期的彝文典籍，大多与民间信仰活动有关，记载的内容包括信仰仪式、对自然万物和灵魂崇拜的解释性神话，以及在民间信仰影响之下的生产生活习俗等，因此彝族语言是研究彝族民俗文化和社会历史的重要途径。

二 以生活习俗解读彝族经典

彝文经典进行译注，必须与民情和礼俗研究相结合。在彝族社会，人们的生产、生活无不受宗教的影响，生活中有各种禁忌，无论是居家活动还是出门远行都离不开占卜，自然也就产生了对神灵的崇拜和祈求，表现出对神灵的讨好和对恶神的驱逐，从而在生活中存在各种仪式活动，同时也创造了各种各样的神话传说。马学良为了更好地理解经书中的内容，一方面参加日常生活中的各种祭祀仪式，特别是请毕摩讲解仪式中的作用等，另一方面收集整理彝文典籍。流传于民众中的神话传说与典籍有密切关联，"从存在的原始宗教观察，神话似乎成了宗教神祭的'说明书'。如彝族作斋祭神时的每一种仪式，都由呗耄按神话中所示作种种法术。如祭仪中为什么需要雏鸡和鸡蛋、呗耄戴的法笠上为什么要系鹰脚……都是以洪水神话为依据，而所祭的一大串神座，用什么植物，什么牺牲，都是按照神话内容作的，有些还有经典根据，如彝文《洪水传》《祭龙经》《献牲经》等"[①]。

边疆民族众多，风俗习惯各异，边疆建设的人员在边疆的工作如何达到事半功倍的效果，了解少数民族的神话和民俗是关键所在。边民生活中多受神话支配，不了解他们的神话和风俗，就容易触犯禁忌，会招来他们的反感。另外要改变他们的一些不良习俗，在实地考察时，也须先了解边疆习俗，及边民心理，然后循循善诱，因俗而治，而渐事改进。马学良作为彝族文化的拓荒者，奠定了彝学研究的基础，也为少数民族民俗的研究开辟了一条新途径。

---

① 马学良：《倮文作斋经译注》，载《云南彝族礼俗研究文集》，四川民族出版社1983年版，第196页。

结　　语

抗战时期的民俗研究在学科史研究方面基本是一个空白，其原因是多方面的。在20世纪初伴随着中国现代化的发展，民俗学研究不可避免地带上鲜明的时代烙印，但不能因此就否定其应有的历史地位。民俗学研究之初借鉴了西方文化人类学、民族学、社会学的诸多理论方法，参与的学者学术背景各异，在少数民族聚居区的云南尤其突出。以下对抗战时期云南少数民族民俗研究所具有的特点进行阐述，并反思这一时期的民俗调查与研究。

第一节　抗战时期云南民俗调查研究的特征

一　现代学术与传统文化的碰撞与交融

1923年北京大学创办《国学季刊》时，胡适在发刊词中提出："用历史的眼光来扩大国学研究的资料，用比较的研究来帮助国学的材料的整理与理解。"[①] 胡适企图通过比较研究来强调引进西学，以达到提升国学研究的目的。西方学科的引进，在"五四"以后步伐疾速，使得中国思想文化领域里空前活跃，形成中国思想史新旧交替的重要时期，同时也是中国学术研究从传统向现代转型的关键时期。如果说北京大学"歌谣学运动"主要是对民间歌谣的采录，那么从中山大学时期开始，民俗学作为一个新的学科开始受到西学的影响。

---

① 胡适：《发刊宣言》，载《文存二集》，亚东图书馆1924年版。

在西方或日本系统学习过民族学、人类学、宗教学、社会学的学者，如凌纯声、陶云逵、江绍原等都纷纷加盟到民俗学开拓者的行列中，杨成志、钟敬文通过翻译西方的民俗学著作介绍民俗学理论和方法。这时域外民俗学和邻近学科理论、著作的引进介绍，以及留学归来学者的加盟，拓宽了民俗学的研究范围。民俗先驱们在积极吸收舶来理论和方法的同时，也开始进行一系列的实践调查活动，在实践中也注意到民俗学田野工作必须与邻近学科相结合。《民俗周刊》发刊词曾提倡："大规模的从事收集材料，整理研究……须与和历史学家、社会学家、宗教学家、艺术学，以及民族心理学家等等，共同商定条理，着手收集调查、研究整理。"[①] 中山大学语言历史研究所和中央研究院历史语言研究所共同派遣中山大学民俗学运动的主要发起人和组织者之一的容肇祖，翻译过大量域外民俗著作的杨成志与俄国人类家史禄国偕夫人一同到西南调查。随后受中央研究院历史语言学研究所的委派，凌纯声、陶云逵、赵至诚、勇士衡赴云南地区调查。此时民俗学与民族学、人类学、社会学相结合的田野调查，是由于学科交叉性质决定的。此举打破了民俗学与其他学科的分野，促进了彼此间研究理论的借鉴，同时在借鉴其他学科的同时，也促进了民俗学对田野作业的重视。

抗战时期的云南少数民族调查研究，不仅与民族学、人类学等学科的研究对象有关，而且与我国古代华夏中心论相关。中国对新兴学科的研究理论，大多是由西方借鉴而来。像西方人类学、民族学的研究对象主要是以异文化群体为主，近代欧美各国对我国少数民族的调查研究大多是在这种背景下进行的。由于本身的学术传统，近代中国学者以中原文化为参照标准，对少数民族有特殊兴趣，与华夏中心主义多少有些关联。因此，当民族学、人类学、民俗学传入中国后，少数民族作为与中原汉文化相异的文化群体遂成为关注对象。战前，对于云南民族的调查由于民族复杂、交通不便，调查的深度和广度都有待于提高。战时更多的学者来到云南，更接近田野地，调查和研究更

---

① 朱希祖：《恢复民俗周刊发刊词》，《民俗周刊》1933年第111期。

为便利。吸引了来自不同领域的学者对民俗文化进行调查的原因还在于，边疆社会生活的各少数民族语言各异，社会制度、社会组织殊异，风俗习惯差异颇大，引起了他们强烈的调查研究兴趣。以往对云南族群和文化较精确的调查数量少，许多介绍和叙述缺乏民族志撰写规范，质量不高，研究空白点较多。抗战时期云南少数民俗调查出现了空前活跃的局面，以往很少有人涉足的偏僻山寨有了学者的身影。生活艰苦、战争威胁，甚至没有生命安全的保障，但他们以满腔热忱投入到田野作业中，对学科发展有重要影响的研究成果，大都是田野民族志或在田野调查基础上写成的论著。同时，因为占有了更丰富的研究资源，对西方理论有了更多可资验证或修正的实证材料，也因此有了更加深化研究的成果。

基于民俗学研究传统，在抗战时期这批留洋学者和国内致力于云南少数民族研究的学者，从社会学、民族学、语言学等学科出发来进行民族调查，自觉地把西方理论和云南民族实际结合起来，促使云南民族调查的学术规范逐步确立，学术方法和学理思路发生了根本性转变。"一反昔日专从外国人所著教科书中求取知识之态度，且从吾国固有材料中实地寻找问题，推究结论，学术界也变过去，以为读书无裨经世，救国必从政治，于是奔竞于庙堂之上，讨论国事的态度，鄙弃名利，断绝仕进，奔走于荒郊僻壤，努力于田野工作。"[①] 这也是当时知识分子对待政治与学术的态度。

二 学术与国家利益相结合

中国民俗学的兴起与民主主义密切相关，"五四"前后，整个知识界眼光开始向下去关注民众的生活。1922 年在《歌谣》周刊的"发刊词"中说到，歌谣加以选择，可以"编成一部国民心声的选集"。从歌谣的征集活动的目的可以看出，知识精英们从口头传统入手认识和了解民众思想，从而唤起民众的民主意识。早期的民俗学参

[①] 徐益棠：《十年来中国边疆民族研究之回顾与前瞻》，《边政公论》1942 年第 5、6 期合刊。

与者，大都富于深厚的国学功底和文学修养，这很容易使他们把自己的治学功力和兴趣，与民间文学、民俗学相结合。随着中西学术的交流，中国学者受到外来文化冲击，激发了民族的自尊心，怀着对民族的忧患意识，促使他们走向民间去寻找民族精神之路。

抗战时期，云南作为中国的大后方、避难所，成为国家和内地民众所关注的地方。云集在云南的学者们开始意识到，国家命运与个人学术之间的关联性，开始认识到边疆民族文化与国家政治、经济等问题的重要性。以吴文藻、陶云逵、徐益棠、马长寿等为代表的民族学者纷纷强调边政研究的重要性和紧迫性。吴文藻提出"目前提倡边政学的实用研究，意义尤为重大。中国这次抗战，显然是整个中华民族的解放战争，而不是国族内某一民族单位的解放战争。全民族求得解放，达到国际平等地位以后，就须趁早实行准许国内各民族地方自治的诺言，而共同组织成为一个自由统一的中华民族。建立一个多民族国家，是我们现阶段的理想。而如何促成民族国家的组织，此种伟大事业，一部分就有赖于边政学的贡献"。① 边疆研究也不再是学者个人的学术理想，而是与国家命运密切相关。《边疆研究》季刊发刊词中认为边疆是中国不容分割的一部分，对其研究刻不容缓。"抑所谓边疆，依词义释之，当为中国与外国毗邻之地区。唯吾人本于文化观点，以为边疆之含义，当为'中华民族文化之边缘'。……时到今日，国危族殆，整个中华民族之'群'，已不容再有'他''我'之分。"② 对边疆的重视不但是地理位置所指的边界，学者们来到云南后，更多关注文化上的边疆，也就是对云南少数民族的关注。吴文藻对文化上的边疆定义为："国内许多语言、风俗、信仰，以及生活方式不同的民族，所以亦是民族上的边疆。"③ 战争强化了民族危机意识，"救亡"成为知识界的主题，唤起民众巨大的凝聚力。学术报

---

① 吴文藻：《边政学发凡》，载杨圣敏、良警宇主编《中国人类学民族学学科建设百年文选》，知识产权出版社 2009 年版，第 73 页。
② 卞宗孟：《发刊词》，《边疆研究》1940 年创刊号。
③ 吴文藻：《边政学发凡》，载杨圣敏、良警宇主编《中国人类学民族学学科建设百年文选》，知识产权出版社 2009 年版，第 77 页。

国，不但是抗战的重要组成部分，而且是民族复兴的希望。罗家伦为唤起学者们的报国情怀说道："我们抗日不只是我国的兵找著敌国的兵来抗，而且，要我国的农找著敌人的农来抗，工找著敌人的工来抗，商找著敌人的商来抗，学校找著敌人的学校来抗。所以中央大学抗日的对象，就是敌人的东京帝国大学。我们现在不应该问我们英勇的将士，抵抗得过残暴的军队与否，我们现在应该问我们的科学和一般学术，抵抗得过敌人的科学和一般学术与否。我们希望我们以科学和一般学术，压倒敌人，就是我们的空军强大到轰炸东京的时候，我们也不希望轰炸东京帝国大学，像他们对付我们一样。"① 面对着紧迫的国家危机，学者们把国家与民族的命运联系在一起，希望通过西南边疆的研究，为抗战出一份抗日救国之力。

三 多重身份下的民俗调查

20世纪初，对少数民族研究本身就是一个综合性的调查，杨成志认为："现代人类学或民族学乃是一个新兴的科学，其范围与研究对象，特别广大，利用各专门学科（如考古、语言、社会、民俗、心理、历史、地质、解剖、生物、生体的……诸学科）来建成研究人类一切问题的一种独立科学，简言之，所谓'人的科学'。"② 这时的民族学家、人类学家都兼有民俗学家的双重身份。如杨成志的学术生涯就具有双重身份，在中山大学受民俗学运动的影响，积极投身于民俗学活动，而1928年到滇川地区调查，无疑是对西方民俗理论的一次检验。他于1935年秋留法回国，决心恢复中山大学民俗学活动，并在1936恢复了停顿三年的《民俗周刊》，希望唤起更多人对民俗学的关注。中国民族学、人类学的异文化旨趣有别于西方的殖民地，在研究中国社会和民族时，面临着对象的本土性，需要借助研究本土文化的民俗学。民俗学在中国素有观风问俗、采风等传统，正史、野史、

---

① 罗家伦：《炸弹下长大的中央大学》，载郭有守主编《抗战四周年之中国教育》，香港龙书店1966年版，第63页。

② 杨成志：《民族学与中国西南民族》，载刘昭瑞编《杨成志文集》，中山大学出版社2004年版，第137页。

笔记中大量存有民俗志、风俗志素材，有一定的文献积累。另外，抗战形势引发"边政学"的兴起，语言学、民族学、人类学都面临共同的研究对象——少数民族，要了解一个民族就必须先认识他们的生活，而民俗就是群体的生活文化，有人聚居的地方就有民俗，更何况对学者来说，进入一个陌生的群体，了解其民俗现象就显得尤为重要了。钟敬文曾说过："人民生活在民俗当中，就像鱼类生活在水里一样。"① 云南多元异质的少数民族社会文化，就中国多民族的国情而言，以及文化形态与结构、族际文化、族际心理差异来看，少数民族文化异于汉文化。汉人学者研究少数民族，正符合西方人类学的异文化研究旨趣。少数民族社会形态多样，其文化形态大多属无文字或口传文化，民俗、宗教是构成文化的主要方面，促使民族学、人类学家不得不借助神话、史诗、祭词、歌谣等民俗文化范畴着手调查研究。

多学科交融的研究包括方法的多角度和来自不同学科领域的参与者。人类学、社会学、民族学、民俗学之间有着深厚的学术渊源。刘锡诚认为"中国民俗学运动的发端，仅仅是歌谣的采集与研究，到了20年代末以及整个30年代，逐渐与民族学、人类学、社会学等学科建立了亲密的联系，在方法论上吸取了这些学科的方法"。② 在抗战的特殊历史时期，学者对当时少数民族的民间文学、民间信仰、风俗习惯等民俗事象进行的实地调查，不仅从本学科研究的角度出发，而且把少数民族文化作为华夏文化的一部分来进行关注研究。学者大多具有在欧美和国内高等院校深造的学术背景，接受过系统全面的西方社会学、人类学、语言学等理论的学习和训练，拥有深厚的专业功底，同时通过田野调查尝试将理论与云南边疆少数民族的调查材料紧密地结合起来进行全面系统的考察。

抗战时期，作为民俗学发展的一个特殊阶段。战争致使教学与研究偏于一隅、资料图书匮乏等种种不便，但并没有阻碍边疆开发与边政研究的勃兴、与之相关的学术活跃和学科交流互动的局面。具体表

---

① 钟敬文：《新的驿程》，中国民间文艺出版社 1987 年版，第 444 页。
② 刘锡诚：《20 世纪中国民间文学术史》，河南大学出版社 2006 版，第 580 页。

现为：民族意识的空前高涨带来对民族文化的高度重视和广泛探讨，"边疆社会""后进民族""下层民众"成为各个学科关注的对象；学者迈出书斋走向民间，社会学、人类学、民俗学、历史学以及文学等多学科理论与方法综合打通、交叉互补，为解决实际问题的"边政学"打下了基础，也为民俗文化研究铺就了道路。

第二节 抗战时期云南民俗调查研究的成就

云南因地处边陲，封闭落后，民族众多，民间习俗各异，国人对此所知甚少。抗战以前，外界对云南少数民族的了解大多来自于西方传教士的著述，这其中有不少的偏颇之词。抗战时期对云南少数民族民俗文化的调查研究是民俗学史上发展的重要阶段。它不仅为学科后期的研究提供了原始材料，而且揭开了云南少数民族"神秘"的面纱，让人们更加深入地认识到少数民族地区的民风民俗，开启少数民族民俗研究的先河，有效地避免了长期以来被"异域化""魔幻化"的倾向，通过民俗的调查认识少数民族社会生活。

一 推动民俗学研究由传统走向现代

五四新文化运动带来了有识之士对民俗文化的重新认识，民俗文化的价值被发现，民俗学作为一门学科得以被激活。民间歌谣价值的重新发现为打破因袭皈依自然精神的新诗创作提供了参考，同时有利于观察民间风俗习惯和语言转变。一场轰轰烈烈的歌谣学运动进行的同时，也引发了民俗学运动的开展，中国民俗学与歌谣运动有同源共生关系。从歌谣的搜集到民俗学运动的发起，直至抗战前期的中国民俗研究更多的是资料收集，而且是以汉人社会调查为主，对少数民族民俗少有触及。

抗战爆发后，学术机构纷纷南迁，许多专家学者聚集云南，带来了新文化运动的热潮，同时也带来了学科研究的新方法。南迁的师生以歌谣学运动的优良传统来关注云南的民俗文化。在"湘黔滇旅行团"途中，闻一多带领学生沿途收集各地民间文艺和民俗。到昆明后，刘兆吉整理出版了《西南采风录》，马学良整理出版了《湘黔夷语掇拾》，甚至为他后来到彝区进行彝文典籍收集及礼俗研究打下了非常重要的学术基础。云南丰富的民俗文化资源吸引学者的关注，甚至成为其很多学人毕生研究的学术对象。陶云逵、马学良、李霖灿、吴泽霖等都在民间文学和民俗学方面取得了丰硕的成果。同时，一批与民俗研究的丛书和刊物相继出版，如由陶云逵主持的边疆人文研究室出版的《边疆人文》，当时曾发表多篇有关云南少数民族民俗研究的论文。云南大学方国瑜领导组建西南文化研究室，出版丛书十余种，徐嘉瑞《云南农村戏曲史》，以云南传统花灯为研究对象，分析了花灯在云南民间传唱的历史渊源、声学知识等，记录了不少的花灯唱词，为了解云南戏曲具重要的参考价值。张镜秋译《僰民唱词集》是一部重要的民间文学作品集，收集傣族民歌338首并有注释，附有《贝叶僰文化佛典经译》等篇目。这套丛书覆盖面广，内容丰富，涉及西南少数民族文化、民俗、民间文艺等诸多领域，在学术界产生了较大影响力。

田野调查中特别关注民俗的调查研究，以研究民俗学为对象的论文明显多于前期。同时学者也认识到民俗存在于鲜活的生活中，且调查迫在眉睫。陶云逵在1943年发表于《边疆人文》上的《大寨黑夷之宗教与图腾》一文中谈道："图腾制在他们的生活中尚有余音可寻，此现象不久的将来势必完全消逝而由另一种符号与团体形式代替。"他的担忧在当今得了印证，目前图腾崇拜在生活中已难寻踪迹。马学良在1945年发表于《边政公论》上的《垦边人员应多识当地之民俗与神话》一文中，就积极倡导搜集研究神话，认为要研究神话并不只是记几则故事，而是通过神话走进当地人的日常生活。学者的这些观念使他们的研究从一开始就有意识地运用田野调查法，突破了以往对文献的依赖，从而能真实地记录民俗的本真面貌及其相应的社会状态。在调查方法上，学者们在继承20世纪初期歌谣学时期传统的研究方法的同时，结合当时西方的先进理论，用科学方法指导实地调查活动。陶云逵《西南部族之鸡骨卜》一文中，记录了实地参与调查过程，根据当地占卜书和巫师对占卜习俗的介绍，绘制近百幅占卜图，并对每一个征兆现象作了详细的译述，同时注重文献资料考证，运用历史比较方法对不同地域不同民族的占卜习俗进行研究,找寻传承路线和方法。邢公畹对民间故事研究,从情节单元、母题、类型等方面逐一进行分析,开启了民间故事比较研究的先河。

二 抢救少数民族民俗文化遗产

学者关注民族典籍、口头传统、收集当地民俗文物,并积极翻译整理,抢救了民族文化遗产。光未然、袁家骅对彝族支系阿细人的叙事长诗进行采录的过程中,从田野调查出发,不仅记录下了丰富的口头传统,也运用了人类学、民俗学的调查方法,进入彝族男女青年谈情说爱的公房,调查当地人的日常生活,记录下了阿细人恋爱和婚姻等习俗。吴泽霖筹建了丽江地区边胞服务站,并指导该站工作人员注意搜集当地少数民族生产、生活中的实物和照片,该站工作人员经过半年的努力,先后在纳西族、傈僳族和藏族聚居地区收集到两百多件文物和照片,这批文物于1943年从丽江送抵重庆展出,吴泽霖在展览会上向参观者介绍了少数民族地区的风土人情,为内地民众提供了一次近距离了解少数民族的机会。在20世纪50年代院系调整时,这批文物现存部分由清华大学移交给中央民族学院收藏。马学良的毕业论文《撒尼倮语语法》在对彝族语法结构分析的基础上,在文后附了多篇调查话语材料,包括撒尼人的神话传说、婚丧嫁娶习俗。他除了记录口头文化遗产,还尽其所能地购买收藏彝文经书,在离开彝区之前,一方面想方设法接近当地毕摩和土司,劝说他们勿将藏品售与外国传教士,另一方面呼吁学术机构来购买这些珍贵的藏品,为国家保留下了珍贵的文化遗产。民俗文化具有时代性和地域性,随着历史的变迁、社会的演进,民俗文化的内容也随之发生变化。虽然抗战时期的民俗研究大都是对基本素材的收集与整理,只是民俗学研究的初期工作,但是没有前期完整的收集,进一步的比较研究等工作就无法完成。学者的调查真实记录了云南少数民族地区民众生产生活、民风民俗等,少数民族民俗文化中的古老习俗,并非仅仅是一个民族生活状态的一个过程,在它们的背后隐藏着深刻的社会历史根源和民众的智慧,对于我们今天研究这些地区的民俗文化及其历史变迁具有重要的史料价值。

三　为学科发展奠定了良好的基础

重视田野调查，是抗战时期民俗学研究的一大特色。学者们大多都选择少数民族地区为田野点，进行了长时期的田野作业。李霖灿曾在丽江地区对纳西族进行长达四年的调查，马学良在彝族地区居住了三年，很多学者不定期对田野点进行了多次的回访，如江应樑曾多次到傣族地区求证调查材料。他们不顾自然环境、社会动荡、文化隔阂等困难，有时甚至是生命的危险。

调查中，学者们以细致、全面著称，从调查提纲到拟定调查计划的实施，均较为规范。如果说，抗战前民俗研究更多的是学者个人兴趣爱好的体现，那么，抗战时期的调查，已经过渡到有计划有目的的调查阶段，调查人员都具备田野调查的基本素质，配备了仪器设备，这就保证了调查资料收集的真实性和科学性。学者们通过田野作业，对学科发展做出了新的思考。由于其亲身经历的不可复制性，对于特殊时期"语境"的认识，对中国民俗学的学科范式建立，特别是追求世界性学科规范与倡导本土学术发展之间的复杂关系有重要的意义。

第三节　抗战时期云南民俗调查研究留下的启示

抗战时期云南少数民族民俗调查，尽管取得了一些成绩，但整体来说，由于缺乏专业的从业人员，学科意识模糊等原因，致使学界对抗战时期的民俗研究缺乏清楚的认识，抗战时期的民俗研究在多学科互渗下表现出边缘性。纵观抗战时期的民俗研究，其跨学科研究特点非常突出，云南特殊的民族和地域环境，引起了各个学科对少数民族的关注，致使学者的研究都涉及民俗文化的调查，撰写了一大批有关民俗研究的论著，但这些成果从某种意义上来说，调查的目的都是为各自学科研究的需要，弱化了人们对民俗学学科研究的意识，出现了采风式的作品较多，深入、系统的研究较少。表现出学科互渗性特点的同时，也表露出了当时缺乏专业的民俗学研究从业人员，以及学科自身的不成熟。另外，在民族调查大背景下的民俗研究表现缺乏学科意识的突显性，虽然关注到少数民族文化习俗的各个方面，但没有进行更多的理论分析、研究归纳，在许多调查报告中，我们看到了十分具体而细致的描述，却缺少学科理论指导，使报告中的一些内容显得较为臃肿和累赘。如在语言学中有关的研究只做到收集资料的作用，虽然有像罗常培、马学良的语言学家对民俗作了深入的研究，但由于学科之间的界线，大多数语言学者收集到的民间文学作品在他们看来只是语言材料，没有从民间文学和民俗学学科专业的角度作进一步的研究。通过材料的梳理还发现抗战时期，有关民间文学和民俗调查的材料不少，但由于这些材料穿插在各学科中，从而致使民俗学术界漠视了抗战时期所取得的成就。

调查者身份限制了他们与调查对象间的沟通，致使所取得的调查材料只做到现象描写。抗战时期到少数民族地区进行调查的学者，有时不得受当地政府官员和土司帮助调查才能顺利进行，为了自身安全甚至是雇佣官方的警卫一路护送，队伍浩浩荡荡进入村寨，驻扎到当地官员和土司家里，调查者就是民众眼中的委员，尽管他们与当地的权贵一起参与民间各种活动，但可想而知，调查者的身份为调查带来便利条件的同时，也妨碍了调查者与普通民众之间的交流。

总体看来，抗战时期的民俗研究成果既丰富又有所不足。少数民族活态的民俗文化受到重视，对于民俗文化传承是非常重要的。开风气之先的一批学者，在西学与传统的结合下，在民族学、人类学、语言学研究的视野中，丰富了民俗研究的内容。总之，在国难当头的危急时刻，一批学者克服了生活环境、物质条件和出版上的多种困难，发奋从事民俗研究，取得了卓著的成绩，那种不松懈的研究精神值得今天的学者学习。对抗战时期云南少数民俗调查研究的探讨，是把散落在汪洋大海中的民俗研究论著作搜集整理，重构出抗战时期中国民俗学发展轨迹和历史风貌。揭示出中国民俗学在发展过程中不是一种学术观点或一种学术派别的单线发展史，反映也多个不同的派别或观点的学者们共同书写的特点。

参考文献

一 史料和档案汇编文献

边政公论社编:《中国边疆民族学杂志》,大通书局1984年版。

北京大学、清华大学、南开大学、云南师范大学合编:《国立西南联合大学史料(一)总览卷》,《国立西南联合大学史料(二)会议记录卷》,《国立西南联合大学史料(三)教学、科研卷》,《国立西南联合大学史料(四)教职员卷》,《国立西南联合大学史料(四)学生卷》,《国立西南联合大学史料(五)经费、校舍、设备卷》,云南教育出版社1988年版。

昆明市政协文史学习委员会编:《抗战时期文化名人在昆明(一)》,云南美术出版社2000年版。

昆明市政协文史学习委员会编:《抗战时期文化名人在昆明(二)》,云南人民出版社2002年版。

李文海主编:《民国时期社会调查丛编》(共10卷),福建教育出版社2004、2005年版。

南开大学校史研究室编:《联大岁月与边疆人文》,南开大学出版社2004年版。

南开大学校史研究室编:《南开学人自述》(第1卷),南开大学出版社2004年版。

马大正主编:《民国边政史料汇编》(30册),国家图书馆出版社2009年版。

清华大学校史研究室编:《清代大学史料选编(四)》,清华大学出版社 1994 年版。

西南联大北京校友会编:《国立西南联合大学校史——一九三七至一九四六年的北大、清华、南开》,北京大学出版社 1996 年版。

西南联合大学北京校友会编:《筦吹弦诵情弥切——国立西南联合大学五十周年纪念论文集》,中国文史出版社 1988 年版。

西南联合大学北京校友会编:《国立西南联合大学校史——1937 年至 1949 年的北大、清华、南开》(修订版),北京大学出版社 2006 年版。

徐丽华、李德龙主编:《中国少数民族旧期刊集成》(100 册),中华书局 2007 年版。

云南师范大学校史编写组编:《云南师范大学大事记(西南联大及国立昆明师院时期·1938—1949)》,云南大学印刷厂 1988 年版。

《云南大学志》编审委员会编:《云南大学志·大事记(1915 年—1949 年 9 月)》,云南大学出版社 1993 年版。

云南省社会科学学会联合会、云南省地方志编纂委员会办公室编:《云南省志·社会科学志:卷七十五》,云南人民出版社 1997 年版。

云南师范大学西南联大研究所编:《世界教育史上的长征·西南联大湘黔滇旅行团纪实》,云南师范大学印 2001 年版。

张妍、孙燕京主编:《民国史料丛刊》书目,大象出版社 2009 年版。

二　民国文献资料

岑家梧:《抗战与边疆民族文化运动》,《更生评论》1938 年第 3 卷第 10 期。

岑家梧:《云南嵩明县之花苗》,《西南边疆》1940 年第 8 期。

岑家梧:《西南部族之体饰》,《文史杂志》1941 年第 1 卷第 9 期。

岑家梧:《西南部族之舞乐》,《说文月刊》1943 年第 4 卷第 1 期。

岑家梧:《西南部族之工艺》,《文部》1943 年第 4 卷第 5、6 合期。

岑家梧:《民族艺术与民俗资料》,《中央日报》1944 年 2 月 2 日。

岑家梧:《论民族与宗族》,《边政公论》1944 年第 3 卷第 4 期。

岑家梧：《从几个遗俗观察古代社会制度》，《边政公论》1944年第42卷第29期。

岑家梧：《中国民俗艺术概说》，《文史杂志》1945年第4卷第5、6合期。

楚图南：《中国西南民族神话的研究》，《西南边疆》1938年第1、2、7期。

郑师许：《方志在民俗学上之地位》，《民俗》1942年第4期。

郑师许：《中国民俗学发展史》，《民俗》1943年第2卷第1、2合期。

郑师许：《中国古代神话传说的发展》，《风物志》1944年第1期。

方国瑜：《卡瓦山闻见记》，《西南边疆》1940年第10期。

方国瑜：《裸黑山旅行记》，《西南边疆》1942年第15、16合期。

光未然：《阿细的先鸡》，北门书屋1944年版。

胡体乾：《社会学与说明的民俗学》，《民俗》1942年第4期。

黄奋生：《边疆人物志》，正中书局1945年版。

罗常培：《中南夷风音乐序》，《边疆人文》1944年第2卷第1、2合期。

刘兆吉：《西南采风录》，商务印书馆1946年版。

李景汉：《摆夷人民之生活程度与社会组织》，《边政公论》1941年第11期。

李景汉：《边疆社会调查研究应行注意之点》，《边政公论》1941年创刊号。

李景汉：《摆夷的摆》，《边政公论》1942年第7、8合期。

李方桂：《民俗学与语言学的关系》，《社会研究》1941年第35期。

李霖灿：《黔滇道上》，大公报馆1940年版。

雷镜流：《云南澄江松子圆罗罗社会组织机构导论》，《青年中国季刊》1940年第1卷第3期。

马学良：《湘黔夷语掇拾》，《西南边疆》1939年第3期。

马学良：《云南土民的神话》，《西南边疆》1941年第12期。

马学良：《云南倮族（白夷）之神话》，《西南边疆》1942年第15期。

马学良：《宣威罗民（白夷）的丧葬制度》，《西南边疆》1942 年第 16 期。

马学良：《边疆人员应多识当地之民俗与神话》，《边政公论》1945 年第 4 卷第 1 期。

马学良：《西南寻甸黑夷作祭礼俗记》，《旅行杂志》1942 年第 16 卷第 12 期；1943 年第 17 卷第 3 期。

马学良：《茂运社区的男女夜会》，《边政公论》1944 年第 3 卷第 1 期。

马学良：《黑夷风俗之一——除祸祟》，《边政公论》1944 年第 3 卷第 9 期。

陶云逵：《云南碧罗雪山之黑傈僳族》，《人类学集刊》1938 年第 1 卷第 1 期。

陶云逵：《开发边民问题》，《西南边疆》1940 年第 10 期。

陶云逵：《么些族之羊骨卜及贝卜》，《人类学集刊》1940 年第 1 卷第 1 期。

陶云逵：《云南土著民族研究之回顾与前瞻》，《边政公论》1941 年第 1 卷第 5、6 合期。

陶云逵：《边政人员专门训练之必需》，《边政公论》1941 年第 3、4 合期。

陶云逵：《云南怒山的傈僳人》，《旅行杂志》1942 年第 17 卷第 1 期。

陶云逵：《俅江纪程》，《西南边疆》1941 年第 12、15 期。

陶云逵：《几个云南藏缅语系土族的创世故事》，《边疆研究论丛》1945 年第 2 期。

陶云逵：《车里摆夷情书汉译》，《中国青年》1942 年第 6 卷第 2、3 合期。

陶云逵：《一个摆夷神话》，《中国青年》1942 年第 6 卷第 2、3 合期。

陶云逵：《云南摆夷在历史上及现代与政府之关系》，《边政公论》1942 年第 9、10 合期。

陶云逵：《大寨黑夷之宗族与图腾制》，《边疆人文》1943 年第 1 卷第 1 期。

陶云逵:《西南部族之鸡骨卜》,《边疆人文》1943 年第 1 卷第 2 期。

陶云逵:《十六世纪车里宣慰司与缅王室礼聘往还》,《边政公论》1944 年第 3 卷第 1 期。

陶云逵:《西南边疆社会》,《边政公论》1944 年第 3 卷第 9 期。

田汝康:《忆芒市——边地文化的素描》,《旅行杂志》1943 年第 17 卷第 3 期。

闻一多:《从人首蛇身谈到龙与图腾》,《人文科学杂志》1942 年第 1 卷第 2 期。

吴泽霖:《么些人之社会组织》,《边政公论》1945 年第 4 卷第 4、5、6 合期;1945 年第 7、8 合期。

杨成志:《现代民俗学——历史与名词》,《民俗复刊号》1936 年第 1 卷第 1 期。

杨成志:《安南人的信仰》,《民俗复刊号》1936 年第 1 卷第 2 期。

杨成志:《研究西南文化的立场》,《大风旬刊》1938 年第 5 期。

杨成志:《民俗学之内容与分类》,《民俗》1942 年第 4 期。

张清常:《由我国内地民族说到边疆歌谣调查》,《边疆人文》1944 年第 1 卷第 3、4 期合刊。

三 现当代著作

白兴发:《二十世纪前半期的云南民族学》,民族出版社 2011 年版。
岑家梧:《岑家梧民族研究文集》,民族出版社 1992 年版。
曾昭抡:《滇边日记》,辽宁教育出版社 1998 年版。
陈平原:《中国现代学术之建立》,北京大学出版社 1998 年版。
陈春声主编:《民间信仰与社会空间》,福建人民出版社 2003 年版。
陈友康、罗家湘:《20 世纪云南人文科学学术史稿》,云南人民出版社 2003 年版。
陈泳超主编:《中国民间文化的学术史观照》,黑龙江人民出版社 2004 年版。
陈泳超主编:《中国民间文学研究的现代轨辙》,北京大学出版社

2005年版。

陈美宝：《地域文化与国家认同：晚清以来"广东文化"观的形成》，生活·读书·新知三联书店出版2006年版。

迟玉华、朱羲、王顺英主编：《西南联大研究论文索引》，云南人民出版社2010年版。

方国瑜：《纳西象形文字字谱》，云南人民出版社2005年版。

方国瑜：《滇西边区考察记》，云南人民出版社2008年版。

方国瑜：《方国瑜纳西学论集》，民族出版社2008年版。

方福祺：《方国瑜传》，云南大学出版社2001年版。

费孝通：《乡土中国》，生活·读书·新知三联出版社1985年版。

费孝通：《费孝通民族研究文集》，民族出版社1988年版。

费孝通、张之毅：《云南三村》，天津人民出版社1990年版。

封海清：《西南联大的文化选择与文化精神》，云南人民出版社2006年版。

傅懋勣：《纳西族图画文字〈白蝙蝠取经记〉研究》，商务印书馆2012年版。

高丙中：《民俗文化与民俗生活》，中国社会科学出版社1994年版。

高丙中：《民间文化与公民社会：中国现代历程的文化研究》，北京大学出版社2008年版。

高丙中：《中国人的生活世界：民俗学的路径》，北京大学出版社2010年版。

高增德、丁东主编：《世纪学人自述》，十月文艺出版社2000年版。

高有鹏：《中国现代民间文学史论》，河南大学出版社2004年版。

高岚：《从民族记忆到国家叙事》，四川文艺出版社2010年版。

顾颉刚：《顾颉刚民俗论文集》，中华书局2011年版。

葛兆光：《宅兹中国——重建有关"中国"的历史论述》，中华书局2011年版。

户晓辉：《现代性与民间文学》，社会科学文献出版社2004年版。

户晓辉：《返回爱与自由的生活世界：纯粹民间文学关键词的哲学阐释》，江苏人民出版社2010年版。

和匠宇、和锊宇：《孤独之旅——植物学家、人类学家约瑟夫·洛克和他在云南的探险经历》，云南教育出版社 2000 年版。

胡庆钧：《汉村与苗乡——从 20 世纪前期滇东汉村与川南苗乡看传统中国》，天津古籍出版社 2006 年版。

胡适：《丁文江的传记》，安徽教育出版社 1999 年版。

江应樑：《江应樑民族研究文集》，民族出版社 1992 年版。

江应樑：《滇西摆夷之现实生活》，江晓林笺注，德宏民族出版社 2003 年版。

江应樑：《摆夷的经济文化生活》，云南人民出版社 2009 年版。

刘昭瑞主编：《杨成志研究文集》，中山大学出版社 2004 年版。

刘梦溪：《学术思想与人物》，河北教育出版社 2004 年版。

刘梦溪：《中国现代学术要略》，生活·读书·新知三联书店 2008 年版。

刘锡诚主编：《中国新文艺大系·民间文学集（1937—1949）》，中国文联出版公司 1996 年版。

刘锡诚：《20 世纪中国民间文学学术史》，河南大学出版社 2006 年版。

刘晓春：《一个人的民间视野》，湖北人民出版社 2006 年版。

刘宜庆：《大师之大·西南联大与士人精神》，江苏文艺出版社 2003 年版。

娄子匡、朱介凡：《五十年来的中国俗文学》，正中书局出版社 1963 年版。

李亦园、乔健：《中国的民族、社会与文化——芮逸夫教授的学术成就与贡献》，食货出版社 1981 年版。

李霖灿：《麽些经典译注九种》，"国立"编译馆 1967 年版。

李霖灿：《金沙江情歌》，东方文化书局 1970 年版。

李霖灿：《麽些研究论文集》，"国立"故宫博物院 1971 年版。

李霖灿：《麽些族的故事》，东方文化书局 1971 年版。

李霖灿：《麽些经典译注九种》，"国立"编译中华丛书编审委员会 1978 年版。

李霖灿：《阳春白雪集》，雄狮图书公司1992年版。

李霖灿：《活活泼泼的孔子》，雄狮图书公司1994年版。

李霖灿：《神游玉龙山》，云南人民出版社1994年版。

李霖灿：《纳西族象形标音文字字典》，云南民族出版社2001年版。

李霖灿：《雪山·碧湖·喇嘛寺》，云南人民出版社2002年版。

李霖灿：《西湖雪山故人情》，浙江大学出版社2011年版。

李绍明、程贤敏主编：《西南民族研究论文选（1904—1949）》，四川大学出版社1991年版。

李孝悌：《清末的下层社会启蒙运动：1901—1911》，河北教育出版社2001年版。

李培林、孙平平、王铭铭：《20世纪的中国：学术与社会·社会学卷》，山东人民出版社2001年版。

李承贵：《通向学术真际之路——中国现代学术研究方法史论》，江西人民出版社2002年版。

李泽厚：《中国现代思想史论》，天津社会科学院出版社2003年版。

李稚田：《开篇锣鼓——李稚田民间文化论著集》，时事出版社2003年版。

李宏图、王加丰选编：《表象的叙述》，上海三联书店2003年版。

李小玲：《胡适与中国现代民俗学》，学苑出版社2007年版。

李国栋：《民国时期的民族问题与民国政府的民族政策研究》，民族出版社2009年版。

李晓峰、刘大先：《中华多民族文学史观及相关问题研究》，中国社会科学出版社2012年版。

陆韧主：《现代西方学术视野中的中国西南边疆史》，云南大学出版社2007年版。

凌纯声、芮逸夫：《湘西苗族调查报告》，民族出版社2003年版。

凌纯声、林耀华：《研究方法与方法论》，民族出版社2004年版。

骆小所等编：《中国西南民俗文献》（第12卷），兰州大学出版社2003年版。

罗常培：《语言与文化》，北京出版社2004年版。

梁庭望、汪立珍、尹晓琳：《中国民族文学研究 60 年》，中央民族大学出版社 2010 年版。

黎敏：《建国初十年民俗文献史》，中国文史出版社 2008 年版。

聂蒲生：《民族学和社会学中国化的探索——抗战时期专家对西南地区的调查研究》，中国社会科学出版社 2011 年版。

马学良：《云南彝族礼俗研究文集》，四川民族出版社 1983 年版。

马学良：《民族语言教学文集》，四川民族出版社 1988 年版。

马学良：《素园集》，中国民间文艺出版社 1989 年版。

马学良：《马学良民族研究文集》，民族出版社 1992 年版。

马昌仪选编：《中国神话学文论选萃》，中国广播电视台出版社 2005 年版。

马玉华：《国民政府对西南少数民族调查之研究（1929—1948）》，云南人民出版社 2006 年版。

木仕华：《马学良评传》，民族出版社 2012 年版。

毛巧晖：《20 世纪下半叶中国民间文艺学思想史论》，上海文化出版社 2010 年版。

毛艳：《中国少数民族艺术研究史（1900—1949）》，中国社会科学出版社 2009 年版。

芮逸夫：《中国民族及其文化论稿（全三册）》，"国立"台湾大学人类学系出版 1988 年版。

芮逸夫，王明珂编校：《川南苗族：调查日志 1942—43 年》，中研院史语所 2010 年版。

潘乃谷、王铭铭主编：《重归"魁阁"》，社会科学文献出版社 2005 年版。

彭文斌：《人类学的西南田野与文本实践海内外学者访谈录》，民族出版社 2009 年版。

祁连休、程蔷主编：《中华民间文学史》，河北教育出版社 1999 年版。

施琳：《当代中国著名民族学家百人小传》，中央民族大学出版社 2006 年版。

施爱东：《中国现代民俗学检讨》，社会科学文献出版社 2010 年版。

施爱东：《倡立一门新学科——中国现代民俗学的鼓吹、经营与中落》，中国社会科学出版社 2011 年版。

桑兵：《晚清民国的学人与学术》，中华书局 2008 年版。

田汝康：《芒市边民的摆》，云南人民出版社 2008 年版。

陶云逵：《陶云逵民族研究文集》，民族出版社 2012 年版。

吴泽霖：《吴泽霖民族研究文集》，民族出版社 1991 年版。

吴泽霖、陈国钧：《贵州苗夷社会研究》，民族出版社 2004 年版。

王宗维、周伟洲主编：《马长寿纪念文集》，西北大学出版社 1993 年版。

王建民：《中国民族学史》（上卷），云南教育出版社 1997 年版。

王建民、张海洋、胡鸿保：《中国民族学史》（下卷），云南教育出版社 1998 年版。

王建民、唐肖彬、勉丽萍、张婕主编：《中国人类学民族学百年纪事》，知识产权出版社 2008 年版。

文集编撰委员会：《一代宗师——曾昭抡百年诞辰纪念文集》，北京大学出版社 1999 年版。

王文光、薛群慧、田婉婷：《云南的民族与民族文化》，云南教育出版社 2000 年版。

王文宝：《中国民俗学发展史》，辽宁大学出版社 1987 年版。

王文宝：《中国民俗学史》，巴蜀书社 1995 年版。

王文宝：《中国民俗学研究史》，黑龙江人民出版社 2003 年版。

王立新：《美国传教士与晚清中国现代化——近代基督新教传教士在华社会文化和教育活动研究》，天津人民出版社 1997 年版。

王明珂：《华夏边缘：历史记忆与族群认同》，中国社会科学出版社 2006 年版。

乌丙安：《民俗文化新论》，辽宁大学出版社 2001 年版。

闻一多：《神话与诗》，天津古籍出版社 2008 年版。

闻黎明：《抗日战争与中国知识分子——西南联合大学的抗战轨迹》，社会科学文献出版社 2009 年版。

王铭铭主编：《民族、文明与新世界——20世纪前期的中国叙述》，世界图书出版公司北京公司2010年版。

万建中：《20世纪中国民间故事研究史》，北京师范大学出版社2011年版。

夏建中：《文化人类学理论学派——文化研究的历史》，中国人民大学出版社1997年版。

许烺光著，王芃、徐隆德、余伯泉译：《驱逐捣蛋者——魔法、科学与文化》，南天书局有限公司1997年版。

许烺光著，王芃、徐隆德译：《祖荫下：中国乡村的亲属，人格与社会流动》，南天书局有限公司2001年版。

徐葆耕：《释古与清华学派》，清华大学出版社1997年版。

徐葆耕：《清华精神生态史》，中国水利水电出版社2011年版。

徐新建：《民歌与国学》，巴蜀书社出版社2006年版。

徐新建：《西南研究论》，云南教育出版社2009年版。

谢泳：《西南联大与中国现代知识分子》，湖南文艺出版社1998年版。

谢泳：《逝去的年代——中国自由知识分子的命运》，福建教育出版社2013年版。

谢中立：《从马林诺斯基到费孝通：另类的功能主义》，社会科学文献出版社2010年版。

许纪霖、李琼主编：《近代中国知识分子的共同交往（1895—1949）》，上海人民出版社2008年版。

邢公畹：《红河之月》，云南人民出版社2002年版。

杨堃：《杨堃民族研究文集》，民族出版社1991年版。

杨堃：《社会学与民俗学》，四川民族出版社1997年版。

杨福泉：《绿雪歌者：李霖灿与东巴文化》，云南教育出版社2000年版。

杨雅彬：《近代中国社会学》（上、下册），中国社会科学出版社2001年版。

杨成志：《杨成志民俗学译述与研究》，高等教育出版社1989年版。

杨成志：《杨成志人类学民族学文集》，民族出版社 2003 年版。

杨成志：《杨成志文集》，中山大学出版社 2004 年版。

杨成志：《瑶族调查报告文集》，民族出版社 2007 年版。

杨庭硕、罗隆康：《西南与中原》，云南教育出版社 1992 年版。

杨圣敏，良警宇主编：《中国人类学民族学科建设百年文选》，知识产权出版社 2009 年版。

杨绍军：《战时思想与学术人物：西南联大人文学科学术史研究》，社会科学文献出版社 2012 年。

尤中：《云南民族史》，云南大学出版社 1994 年版。

姚荷生：《水摆夷风土记》，云南人民出版社 2003 年版。

叶春生：《典藏民俗学丛书：1928—1930》，黑龙江人民出版社 2004 年版。

苑利主编：《二十世纪中国民俗学经典·学术史卷》，社会科学文献出版社 2002 年版。

苑利主编：《二十世纪中国民俗学经典·信仰民俗卷》，社会科学文献出版社 2002 年版。

周星、王铭铭主编：《文化人类学讲演集》，天津人民出版社 1996 年版。

周星主编：《国家与民俗》，中国社会科学出版社 2011 年版。

曾昭抡：《滇边日记》，辽宁教育出版社 1998 年版。

赵培中主编：《吴泽霖执教 60 周年暨 90 周年寿辰纪念文集》，湖北科学技术出版社 1988 年版。

赵世瑜：《眼光向下的革命——中国现代民俗学思想史论（1918—1937）》，北京师范大学出版社 1999 年版。

赵新林、张国龙：《西南联大：战火的洗礼》，上海教育出版社 2000 年版。

钟敬文：《钟敬文文集·民俗学卷》，上海文艺出版社 1998 年版。

钟敬文：《民间文艺学及其历史——钟敬文自选集》，山东教育出版社 1998 年版。

钟敬文：《建立中国民俗学派》，黑龙江教育出版社 1999 年版。

周大鸣主编:《杨成志人类学民族学文集》,民族出版社 2003 年版。

左玉河:《中国近代学术体制之建立》,四川人民出版社 2005 年版。

照那斯图、李恒朴主编:《当代中国民族语言学家》,青海人民出版社 1989 年版。

郑杭生、王万俊:《二十世纪中国的社会学本土化》,党建读物出版社 2000 年版。

四　外国著作

[丹麦] 克斯汀·海斯翠普编:《他者的历史:社会人类学与历史制作》,贾士蘅译,中国人民大学出版社 2010 年版。

[美] 本尼迪克特·安德森:《想象的共同体——民族主义的起源与散布》,吴叡人译,上海人民出版社 2005 年版。

[美] 大卫·费特曼:《民族志:步步深入》,龚建华译,重庆出版社 2007 年版。

[美] 顾定国:《中国人类学逸史——从马林诺斯基到莫斯科到毛泽东》,胡鸿何、周燕译,社会科学文献出版社 2000 年版。

[美] 洪长泰:《到民间去:1918—1937 年的中国知识分子与民间文学运动》,董小萍译,上海文艺出版社 1993 年版。

[美] 杰罗姆·B. 格里德尔:《知识分子与现代中国》,单正平译,南开大学出版社 2002 年版。

[美] 欧达伟:《中国民众思想史论——20 世纪初期—1949 年华北地区的民间文献及其思想观念研究》,董晓萍译,中央民族大学出版社 1995 年版。

[美] 易社强:《战争与革命中的西南联大》,饶佳荣译,传记文学出版社股份有限公司 2012 年版。

[美] 斯蒂文·郝瑞:《田野中的族群关系与民族认同——中国西南彝族社区考察研究》,巴莫阿依、曲木铁西译,广西民族出版社 2000 年版。

[日] 鸟居龙藏:《苗族调查报告》(1903),"国立"编译馆译,贵

州大学出版社 2009 年版。

[英] 安·格雷:《文化研究:民族志方法与生活文化》,许梦云译,重庆大学出版社 2009 年版。

[英] 罗伯特·莱顿:《他者的眼光——人类学理论导读》,罗攀、苏敏译,华夏出版社 2008 年版。

Daid Michael Deal, *National Minority Policy in Southwest China*（1911 – 1965）, Seattle: University of Washington, 1971.

DruC. Gladney, *Dislocating China: Muslims, Minorities and Other Subaltern Objects*, Chicago: University Of Chicago Press, 2004.

Hung Chang-tai, *War and Popular Culture: Resistan in Modern China, 1937 – 1945*, Berkeley: University of California press, 1994.

James, Hockey and A. Dawson, *After Writing Culture: Epistemology and Praxis in Contemporary Anthropology*, London and New York: Routledge, 1997.

Ou Chaoquan, *Life in a Kam Village in Southwest China 1930 – 1949*, Boston: Brill 2007.

Prasenjit Duara, *The Nation and Its Fragments: Colonial and Postcolonial Histories*, Princeton, NJ: Princeton University press, 1993.

Stuart Hall, *Representation: Cultural Representations and Signifying Practices*, London: Sage in association with the Open University, 1997.

五 现当代论文

白兴发:《关于云南著名人类学田野调查地点的再研究》,《云南学术探索》2008 年第 6 期。

陈醒:《半肩行李半肩书——访马学良先生》,《民间文学论坛》1998 年第 3 期。

陈泳超:《闻一多神话研究解析》,《文化研究》2003 年第 3 期。

蔡家麒:《滇川民族学调查第一人——记杨成志先生滇川调查之行》,《云南民族大学学报》2003 年第 4 期。

戴建国：《民国民俗学文献的整理与研究述略》，《民俗研究》2016年第5期。

房建昌：《简述民国年间有关中国边疆的机构与刊物》，《中国边疆史地研究》1997年第2期。

冯建勇：《近现代中国民族国家构建之历程——民国中央政府统合边疆民族地区的理论探讨》，《社会科学》2014年第2期。

冯建勇：《二十世纪三四十年代的中国民族叙事——基于民族学与历史学视野》，《民族研究》2018年第4期。

胡立耘：《20世纪前半叶的云南少数民族民间文学研究》，《思想战线》2003年第1期。

高丙中：《中国民俗学的人类学倾向》，《民俗研究》1996年第2期。

高丙中：《中国民俗学三十年的发展历程》，《民俗研究》2008年第3期。

郭士礼：《学术选择与国家建构——论抗战时期大夏大学对西南少数民族的调查与研究》，《贵州民族研究》2010年第4期。

和少英：《纳西文化研究的拓荒者与奠基者——李霖灿》，《思想战线》1992年第1期。

霍九仓、程俊玲：《顾颉刚与闻一多神话研究比较》，《河北科技师范学院学报》2009年第3期。

何长凤：《抗战时期的贵阳文通书局编辑所》，《贵州社会科学》1995年第5期。

何长凤：《贵州近代少数民族调查研究的拓荒者——抗战时期大夏大学社会研究部的成就》，《贵州民族研究》2002年第1期。

何一民、黄沛骊：《抗战时期国家与中华民族认同之构建及影响——以西南少数民族为例》，《四川大学学报》（哲学社会科学版）2016年第3期。

蒋正虎：《从边缘到中心：20世纪30—40年代中国的边疆研究》，《中国边疆史地研究》2016年第4期。

龙平平：《中国民族学早期情况概述》，《思想战线》1986年第5期。

李德芳：《三四十年代我国社会学者的西南民间文艺学研究》，载苑利主编《二十世纪中国民俗学经典·学术史卷》，社会科学文献出版社 2002 年版。

李列：《现代彝学的建立与学术转型——以 20 世纪三四十年代彝族调查材料为中心》，《民族艺术研究》2004 年第 3 期。

李绍明：《西南人类学民族学研究的历史、现状与展望》，《西南民族大学学报》（人文社科版）2007 年第 10 期。

李小汾、陈芸：《岑家梧艺术社会学研究对中国艺术史学的贡献》，《中南大学学报》（社会科学版）2007 年第 6 期。

李晓：《遥望张清常》，《文史天地》2009 年第 5 期。

李沛容：《抗战以来民族学/人类学界对国族建构的新解——以西南民族研究为中心》，《西北民族研究》2017 年第 4 期。

龙晓燕、王文光：《中国西南民族史研究的回顾与展望》，《思想战线》2003 年第 1 期。

刘铁梁：《中国民俗学发展的几个阶段》，《民俗研究》1998 年第 4 期。

刘锡诚：《民间文艺学史上的社会—民族学派——20 世纪中国民族文艺学流派论》，《民族艺术研究》2003 年第 6 期。

刘锡诚：《抗战中的民间文学家们》，《文化学刊》2015 年第 9 期。

刘小云：《20 世纪前半期杨成志西南民族研究述论》，《学术探索》2008 年第 5 期。

刘小云：《20 世纪前半期中山大学与西南民族调查》，《广西民族研究》2009 年第 1 期。

刘芳：《我国早期民族学家在川南叙永苗族地区的田野调查》，《广西民族研究》2010 年第 4 期。

聂蒲生：《抗战时期吴泽霖教授对云南丽江么些人的田野调查研究》，《广西民族研究》2007 年第 4 期。

聂蒲生：《抗战时期吴泽霖教授在云南开展的民族田野调查研究》，《青海民族研究》2008 年第 1 期。

聂蒲生：《抗战时期迁居昆明的民族语言学家对云南各民族语言的调查研究》，《学术探索》2010 年第 4 期。

林姗：《闻一多〈伏羲考〉研究方法探》，《语言学刊》2011年第1期。

毛艳：《岑家梧与中国20世纪上半叶的少数民族艺术研究》，《民族艺术研究》2006年第5期。

孟慧英：《神话——仪式学派的发生与发展》，《中央民族大学学报》2006年第5期。

马玉华：《西南联大与西南边疆研究》，《中南民族大学学报》2009年第5期。

马戎：《如何认识"民族"和"中华民族"——回顾1939年关于"中华民族是一个"的讨论》，《中南民族大学学报》（人文社会科学版）2012年第9期。

石开忠：《民国时期贵州的民族研究》，《贵州民族学院学报》（社会科学版）1999年第3期。

桑兵：《晚清民国时期的国学研究与西学》，《历史研究》1996年第5期。

施爱东：《中山大学民俗学与早期西南民族调查》，《文化遗产》2008年第3期。

陈竹：《杰出的民族语言学家、教育家——马学良先生》，《语言与翻译》1994年第1期。

孙宏开：《罗常培先生对少数民族语言文字研究的贡献》，《中国语文》2009年第4期。

宋文贤：《"摆"间的人神对话》，《北京青年政治学院学报》2010年第2期。

田亮：《抗战史学与民族精神——作为抗战文化的史学及其历史贡献》，《抗日战争研究》2007年第4期。

田耕：《中国社会研究史中的西南边疆调查：1928—1947》，《学海》2019年第2期。

王水乔：《论民国时期国内学者对云南少数民族的研究》，《云南社会科学》1994年第4期。

王水乔：《杨成志与西南民族研究》，《云南民族学院学报》1996年第

2 期。

王建民:《中国人类学西南田野工作与著述的早期实践》,《西南民族大学学报》(人文社科版) 2007 年第 12 期。

王建民:《中国近代知识分子与边疆民族研究——以任乃强先生个案的学科史讨论》,《西南民族大学学报》(人文社会科学版) 2010 年第 10 期。

王振刚:《学界对民族学人西南边疆问题著述研究综述》,《中国边疆史地研究》2010 年第 4 期。

王传:《中大语言历史学研究所与现代中国西南民族研究》,《史学史研究》2010 年第 2 期。

王传:《从"西南民族研究"到"西南学":近代中国西南研究的学思历程》,《西南民族大学学报》(人文社会科学版) 2016 年第 5 期。

王传:《学术与政治:"中华民族是一个"的讨论与西南边疆民族研究》,《中国边疆史地研究》2018 年第 6 期。

王明珂:《民族与国民在边疆:以历史语言研究所早期民族考察为例的探讨》,《西北民族研究》2019 年第 2 期。

汪洪亮:《民国时期边政研究与民族学——从杨成志一篇旧文说起》,《民族研究》2011 年第 4 期。

汪洪亮:《过渡朝代的边疆学术:民国时期边政学研究》,《四川师范大学学报》(社会科学版) 2012 年第 2 期。

汪洪亮:《20 世纪三四十年代中国学术地图变化与边疆研究的复兴》,《四川师范大学学报》(社会科学版) 2015 年第 2 期。

萧放、孙英芳:《民国时期大学民俗学学科建设述略》,《中国大学教学》2017 年第 2 期。

杨知通:《古代云南民俗研究史略》,《云南民族学院学报》2000 年第 6 期。

杨玲、景天魁:《社区、民族与建设:民国边疆社会研究的三重视野》,《云南师范大学学报》(哲学社会科学版) 2019 年第 1 期。

尹记远:《解放战争时期云南民族工作的特点》,《学术探索》2004 年第 4 期。

杨绍军：《抗战时期西南联大的民族学人类学研究及其意义——以云南为中心的田野调查为例》，《贵州民族研究》2009 年第 4 期。

颜克成：《岑家梧的中国史前民族艺术研究探析》，《民族艺术研究》2011 年第 3 期。

张寿祺：《19 世纪末 20 世纪初的"人类学"传入中国考》，《社会科学战线》1992 年第 3 期。

张海洋：《林耀华教授与中国的少数民族和民族研究》，《西南民族学院学报》（哲学社会科学版）2001 年第 1 期。

赵亮：《从国家到文化：国家认同的史证与伸张——中国少数民族抗战的研究与展望》，《现代哲学》2017 年第 5 期。

后　　记

本书最后定稿离博士毕业已六年，方知自己才疏学浅，在大量的文献面前难以驾驭，经多次修改仍觉未完善之处颇多，虽说有些遗憾，但也是人生成长路上的一段历程。多年来的成果终于要面世了，心中难免感慨万千。

面对着这个特殊的"田野"选题，我奔走于各图书馆、资料室，畅游于各学术网站，有寻找到资料时的惊喜与满足，也有几天忙碌下来一无所获的失落。随着对抗战时期先辈们的学术成果的深度解读，我的心灵随着那些页面沾满灰尘、发黄变脆以及模糊不清的油印资料一次次沉重，每每被文献中学者的忘我精神所感动。抗战时期的民族调查者颠沛流离，早已置生死于度外，他们曾努力寻找异民族文化的真相，虽因学科知识、时代背景限制了他们民俗学的眼光，但回顾这段学术史，现在仍堪称中国少数民族民俗调查学术史上的辉煌。阅读先辈的学术经历和学术著作，使我倍感惭愧，由于自己功力不足没能更全面地呈现这段学术史，同时也庆幸有这样的机会领略学者的精神。

感谢一路走来提携、支持、鼓励并给我启发的前辈和同人。首先表达对我的恩师林继富教授谢意，知遇之恩一言难表，感谢他长期以来对我不遗余力的指教，是他带领我第一次走进田野，给予我耐心的指导和热情的鼓励，引导我进入学术研究之路。林老师给予我的慷慨支持和无私帮助，才使得我的这本小书付梓。他对研究脚踏实地和孜孜不倦的精神永远是我学习的榜样，从他身上学习的不仅是做学问，他的学术襟怀和人格魅力同样令我景仰不已，是我人生中享用不尽的一笔财富。

在中央民族大学求学期间，在学习和生活上给予我帮助与指导的师友太多，难以尽述。在博士论文开题和答辩时有幸聆听刘魁立教授的指导，使我受益匪浅。老先生渊博的学识，长者的风范，还有宽容和谦虚的态度，使我由衷地敬佩；感谢清华大学刘晓峰教授在论文开题时提出宝贵建议，并亲自带领我到清华大学图书馆查阅相关资料，使我终身感怀；感谢中国社会科学院文学研究所施爱东研究员的拨冗指导，并慷慨分享其学术心得与学术资源；感谢中央民族大学的钟进文、苏日娜教授在求学期间给予我的亲切关怀和热情鼓励。

此外，还要感谢读博时同专业的陈秋、张远满和穆昭阳学友在学习和生活给予我的帮助与支持。我们时常在一起相互激励的场景将成为我一生中最美好的回忆。

最后要将感谢留给我的家人：爱人的默默支持，使我可以安心地在外求学和工作；感谢父母及其他亲人对我始终如一的关怀，我的每一步成长都离不开他们的信任与支持。

此书的出版得到了云南师范大学文学院的经费资助，在此深表感谢！感谢中国社会科学出版社及责任编辑吴丽平女士为本书出版所做的工作和付出的辛劳！

本书以云南民族调查为背景，运用多视角与多学科理论对民俗调查进行系统整合研究，资料在归纳和总结方面有不当之处，望各专家不吝赐教、读者批评指正。本书在撰写过程中借鉴了前辈们的相关研究成果，也一并表示谢意。

交稿之际，无不惶恐，书中还有很多不尽如人意的方面。唯一安慰的是，经过这次的磨炼，让我超越过去的自己，也增添了向众多师友寻求斧正的一次机会。

刘　薇

2020 年 12 月于昆明